Grimms Märchen tiefenpsychologisch gedeutet

Eugen Drewermann

Die kluge Else
Rapunzel

Walter-Verlag Olten und Freiburg im Breisgau

Der Text der Märchen ist in der Fassung der Grimmschen
«Kinder- und Hausmärchen» von 1857 wiedergegeben

Reproduktion der Bilder mit Genehmigung
der Oslo Kommunes Kunstsamlinger für Edvard Munch,
des Düsseldorfer Stadtmuseums für Arthur Kaufmann,
des Wallraf-Richartz-Museums, Köln, für Auguste Renoir.
Fotos für Francisco de Goya: Graphische Sammlung der ETH, Zürich;
für Zeus: Erich Lessing, Wien.

5. Auflage 1991

Alle Rechte vorbehalten
© Walter-Verlag AG, Olten 1986
Satz: Jung Satz Centrum, Lahnau
Druck und Einband: Grafische Betriebe
des Walter-Verlags
Printed in Switzerland

ISBN 3-530-16866-1

Die kluge Else

Märchen Nr. 34 aus der Grimmschen Sammlung

Man sieht im Grunde nur das, was man kennt; schon deshalb ist eine Bekanntschaft mit den Märchen wesentlich. Denn in einzigartiger Weise enthält und unterhält gerade die überall auf der Welt verbreitete Erzählform des Märchens eine jahrtausendealte Kenntnis und Bekanntschaft mit den Entwicklungen und Verwicklungen, mit den Notwendigkeiten und Nöten, mit den Komödien und Tragödien des menschlichen Daseins. Insbesondere ihr Wissen um die unbewußten Hintergründe menschlichen Handelns und Verhaltens sowie ihre Fähigkeit, in traumnaher, symbolisch verdichtender Weise verborgene Bereiche der Wirklichkeit in den Tiefenschichten der menschlichen Psyche zu erfassen, verleiht den Märchen eine erstaunliche Hellsichtigkeit und eine in der gesamten Erstreckung der Menschheitsgeschichte zu allen Zeiten und Zonen gesammelte Erfahrungsfülle, die das psychologische Wissen des Verstandes ebenso weit überragt, wie im individuellen Erleben der Traum einer Nacht sich dem Bemühen des Bewußtseins gegenüber für gewöhnlich als überlegen erweisen wird, gewisse Probleme zu lösen, die womöglich überhaupt erst durch eine zu starke Vereinseitigung des Bewußtseinsstandpunktes zustande gekommen sind. Nachdem in der Reihe «GRIMMS MÄRCHEN TIEFENPSYCHOLOGISCH GEDEUTET» bislang eine Vielzahl unterschiedlicher Zugangswege zu den psychologischen bzw. existentiellen Entwicklungs- und Reifungsprozessen in einzelnen Märchenerzählungen vorgestellt wurde, stellt es nunmehr eine neue, äußerst

Vorwort

lohnende und reizvolle Aufgabe dar, die Märchen nicht nur in ihrem Wissen um seelische Not und Erlösung (wie z. B. «DAS MÄDCHEN OHNE HÄNDE», «DER GOLDENE VOGEL», und «MARIENKIND») oder in der hintergründigen Weisheit ihrer Weltsicht (wie z. B. «FRAU HOLLE» und «SCHNEEWEISSCHEN UND ROSENROT») bzw. in der romanhaft zu nennenden Kraft ihrer Darstellung der ewigen Dialektik von Angst und Vertrauen, Zerrissenheit und Heilung, Verzauberung und Liebe (wie etwa in «DIE KRISTALLKUGEL») zu betrachten und zu würdigen, sondern, in notwendiger Ergänzung dazu, einmal die *typologische Darstellungskunst* der Märchen in ihrer phänomenologischen Schärfe und Treffsicherheit einer gesonderten Betrachtung zu unterziehen. Wohl hat bereits die Tiefenpsychologie in Gestalt der *Neurosenlehre* eine phasenspezifische Begründung und eine psychodynamische Strukturbeschreibung vier verschiedener charakterologischer Typen (und deren Mischformen) zu erstellen versucht, und man wird diese Typologie der Neurosenlehre immer wieder zum Verständnis menschlicher Schicksale und – in eins damit – auch zur Interpretation von Märchenerzählungen heranziehen müssen; aber stets wird die ätiologische Plausibilität der Psychoanalyse erkauft mit einem gewissen Verlust an

phänomenologischer Plastizität, und der methodische Weg von den Ursachen und Verlaufsformen charakterlicher Prägung zu den Erscheinungsformen und Grundgestalten menschlicher Charaktere bedarf, um an konkreter Anschauung und Erfahrung nicht einzubüßen, zugleich auch einer umgekehrten, *reduktiven* Fragestellung. Jederzeit ist es daher sinnvoll und nützlich, die genetische Typologie der Psychoanalyse durch die typisierenden Phänomenologie der Märchen zu ergänzen; denn nur so lassen sich eine ganze Reihe von Charakterstrukturen und «Verknotungen» des Lebens aufspüren, die anderenfalls weder zu beschreiben noch wirklich wahrzunehmen wären.

Ein nicht geringer Gewinn einer solchen *charaktertypischen Märchendeutung* besteht darin, die psychoanalytische Neurosenlehre gewissermaßen in ein Erkenntnismittel für den Mann auf der Straße zu verwandeln. Die Sprache der Märchen verfügt über eine Gestaltungskraft, die in ihrer holzschnittartigen Prägnanz, in ihrer anschaulichen Evidenz und in ihrem vergnüglichen Witz immer wieder den Weg zurück in den Volksmund zu finden vermag, dem die Märchen, bei Licht betrachtet, im Ursprung selber sich verdanken. Im Volksmund weiß ein jeder, was es besagen will, nennt man jemanden einen «Hans im Glück» oder ein «tapferes Schneiderlein» oder einen «starken Hans», einen «Bärenhäuter» oder einen «Doktor Allwissend». Aber nicht nur einzelne Gestalten – ganze Entwicklungsgeschichten lassen sich als typische Charakterdarstellungen lesen, und ein jeder wird Menschen kennen, deren Leben in Phantasie oder Wirklichkeit dem Typus etwa des «Rotkäppchens» oder des «Schneewittchens» entspricht. Die erzählende Psychologie bestimmter Charaktertypen in den Märchen beschreibt somit auf gültige Weise menschliche Schicksale und Lebenswege, die in psychoanalytischer Betrachtung nur im nachhinein und nur unzureichend zu rekonstruieren sind; mit Hilfe der typologischen Charakterzeichnungen der Märchen erweitert sich daher das Feld der Wahrnehmung und der Sensibilisierung gegenüber psychischen Zusammenhängen ganz erheblich. Vor allem aber lehren uns die Märchen, den Einzelnen, der uns in seiner Eigenart mitunter just als Exemplar eines bestimmten Märchentyps entgegenzutreten scheint, im Vertrauen auf den guten Ausgang, den die Märchen für gewöhnlich verheißen, ein Stück weit geduldiger, verständnisvoller, hoffnungsfreudiger, ja, humorvoller zu begleiten, als es in einer weniger «märchenhaften», buchstäblich prosaischeren Betrachtung seiner Person und seines Lebensweges der Fall sein müßte.

Indessen ist es gerade diese humorvolle Seite mancher Märchen, ist es ihre Neigung, die Charakterkunde nicht selten zum Dorfschwank auszugestalten, die als nicht unbedenklich gelten muß, und wenn wir aus der großen Zahl möglicher Charaktertypologien im Märchen uns im folgenden insbesondere einmal die Gestalt der «klugen Else» herausgreifen wollen, so nicht zuletzt in der Absicht,

von einer möglichen Wirkung der Märchen Kenntnis und Rechenschaft zu geben, die, wenn unbewußt und unkontrolliert, in der Tat jene Grausamkeit produzieren muß, die immer wieder, obwohl fälschlicherweise, den *Inhalten* vieler Märchen zur Last gelegt wurde. Während man die «sadistischen» Züge auf der *Handlungsebene* bestimmter Märchenerzählungen, jenseits der moralischen Zensur und entgegen manchen pädagogischen Einwänden, vom psychischen Erleben her oft genug als etwas durchaus Befreiendes und geradezu Notwendiges mitvollziehen kann[1], wird auf der *Ebene der Darstellung* und der beabsichtigten Auswirkung mancher Märchen ein bestimmtes Moment leicht übersehen, das man als *das Moment der Belustigung der Menge auf Kosten des Opfers* bezeichnen muß. Gerade die Geschichte der «klugen Else» bietet Gelgenheit, einmal zu überprüfen, worüber wir bei unseren Mitmenschen eigentlich lachen und was wir mit unserem Gelächter anrichten[2], wie wir nach Art des Dorfklatsches übereinander reden und wie unser Dorfklatschgerede schließlich dahin führen kann, Menschen als eben die Narren vorzuführen, die unsere Narrheit benötigt, um sich klug zu dünken. Aus Märchen kann man immer etwas lernen, selbst wenn man ihnen in einem Einzelfalle widersprechen muß. Von *der Person* einer «klugen Else» aber so zu sprechen, daß es menschlich wird und vermenschlichend wirkt, bedeutet nicht mehr und nicht weniger, als *dem Märchen* von der «klugen Else» in der Art seiner Darstellung auf das entschie-

dendste zu *wider*sprechen; denn nur so versteht man, von welch einer Tragödie in dieser relativ bekannten Burleske die Rede ist. Ein lohnendes Thema also. Zudem leben wir in einer Zeit, in der das Schicksal der «klugen Else» fast zu einem Massensymptom geworden ist – kaum je hat man in so ausgeprägtem Maße eine ganze Generation von Jugendlichen mit der Anweisung ins Leben entlassen, unter allen Umständen «klug» sein zu müssen und somit gewissen Riesenerwartungen und überfordernden Alpträumen nachzuhängen, bis daß sie buchstäblich im Umgang mit sich selber nicht mehr wissen, ob sie «drinnen» oder «draußen» sind. Manches von dem, was vor Jahrhunderten noch als eine lustige Geschichte im Dorf erzählt und konsumiert werden mochte, erscheint in unserer heutigen Konsumgesellschaft als schlechtweg ungenießbar. Jedenfalls dürfte der Charaktertyp der «klugen Else», in weiblicher wie in männlicher Ausprägung, noch niemals eine solche Aktualität besessen haben wie im Erleben unzähliger zumeist noch junger Menschen heute. Was man auch sonst in den Märchen beobachten kann, das zeigt sich auch hier: Märchen sind zeitlose Erzählungen, und es sind nur die Zeitläufe selbst, die sich der Wahrheit eines Märchens in unterschiedlicher Weise annähern oder sich von ihr entfernen. Für das Märchen von der «klugen Else» jedenfalls hat unsere Zeit selbst uns reif gemacht; dieses Märchen müssen wir verstehen, um wenigstens ein Stück weit zu uns selbst zurückzufinden.

Die kluge Else

Es war ein Mann, der hatte eine Tochter, die hieß die kluge Else. Als sie nun erwachsen war, sprach der Vater: «Wir wollen sie heiraten lassen.» «Ja», sagte die Mutter, «wenn nur einer käme, der sie haben wollte.» Endlich kam von weither einer, der hieß Hans und hielt um sie an, er machte aber die Bedingung, daß die kluge Else auch recht gescheit wäre. «Oh», sprach der Vater, «die hat Zwirn im Kopf», und die Mutter sagte: «Ach, die sieht den Wind auf der Gasse laufen und hört die Fliegen husten.» «Ja», sprach der Hans, «wenn sie nicht recht gescheit ist, so nehm' ich sie nicht.» Als sie nun zu Tisch saßen und gegessen hatten, sprach die Mutter: «Else, geh in den Keller und hol Bier.» Da nahm die kluge Else den Krug von der Wand, ging in den Keller und klappte unterwegs brav mit dem Deckel, damit ihr die Zeit ja nicht lang würde. Als sie unten war, holte sie ein Stühlchen und stellte es vors Faß, damit sie sich nicht zu bücken brauchte und ihrem Rücken etwa nicht wehe täte und unverhofften Schaden nähme. Dann stellte sie die Kanne vor sich und drehte den Hahn auf, und während der Zeit, daß das Bier hineinlief, wollte sie doch ihre Augen nicht müßig lassen, sah oben an die Wand hinauf und erblickte nach vielem Hin- und Herschauen eine Kreuzhacke gerade über sich, welche die Maurer da aus Versehen hatten steckenlassen. Da fing die kluge Else an zu weinen und sprach: «Wenn ich den Hans kriege, und wir kriegen ein

Kind, und das ist groß, und wir schicken das Kind in den Keller, daß es hier soll Bier zapfen, so fällt ihm die Kreuzhacke auf den Kopf und schlägt's tot.» Da saß sie und weinte und schrie aus Leibeskräften über das bevorstehende Unglück. Die oben warteten auf den Trank, aber die kluge Else kam immer nicht. Da sprach die Frau zur Magd: «Geh doch hinunter in den Keller und sieh, wo die Else bleibt.» Die Magd ging und fand sie vor dem Fasse sitzend und laut schreiend. «Else, was weinst du?» fragte die Magd. «Ach», antwortete sie, «soll ich nicht weinen? Wenn ich den Hans kriege, und wir kriegen ein Kind, und das ist groß und soll hier Trinken zapfen, so fällt ihm vielleicht die Kreuzhacke auf den Kopf und schlägt es tot.» Da sprach die Magd: «Was haben wir für eine kluge Else!», setzte sich zu ihr und fing auch an, über das Unglück zu weinen. Über eine Weile, als die Magd nicht wiederkam und die droben durstig nach dem Trank waren, sprach der Mann zum Knecht: «Geh doch hinunter in den Keller und sieh, wo die Else und die Magd bleibt.» Der Knecht ging hinab; da saß die kluge Else und die Magd und weinten beide zusammen. Da fragte er: «Was weint ihr denn?» «Ach», sprach die Else, «soll ich nicht weinen? Wenn ich den Hans kriege, und wir kriegen ein Kind, und das ist groß und soll hier Trinken zapfen, so fällt ihm die Kreuzhacke auf den Kopf und schlägt's tot.» Da sprach der Knecht: «Was haben wir für eine kluge Else!», setzte sich zu ihr und fing auch an, laut zu heulen. Oben warteten sie auf den Knecht; als er aber immer nicht kam, sprach der Mann zur Frau: «Geh doch hinunter in den Keller und sieh, wo die Else bleibt.» Die Frau ging hinab und fand alle drei in Wehklagen und fragte nach der Ursache; da erzählte ihr die Else auch, daß ihr zukünftiges Kind wohl würde von der Kreuzhacke totgeschlagen werden, wenn es erst groß wäre und Bier zapfen sollte und die Kreuzhacke fiele herab. Da sprach die Mutter gleichfalls: «Ach, was haben wir für eine kluge Else!», setzte sich hin und weinte mit. Der Mann oben wartete noch ein Weilchen; als aber seine Frau nicht wiederkam und sein Durst immer stärker ward, sprach er: «Ich muß nur selber in den Keller gehn und sehen, wo die Else bleibt.» Als er aber in den Keller kam und alle da beieinander saßen und weinten und er die Ursache hörte, daß das Kind der Else daran schuld wäre, das sie vielleicht einmal zur Welt brächte, und von der Kreuzhacke könnte totgeschlagen werden, wenn es gerade zur Zeit, wo sie herabfiele, daruntersäße, Bier zu zapfen, da rief er: «Was für eine kluge Else!», setzte sich und weinte auch mit. Der Bräutigam blieb lange oben allein; da niemand wiederkommen wollte, dachte er: «Sie werden unten auf dich warten, du mußt auch hingehen und sehen, was sie vorhaben.» Als er hinabkam, saßen da fünfe und schrien und jammerten ganz erbärmlich, einer immer besser als der andere. «Was für ein Unglück ist denn geschehen?» fragte er. «Ach, lieber Hans», sprach die Else, «wann wir einander heiraten und haben ein Kind, und es ist groß, und wir schicken's vielleicht hierher, Trinken zu zapfen, da kann ihm ja die Kreuzhacke, die da oben ist steckengeblieben, wenn sie herabfallen sollte, den Kopf zerschlagen, daß es liegenbleibt; sollen wir da nicht weinen?» «Nun», sprach Hans, «mehr Verstand ist für meinen Haushalt nicht nötig; weil du so eine kluge Else bist, so will ich dich haben», packte sie bei der Hand und nahm sie mit hinauf und hielt Hochzeit mit ihr.

Als sie den Hans eine Weile hatte, sprach er: «Frau, ich will ausgehen, arbeiten und uns Geld verdienen, geh du ins Feld und schneid das Korn, daß wir Brot haben.» «Ja, mein lieber Hans, das will ich tun.» Nachdem der Hans fort war, kochte sie sich einen guten Brei und nahm ihn mit ins Feld. Als sie vor den Acker kam, sprach sie zu sich selbst: «Was tu' ich? Schneid' ich eh'r, oder eß' ich eh'r? Hei, ich will erst essen.» Nun aß sie ihren Topf mit Brei aus, und als sie dick satt war, sprach sie wieder: «Was tu' ich? Schneid' ich eh'r oder schlaf' ich eh'r? Hei, ich will erst schlafen.» Da legte sie sich ins

Korn und schlief ein. Der Hans war längst zu Haus, aber die Else wollte nicht kommen; da sprach er: «Was hab' ich für eine kluge Else, die so fleißig ist, daß sie nicht einmal nach Haus kommt und ißt.» Als sie aber noch immer ausblieb und es Abend ward, ging der Hans hinaus und wollte sehen, was sie geschnitten hätte; aber es war nichts geschnitten, sondern sie lag im Korn und schlief. Da eilte Hans geschwind heim und holte ein Vogelgarn mit kleinen Schellen und hängte es um sie herum; und sie schlief noch immer fort. Dann lief er heim, schloß die Haustüre zu und setzte sich auf seinen Stuhl und arbeitete. Endlich, als es schon dunkel war, erwachte die kluge Else, und als sie aufstand, rappelte es um sie herum, und die Schellen klingelten bei jedem Schritte, den sie tat. Da erschrak sie, ward irre, ob sie auch wirklich die kluge Else wäre, und sprach: «Bin ich's, oder bin ich's nicht?» Sie wußte aber nicht, was sie darauf antworten sollte, und stand eine Zeitlang zweifelhaft; endlich dachte sie: «Ich will nach Haus gehen und fragen, ob ich's bin oder ob ich's nicht bin, die werden's ja wissen.» Sie lief vor ihre Haustüre, aber die war verschlossen; da klopfte sie an das Fenster und rief: «Hans, ist die Else drinnen?» «Ja», antwortete der Hans, «sie ist drinnen.» Da erschrak sie und sprach: «Ach Gott, dann bin ich's nicht», und ging vor eine andere Tür; als aber die Leute das Klingeln der Schellen hörten, wollten sie nicht aufmachen, und sie konnte nirgend unterkommen. Da lief sie fort zum Dorfe hinaus, und niemand hat sie wiedergesehen.

Tiefenpsychologische Deutung

Mitunter mag manch einem Geologen schon ein Stein, manch einem Archäologen schon ein Scherbenstück genügen, um ein ganzes Erdzeitalter oder eine ganze Zeitepoche rekonstruieren zu können. Dem Tiefenpsychologen leistet oft ein einzelner Satz, ein einziges Traumsymbol, eine einzige Kindheitserinnerung den gleichen Dienst. Im Märchen von der «klugen Else» sind es vor allem die wenigen Einleitungssätze, die das eigentliche Problem dieses unglückseligen Mädchens, dieser schließlich wie von Sinnen hilflos umherirrenden Frau gleich zu Anfang wie unauffällig markieren. All der redselige Schalk und Schwank, der später die Geschichte bestimmt, ruht auf dem Boden dieser Einleitung. In ihr ist alles weitere im Kern bereits enthalten, und dementsprechend wird man sie interpretieren müssen, wenn man die später so dramatische Entwicklung einer «klugen Else» recht verstehen will. Freilich: es geht an dieser Stelle nicht allein darum, ein Märchen auszulegen; es geht darum, anhand dieser Erzählung zu begreifen und begreifbar zu machen, was eigentlich geschieht, wenn Kinder bereits als Kinder erwachsener sein müssen als die Erwachsenen und, wenn sie «groß» sein müssen, noch ehe sie «klein» sein dürfen.

Beziehungsfallen

«Ein Mann hatte eine Tochter...»

Wie wird ein Kind geartet sein, das, um als artig in den Augen seines Vaters zu erscheinen, sich Tag um Tag das Eigenschaftswort «klug» erwerben muß? Ganz deutlich ist, wie sehr die «kluge Else» als des Vaters Kind geschildert wird. «Es war ein Mann, der eine Tochter hatte» – es gibt, um die Bedeutung dieses Satzes recht pointiert zu formulieren, von Anfang an kein Kind, das einen Vater hatte; des Vaters Kind zu sein, bedeutet vielmehr für die «kluge Else», ganz und gar in der Rolle einer Vaterstochter sich bewähren zu müssen und bewahrt zu bleiben. Es ist, als wäre dieses Kind allein deshalb zur Welt gekommen, um als Annex seines Vaters, als dessen Stolz und Aushängeschild, zu fungieren, und man muß annehmen, daß auch umgekehrt der Vater gerade darin seinen eigenen Wert, seine Größe und seinen Stolz bestätigt sehen mag, eine solche Tochter zu «besitzen».

Gewiß, ein so kurzer Satz könnte am Anfang jeder beliebigen anderen Erzählung als vollkommen harmlos und nebensächlich erscheinen. In der Geschichte von der «klugen Else» aber bildet er, wie sich noch zeigen wird, den ganzen Lebens- und Erfahrungshintergrund der Entwicklung und Charakterprägung dieser Frau. Für einen Augenblick lang wird man daher, über den unmittelbaren Märchentext hinaus, wohl etwas auch über die Eigenart und den Charaktertyp des Vaters einer solchen «klugen Else» nachdenken müssen und spekulieren dürfen.

Ein Mann steht dann vor uns, der selbst vermutlich voller Minderwertigkeitsgefühle steckt. Vor allem bezüglich seiner intellektuellen Leistungsfähigkeit wird er nichts als Mißerfolge erlebt haben, und gleichzeitig dürfte er sich außerstande zeigen, die überhöhten Ansprüche an sich selber auch nur um ein weniges zu korrigieren. Im Gegenteil werden wir vermuten müssen, daß er bei allen Mißerfolgen nur um so verbissener an gerade denjenigen Zielen festhält, die nicht erreichen zu können ihm den größten Schmerz und den tiefsten Stachel bedeutet. Nach wie vor – so denken wir uns diesen Mann – setzt er seine ganze Selbstachtung darein, erst dann für liebenswert und ansehnlich zu gelten, wenn er bestimmte geistige Fähigkeiten (einen Schulabschluß, ein akademisches Studium, einen Beruf mit «Doktor» oder – wenigstens – mit «Diplom») schon an dem Türschild seiner Wohnung sichtbar nachzuweisen vermag. Deutlich ist indessen, daß dieser fixe Maßstab, dieser absolute, starre Standard seiner Selbstachtung nicht von seinem Ich, von seinem eigenen Denken und Werten ausgeht, sondern als eine fertige Maschinerie, als Teil seines Überichs, in ihm abläuft und unentrinnbar und grausam sein Ich immer wieder zum Versager, zum Nichtskönner, zum Stümper, zum Dummkopf, zum Hanswurst erklärt – und schließlich wirklich dazu macht. Es mag sein, daß ein solcher Mensch wohl ahnt, wie sehr gerade diese unerhört entmutigende, diese jeden Ansatz bereits im Keim zerreibende Kritikmühle recht eigentlich den Grund all seines objektiven Scheiterns bildet; aber er ist von sich her nicht stark genug, dem

ständigen Widerspruch von innen her erfolgreich zu widerstehen.

Kein Mensch, weder als Kind noch als Erwachsener, vermag etwas zu lernen, zu probieren, zu üben oder zu vollenden, wenn ihn auf Schritt und Tritt, bei jedem Gedenken, den er faßt, bei jedem Plan, den er hegt, bei jedem Wunsch, den er äußert, bei jedem Satz, den er schreibt, bei jedem Handschlag, den er tut, der zerstörerische Kommentar begleitet: «Falsch!» «So geht das nicht!» «Hab ich's nicht gleich gesagt!» «Du lernst das nie.» «Sitz nicht so faul herum.» «Schau dir mal andere an!» «Aus dir wird nie etwas Gescheites.» «Das ist alles ganz anders.» «So brauchst du gar nicht erst anzufangen» …und so ins Unendliche, immer wieder, immer wieder. Der Teufelskreis von Entmutigung und Versagen ist unter solchen Voraussetzungen leicht geschlossen: je gedemütigter ein solches Ich sich den Verurteilungen und Vorverurteilungen seiner Überichinstanz (d.h. ursprünglich seines eigenen Vaters, seiner eigenen Mutter) ausgeliefert sieht, desto rascher versiegt die einzige Möglichkeit, das Blatt noch zu wenden: man müßte, zur Begründung eines eigenen Selbstbewußtseins, gegen die verurteilende Instanz, in Gestalt der eigenen Eltern zumal, mit Macht zu Felde ziehen; aber je vernichtender die Aburteilung und Erniedrigung des Ichs ausfällt, je verunsicherter und schwankender der eigene Boden unter der Zerstörungsarbeit einer permanenten Selbstzensur wird, je tyrannischer das Überich das Terrain der eigenen Persönlichkeit schließlich besetzt

hält, desto weniger Reserven bleiben dem Ich, um sich mit einigem Vertrauen in das Recht und die Berechtigung seines eigenen Standpunktes zur Wehr zu setzen. Ohnmächtig und verzweifelt, in immer neuen Anläufen, klammert es sich vielmehr schließlich gerade an die Wertungssysteme, die es immer tiefer schikanieren und ruinieren. Am Ende glaubt es wirklich am leidenschaftlichsten an die vermeintliche Wahrheit gerade derjenigen Inhalte, die seinen quälenden Selbstwiderspruch und die Pflicht zu ständiger Selbstbezichtigung am nachhaltigsten fordern und fördern müssen. Fortan hat es einem solchen Ich festzustehen, daß ein eigentliches Menschsein allererst jenseits der Grenzen seines eigenen Leistungsvermögens beginnen kann, und so muß sein Bemühen um Selbstverwirklichung sich letztlich in dem trostlosen Dauerbeweis der eigenen Unfähigkeit und der klagenden Selbstbeschimpfung verbrauchen, eben doch mit allen anderen nicht mithalten zu können.

Immerhin gibt es, um diesem Dilemma der Minderwertigkeitsgefühle und Selbstüberforderungen doch noch zu entrinnen, immer wieder einen Ausweg, den die Natur selbst vorgezeichnet zu haben scheint: wenn schon nicht *in* der eigenen Existenz, so vielleicht *aus* der eigenen Existenz läßt sich das Große, das Unerreichbare, das einzig Notwendige allen Einwänden zum Trotz unter Umständen doch noch hervorbringen: in Gestalt eines Kindes! Was man selber nicht ist, aber an sich selbst sein müßte, hofft man, in einem anderen zu werden und hervorzubringen, in dem man biologisch selber lebt. Wie viele Kinder kommen zur Welt, eigentlich nur, um die Frage der Eltern zu beantworten, wer sie selber sind! Aber kein Kind der Welt kann diese Frage beantworten, und es ist der sichere Weg ins Unglück, wenn ein Kind in diesem Sinne das Glück seiner Eltern sein soll. Kaum geboren, wird ein Kind vor dem Hintergrund derartiger Minderwertigkeitsgefühle von Anfang an mit den gleichen Maßstäben gemessen und drangsaliert werden, denen man selbst bereits in Kindertagen ausgesetzt war. Das Gefühl, im Leben versagt zu haben bzw., stärker noch, rundum ein Versager zu sein, bemächtigt sich stellvertretend des Kindes wie einer Trophäe, vermittels deren aller Welt gezeigt werden kann, wozu man in Wahrheit doch imstande war und welch eine Person in einem selber eigentlich verborgen lag. Unvermerkt nimmt auf diese Weise das Kind die Rolle der wahren Person, des Idealichs, des reineren Wesens seines Vaters ein; es ist buchstäblich sein besserer, sein einzig wirklicher Teil; an seine Entwicklung heften sich daher von Anbeginn die heißesten Wünsche, Erwartungen und Forderungen, und der Druck läßt nicht nach, das Kind möge, werde und müsse gerade so sein, wie zu sein man selber stets die Pflicht, doch niemals das Vermögen in sich spürte. Ein Kind wie die «kluge Else» hat mithin durch sein ganzes Dasein die Frage zu beantworten, welch einen Sinn, welch einen Wert, welch ein Talent das Leben und die Person seines Vaters besitzt. In der Sprache s. FREUDS: ein solches Kind

ist nur auf Erden, um den *Kastrationskomplex* seines Vaters zu beschwichtigen[3]: es ist, wie etwas Körpereigenes, des Vaters «liebstes Teil», und alle Fürsorge und Pflege des Vaters gegenüber seiner Tochter gilt im Grunde nur der Selbstvergrößerung und Selbstbegründung seiner eigenen Existenz. Jede Abweichung von seinem persönlichen Ichideal stürzt einen solchen Vater notgedrungen in die heftigste Verzweiflung, und er wird mit Nachdruck, mit bodenloser Angst, mit jähzorniger Ungeduld so früh als möglich durch Aufsicht und Ermahnung jeden sich drohend abzeichnenden Mangel im Gebaren seiner Tochter auszugleichen suchen. Niemals wird er dabei merken können, daß all seine Interventionen dieselben Selbstwertzweifel, dieselben Versagensängste, dieselben Minderwertigkeitsgefühle in seinem Kind grundlegen müssen, an denen er mit seiner eigenen Person sein Leben lang zu tragen hatte, und statt das bestehende Problem zu lösen, verschiebt er es mit all seinen Anstrengungen nur um so sicherer von sich selber weg auf seine Tochter. Erst aus dem Problem der väterlichen Minderwertigkeitsprobleme entsteht das Problem einer «klugen Else». «Ein Vater hatte eine Tochter...» Ein einziger Satz, der ein ganzes Leben bestimmt.

«... die hat Zwirn im Kopf»

Es mag genial begabte Kinder geben, die ihren Eltern, insbesondere ihrem Vater, den Gefallen wirklich tun, all das an

Erwartungen zu erfüllen, was ihnen von frühauf abverlangt wird. Es gibt Kinder wie WOLFGANG AMADEUS MOZART[4] oder wie SÖREN KIERKEGAARD[5], die bereits mit fünf Jahren die existentielle Krise, die Daseinsunruhe, die latente Verzweiflung ihres Vaters herauszuspüren und z. T. abzutragen vermögen. Aber die Geschichte einer «klugen Else» ist gerade nicht die Geschichte eines werdenden Genies; sie ist die Geschichte eines fortschreitenden Scheiterns, einer langsam und unaufhaltsam sich immer enger zusammenziehenden Pathologie, einer sich Schritt für Schritt wie ein Verhängnis gestaltenden Tragödie. Bereits der Name der «klugen Else» ist nur als Spitzname verständlich – d. h., man spricht ihn aus wie hinter vorgehaltener Hand, damit die Betreffende selber nicht merkt, daß man sich über sie lustig macht, wenn man vorgibt, sie zu loben. Das Attribut der sog. «klugen Else» läuft mit anderen Worten auf die Karikatur dieser Charakterisierung hinaus: man verlangt die «Klugheit» an sich bedingungslos, und doch, indem man vorgibt, sie bei dem Kind als vorhanden anzunehmen, gibt man zugleich auch zu verstehen, daß man im Grunde gar nicht wirklich an sie glaubt. Es ist die *Doppelbödigkeit* in der gesamten Beziehung zwischen Vater und Tochter, die man in dem Märchen von der «klugen Else» (und in der Wirklichkeit) gar nicht früh genug bemerken kann, denn sie bildet unausgesprochen den bitteren Hintergrund des ganzen nachfolgenden Possenstücks, dieses immer konsequenter sich gestaltenden Tragödiendramas.

In der Psychiatrie hat sich als Schlüssel zum Verständnis der Ursachen schwerer Bewußtseinsstörungen der Begriff der *Doppelbindung* bzw. der *Beziehungsfalle*[6] eingebürgert und bewährt. Gemeint ist damit eine Situation, in der jemand tun kann, was er will – es erweist sich als falsch in der Bewertung seiner entscheidenden Bezugsperson(en), und am Ende jeglichen Verhaltens steht daher unausweichlich als Bilanz der Mißerfolg. Im Sinne einer solchen «Doppelbindung», eines solch verzweifelten Katz- und Maus-Spiels, wird man gewiß die Beziehung einer «klugen Else» zu ihrem Vater deuten müssen. Denn so sehr ein Vater, wie wir ihn der Grundgestalt nach in der Charakterbildung der «klugen Else» voraussetzen, sich das Fortkommen seiner Tochter subjektiv angelegen sein lassen mag, so sehr wird er doch objektiv alles tun, um jeden Ansatz zu einem wirklichen Erfolg nach Kräften zu boykottieren; ja, es wird, psychoanalytisch betrachtet, im Unbewußten sogar sein größtes Interesse herrschen, in der Entwicklung seiner Tochter die gleichen Enttäuschungen und Frustrationen zu erzeugen, an denen er selber sein Leben lang gelitten hat.

«Immer, wenn ich Schularbeiten machen wollte», erzählte z. B. eine junge Studentin von der Art einer «klugen Else», «stand mein Vater hinter mir, rang die Hände, schimpfte, verhängte Strafen oder erklärte mich für seinen Ruin.» Noch heute tut diese Studentin sich schwer, einen Text vor anderen vorzulesen oder bei dem Gedanken an eine Semesteralprüfung nicht in totale Panik zu verfallen. Natürlich wäre es sinnlos, hätte man ihren Vater seinerzeit darauf hinweisen wollen, daß er mit seiner Überfürsorge der geistigen Entwicklung seiner Tochter eher hinderlich als förderlich im Wege stehe – er hätte nur immer wieder beteuert, daß er doch das Beste für seine Tochter wolle, daß er für sie verantwortlich sei, daß sie es im Leben einmal besser haben solle als er selber usf. Die eigentliche Wahrheit muß ihm verborgen bleiben: daß er es kaum ertrüge, wenn seine Tochter wirklich dem von ihm gesetzten Wunschbild ähnlich würde.

Eine solche innere Dialektik gehört indessen zu dem ganzen Arrangement, wie wir es uns in der Genese einer «klugen Else» vorstellen: daß der Vater durch seine unbewußte Haltung eben jenes Scheitern förmlich selbst herbeiführen muß, daß er in all seinen erzieherischen Maßnahmen vermeintlich zu verhindern trachtet. Insofern er seine Tochter als Teil seines eigenen Lebens, als Heilmittel seines eigenen zerbrochenen Selbstwertgefühls betrachtet, muß er auf der einen Seite sich selbst durch seine Tochter in höchstmöglicher Weise zu vervollkommnen suchen; andererseits aber kann er nicht völlig übersehen, daß dieses Mädchen ein eigenes und eigenständiges Wesen ist und werden möchte, und es gibt somit für ihn gleich zwei Gründe, um unter der Maske ehrgeiziger Zielsetzungen eine eigenständige Entwicklung seiner Tochter zu sabotieren: zum einen müßte jede Form von Selbständigkeit auf seiten einer «klugen Else» die narzißtische Identifikation des Vaters mit «seiner» Tochter widerlegen, und das beste Mittel, um – statt zur Selbstentfaltung und Persönlichkeitsreifung – nachhaltig zu Abhängigkeit und Unselbständigkeit zu erziehen, besteht gewiß darin, jeden Funken aufflammenden Selbstvertrauens möglichst früh durch entmutigende Kritik niederzutreten; zum anderen herrscht zwischen Vater und Tochter im Untergrund notwendigerweise so etwas wie ein erbitterter Konkurrenzkampf: würde es der Tochter wirklich gelingen, so zu werden, wie es dem Ideal des Vaters entspräche, so würde sie damit den unbeabsichtigten Beweis erbringen, daß der Vater seinerzeit an durchaus erfüllbaren Zielsetzungen gescheitert ist und mithin wirklich Grund hat, sich als Versager zu betrachten. Eben dies muß der Vater um seiner selbst willen zu verhindern trachten: nichts würde seine Tochter so radikal von ihm selber unterscheiden wie ein wirklicher Erfolg; nichts also muß ein solcher Vater energischer bekämpfen als das, wofür er scheinbar sich am meisten einsetzt: den Erfolg seiner Tochter.

Das Paradox besteht mithin, daß der Vater seine Identität auf eine Weise herzustellen sucht, die für ihn selber gerade dann bedrohlich wird, wenn sie erfolgreich ist. Mit anderen Worten: der Vater kann den Erfolg seiner Tochter, den zu wünschen er vorgibt, gar nicht wirklich wünschen, aber hinwiederum kann er auch auf seinen Wunsch nach einer erfolgreichen Tochter nicht wirklich verzichten, da seine Selbstachtung viel zu eng mit den Erwartungen an seine Tochter verbunden ist; und es ist eben dieser unauflösbare Widerspruch, dessen Doppelbödigkeit im folgenden sich in der Tat zu einer unentrinnbaren Falle für das heranwachsende Mädchen ausgestalten und auswachsen muß.

Von außen betrachtet, zeigt sich das geschilderte Dilemma am deutlichsten wohl daran, daß ein solcher Vater, wie wir ihn uns denken, seine Tochter ständig dazu auffordert, Fertigkeiten und Fähigkeiten zu erreichen, die er im gleichen Atemzug als schlechterdings unerreichbar hinstellt. Ansporn und Entmutigung vermischen und durchdringen sich in seinen Interventionen und Invektiven stets in der unheilvollsten Art. Es handelt sich dabei wohlgemerkt nicht um klar ausgesprochene Widersprüchlichkeiten, sondern um «Feinabstimmungen» des Gesagten, deren Schadspuren zwar objektiv in jedem Detail nachweisbar, subjektiv aber immer wieder zu verschleiern und zu verleugnen sind. Muß es z.B. nicht einfach nur als fürsorglich, freundlich und verantwortlich gelten, wenn der Vater, kaum von der Arbeit heimgekehrt, sich schon am Nachmittag zu seiner Tochter setzt und mit sorgenvoller Miene erklärt: «Du schaffst es wieder nicht. Soll ich dir die Bruchrechnung mal vormachen?» Müßte es nicht für eine böswillige Unterstellung gelten, käme jemand auf den Gedanken, ein solcher Vater wolle eigentlich gar nicht sagen: «Ich möchte dir helfen», sondern nur: «Ich will dir einmal zeigen, daß *ich* gar kein Versager bin ·noch war und daß *ich* das, was du kannst, allemal viel besser kann. Was ich

kann, wirst du niemals können. Ich will mich nicht für einen Stümper halten müssen, jedenfalls nicht dir gegenüber.» Doch gerade derartige «Botschaften» und «Signale» sind es, die zu dem eigentlichen Problem einer «klugen Else» geraten müssen. Wohl sagt der Vater den Worten nach: «Du mußt fleißig und tüchtig sein, denn anderenfalls muß ich mich für dich schämen»; aber in Wahrheit sagt er ungleich nachdrücklicher: «Ich fürchte nichts mehr, als daß du jemals in deinem Leben wirklich erfolgreich sein könntest, denn nur, wenn du genauso versagst wie ich, brauche ich mich selber nicht vor dir zu schämen.» Entweder also *für* seine Tochter oder *vor* seiner Tochter schämt sich dieser Vater, und seine Tochter, die sein ganzer Stolz zu sein scheint, ist doch zugleich stets seine vorgebliche Schande, denn erst als «Schande» dient sie wirklich seinem Stolz.

Ein Mädchen, das im Schatten eines solchen Vaters aufwächst, wird nicht anders können, als in irgendeiner Weise das vorgegebene Paradox zu verinnerlichen: der Vater haßt es den Worten nach, wenn es *nicht* klug ist, aber er haßt es weit mehr noch der Haltung nach, wenn es klug *ist*. Der einzige Ausweg aus diesem Dilemma oder vielmehr der nicht endende Umweg durch das Labyrinth dieser väterlichen Doppelbödigkeit besteht in zwei Lehren, die eine «kluge Else» von früh an gleichzeitig in sich aufnehmen muß. Die eine Lehre lautet: «Erstrebe stets das Unmögliche.» «Versuche unter allen Umständen das Unerreichbare» bzw. umgekehrt: «Ver-

meide förmlich, was du kannst, und überfordere dich mit dem, was du sicher nicht kannst» – das Programm der bereits vorgeprägten väterlichen Selbstsabotage durch Selbstüberforderung. Die andere, noch wichtigere Lehre indessen besagt: «Versuche, statt klug zu *sein* (was ebenso geboten wie verboten ist), mindestens klug zu *scheinen*»; denn nur die *scheinbare* Klugheit bedroht nicht das gekränkte Selbstbewußtsein des Vaters, und doch erfüllt sie die Illusion seiner narzißtischen Befriedigung. Die Aufgabe einer «klugen Else» liegt also darin, vor sich selbst und anderen den *Anschein* von Klugheit zu erwecken, ohne dabei jemals sich selber wirkliche Intelligenz und Leistungsfähigkeit zuschreiben zu dürfen und unter Beweis stellen zu können.

Zu dieser in sich bereits sehr vielschichtigen Problematik kommt verstärkend noch hinzu, daß gerade ein Kind von der Art einer «klugen Else» von einem bestimmten Zeitpunkt an natürlich merken wird, daß der Vater keinesfalls der Mann ist, der seinen eigenen Ansprüchen gerecht zu werden vermöchte. Die normale aggressionsgeladene Reaktion auf diese Feststellung müßte an sich in dem empörten Vorwurf gipfeln, der Vater habe selber überhaupt kein Recht, immer wieder und immer wieder seine Tochter mit seinen eigenen überhöhten Erwartungen zu traktieren und zu drangsalieren; er solle sich vielmehr zunächst an seine eigene Nase fassen und erst einmal bei sich selber verwirklichen, was er anderen vorschreibe und abverlange. Ginge es mit rechten Dingen zu, so könnte sich die natürliche Intelligenz einer «klugen Else» in der Tat gar nicht anders entfalten als in dem Eklat eines solchen aggressiven Ausbruchs – unausweichlich müßte sie irgendwann an dieses zentrale Geheimnis, an diesen Urbruch und Urwiderspruch im Leben ihres Vaters heranrühren und ihn zur Sprache bringen, koste es, was es wolle. Entscheidend aber ist nun im Leben eines Mädchens (oder Jungen) von der Charakterart einer «klugen Else», daß es von vornherein unmöglich ist, gegen die allmächtige Autorität des Vaters aufzubegehren. Statt an der Intelligenz des Vaters Zweifel anzumelden, erscheint es vielmehr als ein selbstverständliches, undiskutierbares Gebot des Gehorsams und der Folgsamkeit, in jedem Konfliktfalle eher die eigene Intelligenz in Frage zu stellen, als einmal die überragende Weisheit des Vaters zu hinterfragen.

Bei jeder Auseinandersetzung zwischen Vater und Tochter wird die Tochter demnach nicht nur aufgrund des einschüchternden Machtgefälles jeweils den kürzeren ziehen – weit schwerer wiegt, daß es infolge der totalen Abhängigkeit einer «klugen Else» von ihrem Vater geradezu als Zeichen und Beweis ihrer Intelligenz zu gelten hat, wenn sie sich selber dumm nennt, um ihren Vater vor jeder möglichen Kritik im voraus abzuschirmen und durch eigene Schulderklärungen in Schutz zu nehmen[7]. «Wenn du schlau bist, nennst du dich dumm, damit dein Vater sich klug fühlen kann.» Und umgekehrt: «Du wärest dumm, wenn du dich klug nennen wür-

dest; denn dazu müßtest du deinen Vater dumm nennen, und es wäre wirklich schlimmer als eine Dummheit, es wäre ein unverschämtes Unrecht zu glauben, daß du klug bist und dein Vater dumm, wo doch gerade dein Vater sich alle Mühe gibt, daß du endlich aufhörst, dumm zu sein.» – So etwa läßt sich die Irritation in der Selbsteinschätzung einer «klugen Else» beschreiben: an die Stelle möglicher Kritik gegenüber dem Vater haben kategorisch Selbstwertzweifel und Schuldgefühle zu treten; wirkliche Wahrnehmungen müssen demnach ersetzt werden durch gedankliche Konstruktionen, die den Vater vor dem Eingeständnis möglicher Unvollkommenheiten bewahren; und die Entfaltung der eigenen Intelligenz muß darein gesetzt werden, alle möglichen Gründe zu *erfinden*, warum der Vater, selbst wenn er objektiv die größten Ungereimtheiten in Szene setzt, gleichwohl von einer überlegenen Einsichtsfähigkeit und von planvollen Erziehungsabsichten geleitet wird, nur, daß es einem selber offensichtlich an der nötigen Gedankenschärfe und Geisteskraft gebricht, um diese hehren Einsichten und Absichten auch wirklich wahrzunehmen[8].

Die Verwicklungen im Charakteraufbau einer «klugen Else» sind indessen auch mit diesen Feststellungen allein noch nicht vollständig analysiert. Parallel zu dem Bemühen der Tochter, bei ihrem Vater «klug» zu nennen, was oft nichts weiter ist als Ausdruck von Hilflosigkeit, Unfähigkeit und eigener geistiger Verwirrung, revanchiert nämlich der

Vater sich umgekehrt damit, seine Tochter auf eine phantastische und irreale Weise förmlich als ein Faktotum an Weisheit auszugeben. Beide, Vater wie Tochter, leben somit in einer wechselseitig aufeinander bezogenen Phantasmagorienwelt weitab der Wirklichkeit. Nicht selten etwa wird ein Mädchen (oder Junge) von der Art der «klugen Else» gelobt, ohne recht zu wissen, wofür, oder getadelt, ohne zu verstehen, wieso; und immer wieder steht ein solches Kind vor der Aufgabe, sich *in der Phantasie* die entsprechenden Gründe für Lob und Tadel nachträglich auf abenteuerliche Weise zurechtzulegen. Diese ständige Auflösung der Wirklichkeit in ein Kaleidoskop nicht endender Vorstellungsmöglichkeiten erweist sich in der Folgezeit sogar als Hauptsymptom in der Entwicklung einer «klugen Else», und das nicht ohne Grund: es schützt beide, den Vater wie seine Tochter, vor der Preisgabe des illusionären Klugheitsanspruchs. Dieser «Gewinn» wird freilich durch den schweren Nachteil aufgewogen, daß die «kluge Else» sich selber mit Hilfe ausgeklügelter Theorien bei Ausbruch eines Konfliktes in jedem Falle ins Unrecht setzen muß. Selbst wenn ein gewisses Bewußtsein für die Künstlichkeit all der zurechtgelegten Schutzbehauptungen zugunsten des Vaters (und dessen Nachfolgers) bei einem solchen Kind erhalten bleibt, so wird es sich doch niemals hinreichend von seinem Vater abzugrenzen vermögen, um die negative Symbiose mit dem Vater zu durchbrechen[9]. Diesem wiederum liegt gerade daran, die mangelnde Selbstabgrenzung seiner Tochter für seinen eigenen Identifikationsanspruch zu benutzen. Nie wird der Vater einer «klugen Else» es wagen, seine Tochter offen und endgültig für «dumm» zu erklären; auf der anderen Seite kann er sich aber auch nicht dazu durchringen, an ihre Klugheit wirklich zu glauben – schließlich ist die «kluge Else» *seine* Tochter! –, und so findet die äußerst doppelbödige, angstbesetzte und irreale Anerkennung des Vaters durch seine Tochter ihr Gegenbild in der quasi ironischen, augenzwinkernden Anerkennung der Tochter durch ihren Vater. «Ja, die hat Zwirn im Kopf» – ist sozusagen der klassische Ausdruck für jene hochachtungsvolle Mißachtung, mit welcher der Vater «seine» «kluge Else» überzieht. Gerade diese Redensart ist es, die an dieser Stelle denn auch das erste wirklich eindeutige Indiz dafür bietet, daß der Einleitungssatz über das Verhältnis von Vater und Tochter am Anfang des Märchens wirklich so verstanden werden muß, wie wir es den Umrissen nach hier vorzuschlagen versuchen: so, daß er das traurige Ergebnis der Entwicklung einer «klugen Else» bereits im ganzen vorwegnimmt und als Grund vollkommen in sich enthält.

Ein wenig subjektiv assoziiert, erinnert mich das Wort vom «Zwirn im Kopf» auf bittere Weise an die Antwort, die in Kindertagen einmal ein Mädchen in meiner Schulklasse gab. Im Religionsunterricht hatte der Lehrer uns gefragt: «Was hat der Mensch im Kopf?», und er hatte offenbar hören wollen: «Geist» oder «Bewußtsein» oder dgl.; nun meldete sich aber ein Mädchen zu Wort, das für gewöhnlich niemals aufzuzeigen pflegte und von allen in der Klasse für ausgesprochen dumm gehalten wurde; als eine Bauerstochter fristete es gegenüber der Mehrzahl der Bergarbeiterkinder meines Heimatdorfes ohnedies ein recht zurückgezogenes, vereinsamtes Dasein. Kaum also, daß der Lehrer sah, daß ausnahmsweise «Lisbeth» sich zu Wort meldete, rief er seine vernachlässigte Schülerin sogleich auf: «Also, sag du es einmal: was hast du im Kopf?» Wie konsterniert aber war dieser Lehrer, als er die absolut ernst gemeinte Antwort von dem Kind erhielt: «Ein Busch Stroh, Herr Lehrer!» Die Klasse tobte vor Gelächter, das Gegröhl wollte kein Ende nehmen, das Mädchen aber saß kalkweiß da und stierte stumpf vor sich hin, wie wenn es die Richtigkeit seiner Antwort zu allem Unglück noch gleich durch das Beispiel vor aller Augen zu untermauern gedachte.

Ganz so wie «Lisbeth» mit dem Zynismus ihrer elterlichen Kritik nicht zurechtkam und offenbar schon als Neunjährige sich gerade so verhielt, daß die bösartigen Prophezeiungen und Entmutigungen ihrer Eltern getreulich in Erfüllung gehen mußten, so obliegt offenbar auch der «klugen Else» in dem Grimmschen Märchen die Pflicht, allen Leuten die Rolle einer Tochter, die «Zwirn» im Kopf hat, vorzuspielen. Ein Kind dieses Charakters muß klug scheinen, wo es selber, seinen Voraussetzungen entsprechend, noch gar nicht «klug» sein kann; es muß eine ständige Aussagefähigkeit an den Tag legen, auch wo es selber eigentlich gar nichts zu sagen hätte; es muß ein verständiges Begreifen von Zusammenhängen demonstrieren, die sein wirkliches Verständnis bei weitem überschreiten. Kurz: es muß, wie es zu diesem ausdrucksstarken Bild von dem «verzwirnten» Kopf wohl passen mag, an die Stelle von Weisheit Kompliziertheit, an die Stelle von Klugheit eine charakteristische Unverständlichkeit und an die Stelle von klaren Begriffen und Vorstellungen die Äußerung verworrener Wortkaskaden und Einfälle setzen. Sein ganzes Dasein, allein auf das väterliche Lob berechnet, muß schon deshalb wie ein Wollknäuel sich verwickeln, weil die Frage eines solchen Kindes niemals lauten kann: Was denke ich selbst von einer Sache? Seine erste Überlegung muß sogleich der Frage gelten: Was möchten die anderen, daß ich über diese Sache denke oder – besser noch –: von dieser Sache als meine Meinung *sage?* Das eigene Überlegen und Nachdenken verwickelt und verkompliziert sich damit stets zu einem *«Denken, was die anderen denken»* [10], und da man niemals genau wissen kann, was die anderen denken, muß erneut ein Denken in unklaren Hypothesen und nie festzulegenden Möglichkeiten die Fähigkeit zu wirklicher Wahrnehmung und Erkenntnis erschweren.

Das Ergebnis einer derartigen Prozedur phantastischer Wirklichkeitsverstellung mutet indessen so fremd und außergewöhnlich nicht an, wie es zunächst vielleicht erscheinen mag; ja, das Märchen von der «klugen Else» besitzt womöglich eine Aktualität, die überhaupt erst heute wirklich sichtbar ist. Sind nicht die Universitäten und Hochschulen voll von jungen Leuten, die verzweifelt dem bisher gezeichneten Portrait der «klugen Else» gleichen: Kinder einer Vatergesellschaft bedingungsloser (intellektueller) Leistungsforderungen und seelischer Überforderungen; willenlose Opfer eines perfekten Systems der Außenlenkung und der vorgefertigten Gedankenschablonen; erfolgsbesessene, innerlich zutiefst verunsicherte und verängstigte Muß- und Möchte-gern-Denker, die im akademischen Betrieb förmlich in jener verheerenden Gleichung noch unterstützt werden, wonach das Unverständliche an sich selbst schon als Ausweis von Vernunft und Klugheit gelten muß, während umgekehrt das wirkliche Leben sich wie mutwillig in logischen Wirrwarr und abstrakte Hypothesen mutmaßlicher Wirklichkeitserklärungen aufzulösen hat? Der spanische Maler FRANCISCO DE GOYA hat in seinen «Caprichos» einen Vorlesungen haltenden Kaninchenkopf mit hoher Stirn und genialisch verwirrten Haaren gemalt und das Bild untertitelt mit der Bemerkung: «Der muß klug sein» (siehe Abbildung)[11]. Es ist die beste Karikatur dieser Art von Gelehrtheit. Wer einmal erlebt hat, welch eine hochgestochene Scheinvertrautheit, welch eine demonstrative Scheinbekanntheit mit allen möglichen Theorien, Veröffentlichungen und Lebenserfahrungen im sogenannten akademischen Bereich heute gewissermaßen schon als Ouvertüre «kollegialer Begegnungen» zur Schau getragen wird, der wird kaum Zweifel

hegen, daß diese Institutionen der Bildung und des Wissens zu den recht eigentlichen Brutstätten im Hervorbringen von Menschen der Charakterart einer «klugen Else» entartet sind. Wenn es je einen zeitgeschichtlichen Horizont für die Interpretation eines Märchens geben kann, so wird er im Märchen von der «klugen Else» heute durch die generelle Voraussetzung unserer Gesellschaft und unseres Bildungssystems geliefert, wonach nur «kluge» Menschen liebenswerte Menschen sind.

Das eigentliche Tragische dieses Syndroms einer «klugen Else» liegt jedoch darin, immer wieder mitansehen zu müssen, wie bei allem noch so fleißigem Bemühen sich die vorgegebene Kette von Frustration und Mißerfolg niemals durchbrechen, sondern nur verstärken läßt. Es gibt, wenn es so steht, für einen Menschen von der Art der «klugen Else» durchaus keine Möglichkeit, ein Selbstvertrauen zu begründen, das die entfremdenden Zwänge des «Klug-sein-Müssens um jeden Preis» zu beseitigen vermöchte. Der springende Punkt liegt bereits darin, daß jede wirklich ausgesprochene Anerkennung unter den gegebenen Umständen unglaubwürdig ist und bleiben muß. Eine «kluge Else», wenn man sie lobt, weiß nicht und kann nicht wissen, ob man sie auslacht oder anerkennt; denn ein wirkliches Lob sich zuzutrauen wird sie nicht wagen, und die geheime Angst, die schlimmste all ihrer Befürchtungen: die ständig aufflackernde Erwartung, verspottet zu werden, wird sie, so gut es geht, zu verdrängen und zu überspielen trachten.

Infolgedessen ist es von vornherein nicht möglich, aus wirklicher Kritik zu lernen oder an wirklicher Einsicht zu wachsen; übrig bleibt vielmehr nur ein Auf-der-Stelle-Treten im Umfeld der immer gleichen kindlichen Ängste, Überforderungen und Frustrationen.

Ein derartiges Gegeneinander von überwertigem Lob und schweren Zweifeln und Minderwertigkeitsgefühlen zeichnet das Märchen von der «klugen Else» in dem chronischen Hin und Her von «Oh» und «Ach» des Vaters und der Mutter. Bisher haben wir das Schicksal der «klugen Else» einzig von der übermächtigen Vaterbeziehung her gedeutet. Ein Kind von der Art einer «klugen Else» hat aber nicht nur einen zumeist dominanten, fordernden, herrisch gebietenden, zugleich aber auch freundlich anerkennenden, einschmeichelnd-gewinnenden Vater, es hat auch eine zumeist negativistische, «ach, ach» – sagende Mutter, die das Unheil sehr wohl sieht und spürt, aber von sich aus nicht zu wenden vermag. Dabei hat diese Mutter mit ihrem sonderbaren Lob im Grunde nicht ganz unrecht; denn was sie mit ihrem «Ach» trotz allem anerkennen muß, ist die für Außenstehende oft in der Tat schier unbegreifbare Fähigkeit der «klugen Else», den «Wind in den Gassen» «laufen» zu «sehen». Es handelt sich offenbar um eine außerordentliche Feinhörigkeit und Sensibilität, wie sie für eine «kluge Else» typisch ist, um eine unglaubliche Fertigkeit im Wahrnehmen von buchstäblich «atmosphärischen» Bewegungen und «Luftdruckveränderungen», um ein ausge-

prägtes und immer wieder erstaunliches Ahnungsvermögen für «unsichtbare», «luftige» «Strömungen» und «Einflüsse». Mag die intellektuell meßbare Befähigung einer «klugen Else» schon aufgrund ihrer schweren Icheinschränkungen und Lernstörungen objektiv zu wünschen übriglassen und in der Tat zwischen Lob und Gelächter oszillieren, so grenzt doch ihre emotionale Einfühlungsgabe oft ans Hellseherische und muß unzweifelhaft als Zeichen echter Intelligenz gewertet werden.

Dennoch hat die Mutter Grund, diese Eigenschaft ihrer Tochter eher zu beklagen als zu belobigen: es ist nicht gerade leicht zu leben, wenn man das Unhörbare hört, das Unausgesprochene vernimmt und jeden Atemwind schon als Signal versteht. Es ist eine großartige Fähigkeit im Leben, aus der Not der Kindheit eine Tugend des Alters zu machen; aber eben dies wird jetzt die alles entscheidende Frage sein: ob es gelingt, die hohe menschliche Qualifikation einer «klugen Else» in ein lebbares Leben zu übersetzen. Die schicksalhafte Antwort auf diese Schicksalsfrage fällt nirgendwo anders als in dem Zentralbereich, der im Leben eines jeden Menschen über Glück und Unglück, Gelingen und Mißlingen, Reifung oder Ruin entscheidet: in dem Zentralbereich der Liebe, doch gerade dieser Bereich erleidet im Leben einer «klugen Else» für gewöhnlich die schlimmsten Verwirrungen.

«Wir wollen sie heiraten lassen»

Vorweg bereits, noch ehe eine eigentliche Brautwerbung zustande kommt, wird man sagen müssen, daß es ebenso schwer ist *für* eine «kluge Else» zu leben, wie es nicht leicht ist, *mit* einer «klugen Else» zu leben. Recht hat die Mutter mit ihrer zusätzlichen Bemerkung, ihre Tochter könne nicht nur den Wind laufen sehen, sondern auch «die Fliegen husten» hören. Man muß einen Menschen vom Charakterbild der «klugen Else» sich unbedingt als außerordentlich «wetterfühlig» insbesondere gegenüber beginnenden *aggressiven* Regungen vorstellen. Was für sogenannte normale Leute noch als etwas Winziges, gar nicht Bemerkbares erscheinen mag, kann für eine «kluge Else» bereits eine Drohung darstellen, die das schlimmste befürchten läßt. Es herrscht eine ständige Angst vor der Unberechenbarkeit plötzlicher Jähzornsausbrüche, des Vaters vor allem, wie man annehmen darf, und so wie manche Naturvölker die Bewegungen der Ameisen beobachten, um vor eventuellen Erdbeben rechtzeitig gewarnt zu sein[12], so muß eine «kluge Else» bereits das winzigste «Husten» in ihrer Umgebung als Signal drohender Gefahr bemerken und verstehen. Denn bräche der drohende Sturm wirklich über sie herein, so müßte sie unter allen Umständen ihren eigenen Ärger, Aufruhr und Zorn dahin bestimmen, daß der jeweils jähzornigste und lauteste Schreihals nicht allein die Macht, sondern auch das Recht besitzt, mit ihr und an ihr zu tun und zu lassen, was immer er will. Diese stets sprungbereite, innerlich völlig wehrlose, mimosenhaft aufmerksame Unheilgewärtigung rechnet nicht nur jederzeit mit dem Einbruch vernichtender Katastrophen, sie steht vor allem selbst in der Gefahr, Gefahren auch an Stellen zu vermuten, wo objektiv gar keine sind. Auch bei dem zweifelhaften Lob der Mutter darf man den resigniert-ironischen Unterton nicht überhören: die «kluge Else» ist nicht nur wirklich «gescheit» darin, wirkliche «Fliegen» «husten» zu hören, – die Kehrseite dieser Fähigkeit liegt in einer ständigen Untergrundstimmung von Angst, die auch «Fliegen» «husten» zu hören vermeint, die nur als eingebildete Schatten an der Wand existent sind.

Im Zusammenleben bedeutet diese unablässige Katastrophenangst natürlich eine permanente Verunsicherung jedes Kontaktes. Keine Liebe und Zuneigung kann als glaubhaft gelten, wenn um alles Wohlwollen und Entgegenkommen eine unsichtbare Klammer gesetzt wird, die jede Erfahrung von Nähe und Einverständnis zu einer bloßen Schönwetterperiode erklärt, in deren Hintergrund gewiß bereits ein Hurrican sein aufziehendes Ungewitter braut[13]. Derartige «hustende Fliegen» können das zu jeder Liebe nötige Vertrauen schlimmer verwüsten als eine Heuschreckenplage den Jahresertrag eines ganzen Anbaugebietes in Zentralafrika. Von vornherein steht also zu erwarten, daß die «kluge Else», um sich generell vor der bedrohlichen Nähe anderer zu schützen, eine übergroße Fluchtdistanz aus Scheinanpassung, Folgsamkeit und aufgesetzter Dummschlauheit rund um sich her errichten wird. Obwohl, von außen gesehen, leicht zugänglich, ist sie auf diese Weise in Wahrheit unerreichbar, und es bedürfte eines ungewöhnlich sensiblen Partners sowie der ebenso sanften wie geduldigen Macht einer ungewöhnlich starken Liebe, um die Doppelbödigkeiten und Ausweglosigkeiten im Charakter einer solchen «klugen Else» zu überwinden. Der «Hans» aber, der die «Else» heiratet, ist zumeist nicht von dieser Art.

An sich müßte jedem menschenfreundlichen Beobachter der nunmehr sich anbahnenden Ehetragödie klar sein, daß die «kluge Else» von sich her zu einer Heirat noch gänzlich außerstande ist. Warum überhaupt heiraten Menschen einander? – Eine dumme Frage? Vielleicht; aber höchst angebracht im Falle einer «klugen Else» (und unzähliger anderer Formen unglückseliger Eheverbindungen). Wenn es in der Bibel von der Liebe heißt, es werde der Mann «Vater und Mutter verlassen und seiner Frau sich anschließen» (Gen 2,24), so muß man demgegenüber oft genug feststellen, daß Menschen eigentlich nur heiraten, um innerlich Vater und Mutter niemals zu verlassen, sondern ihnen lebenslänglich «anzuhangen»[14]. Man heiratet unter diesen Umständen, weil – innerlich oder äußerlich, moralisch oder sozial – die Eltern es so wollen, und so, wie die Eltern es wollen, nur daß diese Tatsache nicht immer so deutlich zu Tage tritt wie in dem Märchen von der «klugen Else». Eine solche Frau heiratet im Grunde gar nicht, sie wird verheiratet, sie entscheidet sich nicht, sie wird verabschiedet, sie richtet sich nicht nach ihren Gefühlen, sie ist ausgerichtet nach fremden Erwartungen. Sogar und gerade an der Stelle, wo es eigentlich zum erstenmal ausschließlich um ihre eigene Person, um ihr Glück, um ihre Zukunft gehen müßte, wo alles daraufankäme, das Getto der verfremdenden Elternerwartungen und Vaterbindungen aufzusprengen, wird eine «kluge Else» an einen Mann verkuppelt, der ganz und gar nur in die bereits vorgebahnten Fußstapfen der väterlichen Anspruchserwartungen tritt: es ist das beste (und einzige!) Zeugnis, das für die Brautwerbung bei dem Vater einer «klugen Else» vorzulegen ist, wenn auch ihm, dem Brautwerber, die «Klugheit» für die einzig wesentliche Liebesbedingung seiner künftigen Braut gilt. Der Lebenspartner bleibt bei einer solchen Ehe unverändert nach wie vor der Vater, und dieser wechselt eigentlich nur das biologische Alter durch den Tausch mit dem Schwiegersohn; die gesamte Struktur der seelischen Beziehung indessen bleibt vollkommen erhalten, und der Zwang, mit dem der Vater seine «kluge Else» zum Eheabschluß drängt, zeigt lediglich, daß der Sinn einer solchen Ehe gerade darin liegt, die Vaterbindung zu verfestigen.

Dabei braucht man nur zu beachten, auf welche Weise, mit welchem Psychoterror, die «kluge Else» ohne langes Federlesen heiratswillig gemacht wird. Auf der einen Seite steht der väterliche Wille, ausgesprochen im Plural der Majestät: «Wir wollen sie heiraten lassen», und die «kluge Else» müßte schon vollends auf-

gehört haben, die gehorsam-angepaßte Tochter ihres Vaters zu sein, wenn sie die überlegene Weisheit und weitsichtige Fürsorge gerade dieses das ganze weitere Leben bestimmenden Ratschlusses ihres Vaters nicht allsogleich begreifen und dankbar entgegennehmen würde. Auf der anderen Seite wird die fordernd-befehlende Zwangssicherheit des Vaters von der depressiv-zweifelnden Infragestellung der Mutter sekundiert – wer soll schon eine solche Frau heiraten wie eine «kluge Else»? Eine solche muß froh sein, wenn überhaupt jemand sie «haben» will, wie es das Märchen in brutaler Direktheit ausdrückt. Ja, es scheint der Mutter eigene bittere Lebenserfahrung widerzuspiegeln, daß man auf so etwas Romantisches und Gefühlsseliges wie Liebe, Zärtlichkeit, Ergänzung und Verstehen durchaus nicht zu hoffen braucht – wie sollte Mutters Tochter auch der Einbildung sich vermessen, sie könne in den Augen eines Mannes als liebenswert erscheinen! Sie muß gefälligst froh sein, wenn nach langem Suchen jemand «von weither» sich bereit findet, sie «haben» zu wollen. *So* stehen die Verhältnisse, und so haben sie bestehen zu bleiben.

Vieles spricht somit dafür, daß in der Ehe der «klugen Else» lediglich in zweiter Generation sich wiederholt, was bereits in der Ehe der Eltern vorgebildet ist. Wie der Brautwerber auf das vollkommenste sich in die Haltung und Position seines künftigen Schwiegervaters einfügt, so wird man umgekehrt auch von der «klugen Else» annehmen dürfen, daß ihre Rolle in allem der Ein-

stellung ihrer Mutter gleicht. In Analogie zu der Ehe der «klugen Else» wird man sich daher rückblickend auch (als Vorbild und Abbild, als Vorwegnahme und Begründung) die Persönlichkeit und das Verhalten der Mutter vorzustellen haben. Man wird bei ihr wohl mit einer Frau rechnen müssen, die, gleich ihrer Tochter, unter schweren Minderwertigkeitsgefühlen leidet und grundsätzlich der Meinung obliegt, daß eine Frau in allen Lebensfragen sich dem Wollen und Befehlen ihres Mannes fügen müsse, nicht aus Einsicht und Überzeugung, wohlgemerkt, sondern in einer resignierten Demutshaltung, ganz nach dem zweifelsfreien Motto «Mein Mann wird im Zweifelsfall schon das Rechte wissen.» Ein allerdings entscheidender Unterschied zwischen der «klugen Else» und ihrer Mutter wird darin gelegen sein, daß der Vater mit der niedergedrückten Untertänigkeit, mit der Resignationsgefügigkeit, ja mit der pflichtgemäßen Selbstverdummung seiner Frau sich durchaus einverstanden zeigt, während er von seiner Tochter eben jene «Klugheit» erwarten zu müssen glaubt, an der es seiner Frau (und in der Wirklichkeit wohl auch ihm selber) in jeder Hinsicht so sehr zu gebrechen scheint. Folgt man dieser Annahme einer wechselseitigen Analogie in Charakter und Verhalten zwischen Mutter und Tochter, so wird jedenfalls noch besser verständlich, daß die «kluge Else» förmlich wie von zwei Mühlsteinen zwischen der (überkompensierten) Anspruchshaltung ihres Vaters und den resignativen Selbstzweifeln ihrer Mutter immer mehr und unaufhaltsam zermahlen wird. Es muß als Bild nicht nur in dieser einen Szene, sondern als Grundmodell des ganzen Lebens gelten, wenn die Mutter trotz ihres sehr berechtigten «Achs» sogleich auf den Heiratsplan ihres Mannes einschwenkt. In ausgesprochen patriarchaler Manier hat der Mann zu denken und zu befehlen, die Frau zu gehorchen und auszuführen, und könnte man sich das ganze Gehabe der Mutter einer «klugen Else» ein Stück weit vornehmer, ins gravitätisch Gezierte gewendet, vorstellen, so gliche eine solche Ehe ganz dem Bild von dem *Ehepaar Sisley* im Wallraf-Richartz-Museum in Köln, das AUGUSTE RENOIR (1841–1919) gemalt hat (siehe Tafel 2)[15]: *sie* ein schönes Dummchen, das, in einen riesigen weiß-roten Reifrock gehüllt, mit beiden Händen schutzsuchend sich an den Arm ihres Herrn und Gemahls zu klammern sucht, während *er*, ganz Kavalier und Grandseigneur, sich huldvoll ihr zuneigt – eine Beziehung ganz nach dem galanten Ehrenkodex des *fin de siècle* mit seiner strukturellen patriarchalen Erniedrigung der Frau: der Mann in der Lieblingspose seiner herrschaftlichen Rollenzuweisung schmeichelt sich pflichtweise der schwierigen Aufgabe, der schutzlosen Unvernunft seiner Frau Gemahlin Obhut zu gewähren, während diese, gerade wenn sie wirklich klug ist, ihn niemals die wahre Dummheit seiner

angemaßten Würde fühlen lassen wird. Unzweifelhaft spielt das Milieu der «klugen Else» in dörflich-bäuerlichen Verhältnissen; ihm eignet nichts von der eitlen Grandezza eines Herrn Sisley; aber das patriarchale Gefälle zwischen der vorgeschriebenen dümmlichen Devotheit der Frau und der ebenso obligaten wie obstinaten «Verantwortlichkeit» des Mannes ist dennoch hier wie dort dasselbe: der Mann ist überlegen, weil er das zu Besorgende zu überlegen hat, die Frau ist unterlegen, weil sie fürsorglich zu versorgen ist. Wie froh darf sie sein, einen so klugen Mann ihr eigen zu nennen! Wie dankbar muß sie sein für ihre Erniedrigung, für ihre Versklavung, für ihre geistige Selbstpreisgabe! Vermutlich schon die Ehe zwischen den Eltern einer «klugen Else» folgte solchen Grundsätzen, ganz gewiß aber die Ehe, in die sie selber jetzt mutwillig von ihren Eltern hineingeschoben wird.

Denn es kann durchaus kein Zufall sein, wenn der von weither gereiste «Hans», in vollem Einklang zu der Meinung seiner Schwiegereltern, zur Hauptbedingung seines Ehewillens die Forderung erhebt, seine Braut habe sich unter allen Umständen und vor allem anderen als «klug» zu erweisen. Ganz deutlich wird mit diesem Daueranspruch für die «kluge Else» aus der Ehe der Eltern die Ehe der Kinder, indem, wie wir sahen, «Hans» lediglich an die Stelle seines

«Schwiegervaters», die «kluge Else» selber aber an die Stelle ihrer Mutter tritt; in analoger Weise spiegelt somit die Ehe der einen die Ehe der anderen wider, und es gibt kein Entrinnen aus den vorgefertigten Zwängen des Elternhauses. Alles geht vielmehr weiter seinen Gang, nur noch verstärkt in dem Anspruch und noch bestärkt in der Ahnung, daß man mit so etwas wie «Liebe» unter Menschen niemals rechnen könne: es ist schon viel, wenn man von den anderen geachtet wird und angesehen ist, und dazu braucht es nach väterlicher Weisung allein «Klugheit» – oder doch, wo diese fehlt, zum mindesten das Rollenspiel der «Klugheit». Es ist tragisch, als Kind einem Vater ausgeliefert zu sein, der von seiner Tochter als Grundlage des Lebens, als Unterpfand der Zuneigung, als Inbegriff und Lebensinhalt des ganzen Daseins die Erfüllung einer bestimmten stets überfordernden Eigenschaft verlangt; aber schlimmer noch mutet es an, auch späterhin im sogenannten Erwachsenenleben nichts weiter tun zu können, als den alten Zwängen und Überforderungen von sich her unausgesetzt weiter zu gehorchen, ja ihnen womöglich noch intensiver entsprechen zu müssen als vorher. Doch gerade dieses Schicksal kennzeichnet wie nichts sonst den Lebensaufbau einer «klugen Else», wie ihn als *typisch* dieses Märchen schildert.

Damokles als Daseinsform

Denken als Handlungsersatz

Die Brautwerbung ist noch nicht wirklich ausgesprochen, da gibt die «kluge Else» in der Tat einen unwiderleglichen Beweis für das ihr nachgerühmte Denkvermögen. Die Hälfte fast des ganzen Märchens geht damit zu, die nachfolgende Szene, fünffach ausgemalt und wiederholt, in der genußvollsten Manier zu schildern, und wirklich verrät der Symbolismus dieses verdichteten Lebensaugenblicks, da sich alles im Schicksal der «klugen Else» entscheidet, den ganzen Charakter, die ganze Not, die furchtbare Hilflosigkeit dieses scheinbar so aufgeweckten, «zweckdienlichen» Kindes, das man nunmehr dazu bestimmt, als Frau zu gelten.

In der griechischen Sage wird die Geschichte von Damokles überliefert, der den Tyrannen Dionysios von Syrakus als den Glücklichsten aller Sterblichen pries und zum Lohn dafür selbst mit aller Pracht und allem Reichtum ausgestattet wurde; doch als er sich eben, der köstlichsten Speisen genießend, zu Tische legen wollte, bemerkte er an der Decke ein Schwert, das, aufgehängt allein an einem dünnen Roßhaar, gerade über seinem Haupt schwebte. Damokles, so geht die Sage, bat flehentlich um die Gnade, von solcher Art des Glücks befreit zu werden, und diese Gunst ward ihm gewährt[16]. Anders das Leben einer «klugen Else». Sie lebt tagaus, tagein das gnadenlose Dasein eines Damokles. Bei ihr geht es nicht allein darum, wie unsicher und todbedroht das äußere Konsumglück ist, für sie steht das gesamte Leben unter der ständigen Gefahr strafweiser Hinrichtung – *wenn* sie nicht klug ist. Allein schon deshalb muß ein solches Kind die ganze Geisteskraft darauf verwenden, die entsetzliche Möglichkeit seiner vernichtenden Aburteilung, so eindringlich es geht, immer wieder in der Vorstellung vorwegzunehmen – vielleicht, daß sich die Katastrophe dadurch doch vermeiden oder wenigstens ein Stück weit hinauszögern läßt. Was das Märchen als Momentaufnahme im Leben der «klugen Else» aus Anlaß der Brautwerbung schildert, wird man in Wirklichkeit mithin als die geheime Wahrheit ihres ganzen Daseins lesen müssen: geht man unter der munter angeheiterten Oberfläche des Bildes von der klug «verzwirnten» Tochter ein Stück tiefer, «in den Keller», ganz wortwörtlich, so offenbart sich ein Gefühl nicht endender Lebensbedrohtheit und unablässiger Gefahr. Wenn man bisher noch meinen konnte, es würden in den vorstehenden Erörterungen unter Umständen einzelne, an sich nebensächliche Bemerkungen überbewertet oder überinterpretiert, so verrät das Märchen jetzt, was es unter dem Anschein nebensächlicher Nettigkeiten die ganze Zeit über hat sagen wollen: ihr Leben lang muß dieses Mädchen, die «kluge Else», dieses possierliche Familienamüsement, unter der Angst der schwebenden Kreuzhacke gestanden oder, genauer, «gesessen» haben, – eine unentrinnbar Gefangene, eine zur Qual des Damokles schuldlos Verurteilte. Schon die Bauleute, erklärt das Märchen, haben diese Kreuzhacke «vergessen»; mit anderen Worten: die «Kreuzhacke» gehört zu der verborgenen Architektur, zu der seit jeher bestehenden Grundlage, auf die das ganze Elternhaus der «klugen Else» errichtet war. Das Bild der aus dem Gebälk herabsausenden Kreuzhacke symbolisiert in diesem Sinne die immer gegenwärtige tödliche Dauerverurteilung seitens des (väterlich geprägten) Überichs. – Diese Deutung legt sich bereits rein tiefenpsychologisch nahe; aber es gibt an dieser Stelle auch religionsgeschichtlich gewisse Anhaltspunkte zur Ergänzung und Bestätigung einer solchen Interpretation.

Denn wenn wir bislang die übermächtige Person des Vaters in der Genese einer «klugen Else» so betont herausgestellt haben, so mutet es jetzt wie ein fast frivoler Kommentar der Religionsgeschichte zur Gestalt dieses Vaters an, wenn man bedenkt, welch eine Rolle das Symbol der «Kreuzhacke» bereits in der germanischen Mythologie, in der vorausliegenden Bronzezeit, ja schon im Neolithikum gespielt hat und an welch eine Bedeutungsbreite das Märchen von der «klugen Else» mit der Verwendung dieses Sinnbildes anzuknüpfen vermag. Eine Kreuzhacke ist an sich ein Gerät zur Erdarbeit, sie ist kein Maurer- oder

Zimmermannswerkzeug, und sie gehört auch nicht in das Dachgebälk geschlagen wie ein Beil oder eine Axt; wenn das Märchen dennoch gerade dies berichtet, so scheint das an der *Form* der «Kreuzhacke» zu liegen, die dem außerordentlich alten und weitverbreiteten Symbol der Doppelaxt entspricht. Längst bevor dieses Sinnbild bei den Kretern[17] und anderen Völkern[18] auftaucht, schon in der Mitte des 2. Jahrtausends vor Christus, findet sich eine solche «Kreuzhacke» in Form der steinernen «Streitaxt» in den Gräbern der Schafzucht treibenden (indogermanischen?) Schnurkeramiker[19]. Bronzene Doppeläxte bilden des weiteren den unerläßlichen Bestand der Grabbeigaben während der agrarischen Kultur der «Hügelgräberbronze»[20]. Vor allem aber im germanischen Raum ist bei dem Symbol der «Kreuzhacke» an den germanischen Gott Thor bzw. Donar zu denken, der als Sohn des Himmelsgottes Odin (Wotan) mit der Erdgöttin Jörd (einer Vorgängerin der Freya) zum Gott der nordischen Ackerbaukultur schlechthin avancierte; sein Hammer Mjöllnir war es, der – als eine eigentliche Kreuzhacke – das Erdreich auflockerte und fruchtbar machte, und der «Hammerschlag» war bei allen wichtigen Begebenheiten von großer Bedeutung. «Mit Hammerwurf bezeichnete man die Grenzen der Siedlung, mit Hammerschlägen wurden Marksteine und Wegsäulen gesetzt, der Hammer weihte die Schwelle des Hauses und ward dadurch bei Eheschließung gebräuchlich. Thor wies die Züge eines Bauern auf: gutmü-

tig, hilfsbereit, ... geistig schwerfällig, jähzornig und plump. Gewaltige Muskeln trugen ihm den Beinamen ... Bär ein.»[21] Es ist ein überaus verlockender Gedanke, sich nach diesem Vorbild noch einmal die Gestalt des Vaters einer «klugen Else» (und desgleichen die Gestalt ihres Gemahles) vorzustellen; jedenfalls wird man nach dem Gesagten tiefenpsychologisch wie religionsgeschichtlich feststellen dürfen, daß es recht eigentlich nicht die «Zimmerleute» sind, sondern der eigene Vater ist, der im Format eines allgewaltigen Donnergottes mit dem Szepter seiner phallischen Potenz ebenso fürsorglich wie fürchterlich das Leben seiner Tochter überschattet, bis zu dem Punkt, daß auch sie für ihr weiteres Leben nur einen Vaterstellvertreter von der Art eines «Thor» zu ihrem Gemahl «wählen» kann bzw. wählen muß. (Vgl. hierzu die Abb. der antiken Skulptur von Zeus, dem Blitzeschleuderer.)

Wie unausweichlich die Daseinsform des Damokles für eine «kluge Else» sich gestaltet, wird sofort klar, wenn man beachtet, daß für sie das Denken nicht, wie unter Menschen sonst, der Lösung von Problemen dient, sondern zum bloßen Selbstzweck entartet[22]. Denkt man für gewöhnlich über ein Problem nach, um es durch Erkenntnis, Plan und Handlung aus der Welt zu schaffen, so gilt die klagenvolle Grübelei der «klugen Else» einem anderen Ziel. Man darf unterstellen, daß das Selbstvertrauen, eine wie auch immer geartete Schwierigkeit aus eigenen Kräften meistern zu können, unter den gegebenen Umständen

von vornherein nur sehr schwach entwickelt sein wird; doch das ist nicht alles. Weit wichtiger ist es zu sehen, daß aus der Sicht eines Kindes vom Charakter einer «klugen Else» gegen die Wesensart eines Donar-Vaters oder, später, aus der Sicht einer Frau gegenüber dem Verhalten eines «Bären» von Ehemann beim besten Willen und beim klügsten Nachdenken kein Kraut gewachsen ist. Würde eine «kluge Else» ihre Lage wirklich zu Ende denken können und dürfen, so stünde sie selber augenblicklich in der Gefahr, mit der «Doppelaxt» dazwischenzufahren und ihr elterliches wie familiäres Zuhause von den Fundamenten her auseinanderzunehmen. Was sie selber bedroht, ist nicht nur die aggressive Überforderung ihres Vaters, sondern auch die eigene Aggression, und das Bild der «Kreuzhacke» steht an diesem Punkt der Deutung mindestens für dreierlei auf einmal: für die unablässig über dem Haupt der «klugen Else» schwebende Dauerverurteilung ihres Vaters, für das unterdrückte Aufbegehren der «klugen Else» als Mädchen und Frau gegen die männliche Tyrannei ihres Vaters sowie für das nachträgliche Schuldgefühl und die dramatisch verstärkte Strafangst aufgrund der eigenen aggressiven Gefühlsregungen.

Von daher hat eine «kluge Else» geradewegs die Pflicht, ihr Denken, gewissermaßen wie ein Zirkuspferd in der Manege, in eine Kreisbahn zu lenken bzw. auf der Stelle treten zu lassen. Sie ist durchaus imstande, das betreffende Problem vor sich zu sehen und entsprechend zu artikulieren; aber es käme an Explosivi-

tät der Sprengkraft einer Bombe gleich, würde die «kluge Else» ihren Vater selber dafür namhaft machen, ihr Leben in eine lebenslängliche Exekution verwandelt zu haben, oder würde sie ihrem künftigen Gemahl die Augen dafür öffnen, daß er gerade dabei ist, seine Frau nicht zum Traualtar, sondern vielmehr zu einer tiefverborgenen, doch stets gegenwärtigen Hinrichtungsstätte zu schleifen. Weitaus ratsamer muß es in den Augen einer «klugen Else» scheinen, das Problem von den Ursachen zu isolieren und damit zugleich auch die möglicherweise äußerst aggressiven eigenen Handlungsimpulse zu verdrängen. Aus einer gefühlsmäßig äußerst angespannten, nahezu tödlichen Auseinandersetzung erhebt sich jetzt der endgültige Beweis für die wahre Klugheit einer «klugen Else»: wie meisterlich sie doch die drohende Gefahr erfaßt und zugleich zu erkennen gibt, daß sie selber außerstande ist, die «Hacke» in die Hand zu nehmen. Am Ende muß sie ihrem Vater ebenso wie ihrem Ehemann noch dafür dankbar sein, ihr so hilfreich beigestanden zu haben. Aus den ursprünglich lebensgefährlichen Aggressoren werden somit ihre dankenswerten Lebensretter, die freilich selber weder merken können noch wollen, welch einen Preis die «kluge Else» für die vermeintliche Fürsorge und Hilfsbereitschaft ihrer Männer bringt: angstvoll verzichtet sie auf jedes eigene Handeln, auf jede Art von Selbständigkeit, ja, auf jeden Denkansatz, der über das Beklagen ihrer Notlage hinausreichen würde. Und siehe: gerade das ist es, was man an ihr vornehmlich anerkennen wird, was ihr das höchste Lob einträgt, was als Zusammenfassung ihrer Lebenskunst am meisten beifällig quittiert wird: wie «klug» sie ist!

Übertragung und Bestätigung oder: Die klagende Rache

Nun darf allerdings nicht übersehen werden, daß die «kluge Else» auf ihre Art nicht einfach untätig bleibt; nur besteht ihre eigentliche Aktivität nicht im Handeln, sondern, ersatzweise, im Denken bzw. im Ausdenken ängstigender und unabänderlicher Ausweglosigkeiten. Mit einem gewissen Recht könnte man diesen «Denktyp» als *die klagende Rache* bezeichnen[23], denn unzweifelhaft liegt ein gewisser Triumph darin, wenn die «kluge Else» sich in den Stand setzt, ihre gesamte Umgebung mit ihrer obsoleten Melancholie zu infizieren. Jedem Lehrer oder Erzieher werden schon Kinder begegnet sein, die sich von allen anderen dadurch auffallend unterschieden, daß sie sich über die Maßen darum bemühten, eine Logik des *«Das kann man nicht lösen»* zu entwickeln. Je nach dem Grad der Intelligenz und der Ausbildung können die vorgebrachten Argumente und gedanklichen Verknüpfungen so plausibel erscheinen, daß sie den Charakter der Unwiderleglichkeit annehmen, und man kommt nicht leicht darauf, daß hier eigentlich gar nicht ein bestimmter Gedanke bewiesen oder ein bestimmter Sachverhalt dargelegt werden soll, sondern daß hier im Grunde ein

verzweifelter Beweis dafür angetreten wird, wirklich «klug» zu sein, immer nach der Devise: «Wenn ich eine Frage vorbringe oder ein Problem vortrage, das niemand lösen kann, so erweist sich unfehlbar, daß ich klüger bin als alle.»[24] Die unbewußte Erwartung herrscht bei solchen Kindern, daß nicht die Lösung eines Konfliktes (und ein daraus folgendes Verhalten) belohnt wird, sondern im Gegenteil: je weniger man selber zu handeln und in die eigene Hand zu nehmen wagt, als desto braver und vernünftiger wird man gelten, und je deutlicher man demonstriert, daß es im letzten für gewisse möglicherweise entscheidende Lebensfragen durchaus eine Lösung nicht geben kann, als desto intelligenter und «klüger» wird man den sprachlos staunenden Mitmenschen erscheinen; schließlich haben sie die Sache wirklich noch niemals von dieser Seite betrachtet. Je erfolgreicher ein solches Vernünfteln sich in Szene setzt und je weiter eine «kluge Else» sich auf diesem Wege in der Anerkennung ihres Publikums emporarbeitet, desto gefährlicher wird der Sog ihrer negativen Überzeugungskraft ihre Zuhörer und Begleitpersonen erfassen, ja, am Ende kann ein regelrechter Wettbewerb darum einsetzen, wer unter all den klugen Köpfen sich als der größte Aporetiker erweist. Ganze Seminarübungen beispielsweise können unter der Ägide von Gruppenleitern des Charaktertyps der «klugen Else» damit zugebracht werden, den Beweis zu erbringen, daß es Wahrheit nicht gibt, daß Werte nicht existieren, daß die Freiheit eine Illusion ist, daß der Mensch

eine Fehlkonstruktion der Natur ist, daß der Zusammenbruch unserer Kultur, unserer Umwelt, ja, des Planeten überhaupt bereits eine ausgemachte und sicher auszumachende Sache ist, und was der spektakulären Ungereimtheiten mehr sind. Gedanken dieser Art mögen ihre objektive Berechtigung und Wahrheit besitzen – den subjektiven Bedeutungsgehalt solcher Theorien findet man indessen nicht auf der Ebene von Zustimmung oder Ablehnung zu dem rationalen Kern derartiger Behauptungen, sondern nur, wenn man sie als rationalisierte Gefühle bzw. als verschlüsselte Botschaften dechiffriert[25]. Für einen Menschen vom Charaktertyp der «klugen Else» gibt es wirklich keine Wahrheit, – die Wahrheit, die er ahnt und fühlt, müßte die Ordnung seiner ganzen (Kinder-)Welt zerbersten lassen; für ihn darf es wirklich keine Werte geben – denn würde er gewisse Werte geltend machen, so müßte er in gleichem Atemzug den Vorstellungen seines Elternhauses Unrecht geben; für ihn hat wirklich festzustehen, daß er als Fehlentwicklung auf die Welt gekommen ist – denn anderenfalls müßte er seinen Eltern vorwerfen, daß sie ihn wie etwas Unerwünschtes durchs Leben gestoßen haben; vollends muß es ihm evident erscheinen, daß diese Welt zum Untergang bestimmt ist; denn wäre dies nicht, so müßte er sich zu dem Wunsch bekennen, daß er im Grunde seines Herzens nur allzu gern die ganze Welt, wie er sie in sich aufgenommen hat, in Schutt und Asche legen würde. Das Denken solcher Aporetiker versteht man erst, wenn man sich weigert, ihrer immanenten Logik, dem «und wenn und wenn, dann könnte» nachzugehen, und stattdessen immer wieder die Frage dahin verschiebt, was für ein Interesse sie eigentlich daran haben, die gesamte geistige Energie auf den Nachweis von Aporien statt von Lösungsansätzen zu konzentrieren und jedem Vorschlag, wie etwas gehen könnte, ganz bestimmt ein klug daher gesprochenes «Nein, aber» entgegenzusetzen. Man wird dann beizeiten merken, daß es nicht nur darum geht, der tief empfundenen subjektiven Ausweglosigkeit sowie der inneren Resignation einen erlaubten Ausdruck zu verleihen, sondern daß hier auch eine sublime Genugtuung waltet, die anderen in die gleiche Melancholie, in das gleiche Dilemma, in das gleiche Lamento miteinbeziehen zu können, das einem selber schon aus langjähriger Gewohnheit wie eine zweite Natur vorkommen mag. Wenn man es schließlich dahin bringt, daß alle anderen in das gleiche Klagelied einstimmen, ist eine «kluge Else» weit genug gekommen: sie ist mindestens nicht mehr allein, ja, sie erreicht es, ihre ganze Familie, von der Magd bis zur Mutter, vom Knecht bis zum Vater, in den Katzenjammer ihrer hoffnungslosen Klagen einstimmen zu lassen, ganz so, als ob die geheime Grundpartitur des gesamten familiären Zusammenlebens endlich zu ihrer Aufführung gelangte.

Gleichwohl wird auf diese Weise das Grundproblem: die – reaktiv zu den elterlichen Überforderungen – erheblichen verdrängten Aggressionen, natürlich nicht wirklich gelöst. Ein großer

Teil des aggressiven Potentials wird vielmehr in Form von Strafangst zum Über-ich geschlagen und erscheint im Märchen von der «klugen Else» vor allem in dem ausgesprochen *hypochondrischen Gebaren* der jungen Frau. Beim ersten Lesen der Geschichte mag man es vielleicht als recht erheiternd finden, wenn das umständliche Verhalten der «klugen Else» als betuliches Theater und ganz schlicht als eklatante Faulheit dargestellt wird. Wer aber ein Stück tiefer schaut, erkennt doch bald in dem vorsichtigen «Platznehmen» und fahrigen Hin- und Herschauen der «klugen Else», in ihrem Bestreben, nur ja keinen Moment lang als untätig erfunden zu werden, in ihrer notvollen Übermühtheit eine solche Angst und ein solches Übermaß an sinnlos gutem Willen, daß man um die Bewußtseinslage dieses Märchens bzw. dieser Frau sich die größten Sorgen machen muß. Insbesondere fällt die Übervorsicht auf, mit der die «kluge Else» jede unnötige Kraftaufwendung zu vermeiden trachtet. Offenbar fürchtet sie einen ständigen Verlust an Lebenssubstanz oder umgekehrt ein plötzlich hereinbrechendes körperliches Gebrechen[26]. Derartige hypochondrische Sorgen und Ängste dürften jedoch nicht nur das körperliche Pendant der chronischen geistigen Überforderung einer «klugen Else» darstellen, in ihnen scheint sich auch ein Stück Autoaggression zu somatisieren.

Andererseits tendiert die breite Gehemmtheit der «klugen Else» in der Tat naturgemäß zu ausgedehnten Bequemlichkeitshaltungen[27], die einem außen-

stehenden Betrachter dann sehr leicht als simple Lethargie und bloße Apathie erscheinen können. Wenn es für eine «kluge Else» eine Lösung aus dem Dilemma ihrer *Angstklugheit* geben soll, so scheint sie wirklich nur von außen kommen zu können, und alles wartet somit darauf, daß ein starker «Hans» erscheint, der das nutzlose Räsonnieren und Lamentieren beendet und kraftvoll und energisch die Sache in die Hand nimmt. Das Furchtbare ist nur, daß es auf diesem «praktischen» Weg keine wirkliche Hilfe gibt, sondern sich unter dem Deckmantel freundlich-fröhlicher «Überbrückungen» und «vernünftiger Maßnahmen» seitens des Mannes in Wahrheit der Weg in eine wirkliche und endgültige Katastrophe vorbereitet. Wenn irgend der «Fall» der «klugen Else» dazu angetan ist, das patriarchale *Wir werden es schon machen* ad absurdum zu führen, so in der sicheren Tatsache, daß es nicht genügt, zu wissen, «wie die Hacke im Stiel sitzt», sondern daß es unerläßlich ist, um wirklich hilfreich zu sein, mit dem anderen in die Abgründe seiner Angst hinabzusteigen, die latent all seinen Gedanken zugrunde liegt und doch mit Hilfe all seiner Gedanken eher verhüllt als enthüllt und eher ins Unbewußte verschoben als im Bewußtsein behoben wird.

Die Angst der Wünsche und der Wunsch der Angst

Der Kontrast zwischen vermeintlicher Hilfe und faktischer Zerstörung ist um so krasser sichtbar, als das Symbol der «Kreuzhacke» nicht zuletzt gerade für die Aussichten der künftigen Ehe steht, zu welcher die «kluge Else» sich durch den Willen ihres Vaters, durch die Resignation ihrer Mutter und durch die Forschheit ihres «Hans» gedrängt sieht. Wohl muß das ganze bisherige Leben der «klugen Else» einer nicht endenden Damokles-Situation gleichgekommen sein; daß aber diese Wahrheit eben jetzt, zum Zeitpunkt der Brautwerbung, offen zutagetritt, läßt vornehmlich die Ehe selbst (bzw. die Einstellung einer «klugen Else» zur Ehe) unter dem Vorzeichen eines unausweichlich drohenden «Verhängnisses» (in wörtlichstem Sinne!) erscheinen.

Wir haben bislang so getan, als wenn die drohende «Kreuzhacke» unmittelbar über dem Haupt der «klugen Else» selber schweben würde, und dieser Aspekt ist in dem Bild gewiß auch enthalten. Gleichwohl entzündet sich die Angst der «klugen Else» bemerkenswerterweise nicht an dem eigenen fatalen Schicksal, sondern an der möglichen Gefährdung ihrer Kinder. Allem Anschein nach bemerkt die «kluge Else» ihre eigene Lage in der Tat erst, wenn sie sich vorstellt, wie das Los ihrer Kinder (oder *ihres Kindes* – die Einzahl steht hier für die ganze Kinderschar), beschaffen sein könnte; so, wie wir annahmen, daß bereits ihr Vater sich auf unheilvolle Weise mit dem Schicksal seiner Tochter identifizierte, so scheint jetzt auch die «kluge Else» selber sich nur per Identifikation in dem (vorgestellten) Leben ihrer Kinder zu erleben. Viele Frauen, die schon

als Kinder daran gehindert wurden, ein eigenes Dasein zu entfalten, versuchen diesen Weg eines ersatzweisen Lebens in den eigenen Kindern zu beschreiten, um in ihnen mindestens stellvertretend die eigenen Wünsche zu leben und durchzusetzen. Bei den alptraumartigen Vorstellungen der «klugen Else» von ihrem künftigen Ehealltag geht es indessen nicht allein um eine solche Dennochdurchsetzung eigener Wünsche, sondern eher um ein Stück verschobener Selbsterkenntnis im Spiegelbild der eigenen Kinder: so gefährdet, wie diese schier unvermeidbar leben werden, wenn sie die untergründige Wirklichkeit, den «Keller» des Ehelebens, kennenlernen, so verängstigt und bedroht gestaltet sich das Leben einer «klugen Else» selber tagaus, tagein. In gewissem Sinne ist es der «klugen Else» bei ihrer Angst vor der drohenden «Kreuzhacke» also gar nicht eigentlich um ihre Kinder selbst zu tun, sondern es dienen diese lediglich als Projektionsflächen der eigenen Selbsterfahrung. Paradoxerweise wird man zugleich jedoch sehr betont sagen müssen, daß es der «klugen Else» auf einer anderen Ebene des Empfindens nur viel zu sehr um ihre «Kinder» geht. Es muß bereits auffallen, daß, noch ehe von einer Heirat überhaupt die Rede sein kann, die Gedanken der «klugen Else» um nichts anderes als um ihre Kinder und deren mögliches Unheil kreisen. Offenbar herrscht die Vorstellung, daß die Ehe nicht der wechselseitigen Liebe und Ergänzung, als vielmehr dem zu erhoffenden (bzw. zu befürchtenden!) Kinder-«segen» gelte; die

Angst *um* die Kinder dürfte also zunächst einmal eine Angst *vor* den Kindern sein. Keine Frau der Welt wird sich auf die Geburt eines Kindes von Herzen freuen können, wenn sie nicht zuvor in ihrer eigenen Person sich geliebt, bestätigt und aufgehoben weiß; doch gerade dieses Moment von Liebe und Geborgenheit taucht in den bewußten Vorstellungen einer «klugen Else» prinzipiell niemals auf. Die Thematik der Liebe scheint in Wahrheit vollkommen verdrängt zu sein, d. h., sie kehrt, symbolisch verdichtet, als Angst vor der männlichen Sexualität zurück, und auch dafür steht das Bild der «Kreuzhacke». Die «Streitaxt», der «Hammer Thors», bedeutet ja nicht nur ein Zeichen männlicher Macht im allgemeinen, sondern bildet auch ein ausgesprochen phallisches Symbol, das der «klugen Else» Angst einflößen muß und ihr die Begegnung zwischen Mann und Frau nur als eine Art Vergewaltigung zum Zwecke von Zeugung und Geburt erscheinen lassen kann. – Man darf annehmen, daß Ängste dieser Art bei einer «klugen Else« vor allem aus der nach wie vor bestehenden Vaterbindung stammen, also stark inzestuös geprägt sind; jedenfalls bewirken sie eine so starke angstvolle Verdrängung der Liebe, daß umgekehrt nun auch die eigenen «Kinder» sich zu einem erstrangigen Problemthema auswachsen müssen. Wir haben bereits gesehen, mit welch einer (identifikatorischen) Obhut der Vater einer «klugen Else» seine Tochter zu umgeben suchte; wir werden jetzt annehmen können, daß in vergleichbarem Maße auch die «kluge Else» selbst die Pflicht in sich verspüren wird, für ihre künftigen Kinder zu sorgen. Längst bevor sie überhaupt das Licht der Welt erblicken, verlängern und steigern solche Kinder mithin nur die lebenslängliche Überforderung der «klugen Else». Nahm der Vater seine eigene Tochter zum Maßstab seiner «Klugheit» und Selbstachtung, so wird wiederum der Wert einer «klugen Else» danach zu bemessen sein, was sie aus ihren Kindern zu machen versteht. Und an dieser Stelle legt sich ein ungeheuerlicher Gedanke nahe, der das Symbol der «Kreuzhacke» noch einmal in einem ganz anderen Licht darstellt.

F. M. DOSTOJEWSKI hat vor Gericht einmal den Fall der *Kornilowa* vertreten, die, während einer Schwangerschaft, ihre sechsjährige Stieftochter aus dem Fenster gestoßen hatte[28]. Jahrzehnte vor den Entdeckungen der Psychoanalyse ahnte DOSTOJEWSKI, daß es durchaus für eine Frau gleichzeitig möglich ist, ein Kind zu hassen, gerade weil sie es liebt, und etwas für die Außenwelt völlig «Unverantwortliches» zu tun, gerade infolge eines Übermaßes an Verantwortungsgefühl. Mindestens in der Phantasie scheint sich in der «klugen Else» gerade eine solche Widersprüchlichkeit der Gefühle einzustellen: der Verpflichtungsdruck, für die Kinder ebenso verantwortlich und fürsorglich zu sein, wie bereits der Vater sich um sie «gesorgt» hat, muß in der «klugen Else» dieselben heftigen Erinnerungsgefühle von Haß und Abwehr, Angst und Haltsuche, Resignation und Anklammerung auf den Plan rufen, wie sie bereits in der eigenen

Kindheit geherrscht haben; zusätzlich aber muß jetzt eine außerordentliche Angst, ein starkes Gefühl, mit den künftigen Aufgaben grenzenlos überfordert zu sein, sowie – reaktiv dazu – ein aufsteigender Zorn gegenüber dieser endgültig unerträglichen und schlechterdings unzumutbaren Verpflichtung die «kluge Else» überschwemmen, und so dürfen wir annehmen, daß gerade sie, die schon im voraus mit der größten Angst einzig und allein um das Wohl ihrer kommenden Kinder bemüht scheint, in Wahrheit eben diese Kinder am liebsten von der Kreuzhacke erschlagen sähe.

Eine solche Annahme ist durchaus nicht ungewöhnlich. Vor allem bei *zwangsneurotischen* Versicherungsmaßnahmen[29] beobachtet man immer wieder, daß Menschen sich und andere am meisten vor denjenigen Gefahrenmöglichkeiten in Schutz zu nehmen suchen, die sie als Wunschmöglichkeit selbst in sich tragen, und so sehr die «kluge Else» bereits noch vor dem Hochzeitstag Tränen über das traurige Los ihrer künftigen Kinder vergießt, so sehr wird unbewußt doch eigentlich ein starker Wunsch sich in ihr regen, die Kinder möchten, wenn es sie denn geben sollte, beizeiten vom Schlag (der Kreuzhacke) ereilt werden. Der eigene aggressive Anteil dieses Wunsches ist in dem Symbol der «Kreuzhacke» freilich ganz und gar verdrängt: nicht die eigene Hand schwingt im Zorn die Hacke gegen die Kinder, sondern ein drohendes Unglück wird – magisch – das weitere Schicksal so fügen, wie der Wunsch in der Tiefe es

will, das eigene Gewissen aber es auf das strengste verbietet[30]. Melancholie, Resignation und Traurigkeit ersetzen in diesen verdrängten Wunschphantasien die Auseinandersetzung mit dem bestehenden Konflikt und lassen nichts übrig als das inzwischen schon gewohnte Charakterbild einer «klugen Else»: Gedanken *anstelle* von Handlungen, Grübeleien *anstelle* von Überlegungen und eine notorische Passivität aus Furcht vor den eigenen (sadistischen) Aktivitäten.

Faßt man das Bild von der drohenden «Kreuzhacke» zusammen, so ergibt sich, daß dieses Symbol äußerst vielschichtig zusammengesetzt und determiniert ist. Die «Kreuzhacke», so sehen wir, beschreibt sehr korrekt das lebenslängliche Damokles-Dasein der «klugen Else»; sie steht aber auch für die unterdrückte zornmütige Gegenwehr der Tochter gegenüber der väterlichen Tyrannei; die «Kreuzhacke» symbolisiert des weiteren die männliche Potenz und Stärke sowohl des Vaters als des Ehemannes und repräsentiert somit die (ödipale) Angst der jungen Frau vor der Annäherung ihres Mannes als eines bloßen Vaterstellvertreters; und schließlich verdichtet die «Kreuzhacke» die latenten Tötungswünsche einer Frau gegenüber ihren Kindern und unterstreicht somit noch einmal das Bild einer Persönlichkeit, die sich von allen Seiten her vollkommen überfordert fühlt. Vergleicht man dieses Gefühl tragischer Ausweglosigkeit zudem mit dem Verhalten vor allem des allzeit wohlgemuten «Hans», so kann man wirklich den latenten Wunsch der «klugen Else» mehr als gut verstehen, mit der «Hacke» dazwischenzufahren. Denn so wie dieser tüchtige Gemahl die Sache anfaßt, verschwindet das Problem der «Kreuzhacke» – und in Zukunft denn wohl auch jedes andere Problem – im Handumdrehen; – ihm gilt diese Frau als seine rechte, und folglich steht in trauter Einvernahme zwischen Schwiegervater und

Schwiegersohn der baldigen Trauung nichts mehr im Wege. Nur: wer «seine» Frau wirklich ist, davon weiß und versteht ein solcher Ehemann wie «Hans» kein Wort: er gibt sich mit dem netten, heiteren Eindruck eines etwas spinnigen, sonst aber wohl ganz gutmütigen und amüsanten Eheweibs zufrieden, und so kann es nicht ausbleiben, daß die

Katastrophe für die «kluge Else» an gerade der Stelle erst richtig beginnt, an welcher ihr Gemahl vermeint, sie ganz buchstäblich «in den Griff» bekommen zu haben. Es gibt nicht viele Volkserzählungen, die den schlimmen Einfluß männlicher «Hilfsbereitschaft» in ihrer selbstgefälligen Oberflächlichkeit so schreiend deutlich an den Tag bringen.

Das umgekehrte Leben

«Ja, mein lieber Hans, das will ich tun»

Denn was bedeutet es für eine «kluge Else», in eine Ehe einzutreten, die von Anfang an, statt auf Freiheit und Selbstentfaltung, auf Selbstbewahrung durch Anpassung gegründet ist? So viele Märchen erzählen von Lebensschicksalen, die mit glücklichen Hochzeiten enden. Aber was wissen die glücklich Liebenden von den Qualen unglücklicher, verzweifelter, buchstäblich aussichtsloser Liebe? Was wissen sie von den erstickten Schreien, den unterdrückten Tränen, den dumpfen Selbstabstumpfungen jeden Gefühls? Schlimmer als der Schmerz ist die Schmerzunempfindlichkeit abgestorbener Wahrnehmungen, abgetöteter Gefühle, ausgerotteter Hoffnungen – die Apathie einer Verzweiflung, die sich selbst schon nicht mehr spürt. Und gerade um einmal für die unglücklich – nicht «Liebenden», wohl aber – Zusammenlebenden ein Plädoyer des Verstehens und der Einfüh-

lung zu gewinnen, wird man ein solches Märchen wie «Die kluge Else» gar nicht intensiv genug betrachten können[31].
Es ist bereits die Frage, inwieweit ein «Hans» überhaupt merken kann oder, besser, überhaupt merken will, worauf er sich mit seiner Heirat einläßt. Der Anspruch, unbedingt eine «kluge» Frau als die «seine» «heimzuführen», spricht sehr dafür, daß ihm ursprünglich an einer problemlosen, netten, überschaubaren, unternehmungsfreudigen, konfliktfreien, eben «vernünftigen» Beziehung gelegen ist. Auf gar keinen Fall will er die Frau, die er in Wahrheit heiratet: ein «verzwirntes» Etwas, bei dem alles auf vielen Ebenen kompliziert, gebrochen und widersprüchlich abläuft; seine Liebesbedingung lautet eindeutig: er möchte eine Frau, die «klar» im Kopf ist. Um so erstaunlicher ist es, daß er trotz aller Erklärungen vor allem seiner künftigen Schwiegermutter nicht wahrzunehmen scheint, wie es in Wahrheit um seine Braut bestellt ist. Eine solch massi-

ve Verleugnung der Realität läßt sich gewiß nicht einfach mit bloßem Phlegma oder munterem Leichtsinn erklären, die Frage stellt sich vielmehr, wie ein junger Mann, der Wert auf «Klugheit» legt, derartig schwere, «dumme» Fehler an einer entscheidenden Stelle seines Lebens begehen kann.
Vorauszusetzen ist, daß «Hans» sehr wohl bemerkt, wie geradezu abstrus es in der Familie seiner «klugen Else» zugeht. Seine Brautwerbung selbst gerät ihm unter der Hand zu jener Groteske, bei der die ganze Familie die Heirat, noch ehe sie überhaupt zustandegekommen ist, schon im voraus einmütig und einmündig gemeinsam mit den Wehklagen der «klugen Else» für ein ebenso absehbares wie unabwendbares Verhängnis bezüglich aller künftigen Generationen erklärt. Mehr, sollte man meinen, brauchte es eigentlich nicht, um entgegen allen verbalen Beteuerungen die «Kellerwahrheit» dieser Ehe in Erfahrung zu bringen. Es ist nicht vorstell-

bar, daß «Hans» es wirklich ernst meint, wenn er mit feierlicher Miene erklärt: «...mehr Verstand ist für meinen Haushalt nicht nötig». Man muß vielmehr annehmen, daß er in unbewußter oder halbbewußter Verfälschung seiner wirklichen Wahrnehmung partout nicht gelten lassen kann, was er in Wahrheit sehen müßte: daß schon am Tag der Hochzeit, auf einer tieferen Ebene der Wirklichkeit, wenn man nur selbst ein Stück weit «in den Keller» «hineingeht», ein jammervolles Unglück sich abzuzeichnen beginnt. Das Kind, das die «kluge Else» selber ist – durchaus nicht erst das Kind, das sie hervorbringt –, fühlt sich bereits am Hochzeitstage wie erschlagen[32]. Wenn es etwas gibt, das man *vor* einer Heirat besprechen, erforschen und gemeinsam durcharbeiten müßte, so ist es diese grenzenlose Angst, diese ansteckende Traurigkeit, diese lebensgefährliche Bedrohtheit einer «klugen Else» vor ihrer Hochzeit. Statt dessen aber verfügt «Hans» über die zweifelhafte Gabe, mit einem Federstrich das ganze Problem zu leugnen und ins problemlos Heitere zu wenden. Für ihn, für «seinen Haushalt», ist die «kluge Else» gut genug. Aber wieviel ist eine solche «Liebeserklärung» wert? Ja, handelt es sich überhaupt um eine Liebeserklärung?

Tatsächlich scheint es zwischen «Hans» und der «klugen Else» so etwas wie eine verführerische Ergänzung zum Unglück zu geben. Wenn die Intelligenz einer «klugen Else» darin besteht, allerorten Probleme zu sehen, zu haben und zu machen, die nach Möglichkeit als unlös-

bar empfunden und geschildert werden, so ist «Hans» offensichtlich von gerade der entgegengesetzten Art: seine Intelligenz scheint sich gerade darin zu bestätigen und zu betätigen, daß es für ihn ein Problem entweder gar nicht gibt, oder daß es sich, wenn vorhanden, als leicht lösbar erweist. Es ist sehr wichtig zu begreifen, daß ein solcher «Hans Problemlos» zwar auf seine Zeitgenossen recht angenehm wirken mag, daß er aber nichtsdestoweniger inmitten seiner scheinbaren Normalität und Konfliktfreiheit durchaus pathologische Qualitäten besitzt. Gewiß, er wird gegenüber einer Frau wie der «klugen Else» stets im Vorteil sein, aber es ist eben diese chronische Überlegenheit eines solchen «Hans», die schließlich das ganze eheliche Arrangement zum Scheitern bringen muß; denn sie bestärkt jedes Problem, statt es zu lösen, indem sie sich noch obendrein an jener sonderbaren Selbstgewißheit mästet, irgendwie schon alles recht zu machen.

Wie man zu einem solchen «Hans» erzogen wird?

Am einfachsten im Umkreis einer Familie, die es – ähnlich wie im Elternhaus der «klugen Else» und doch ganz anders – in keinem Fall gestattet, Probleme anzuerkennen und zuzugeben. In der Biographie eines solchen «Hans» wird ein ständiges Klima der Problemverleugnung bestehen – es hat unter allen Umständen keine Schwierigkeit zu geben, die nicht (eines der furchtbarsten Worte im Neudeutschen:) als *machbar* zu betrachten wäre. Indem «Hans» nur eine Frau «haben» will, die als

«klug» (im Sinne von unproblematisch) gilt, darf man vermuten, daß er selber *eine Mutter* hatte, die – aus eigener Hilflosigkeit oder Anspruchshaltung heraus – auf ihn ganz so reagierte, wie er selbst es seiner Frau in Aussicht stellt: daß man alle Liebe verliert, sobald man «Schwierigkeiten» hat und macht.

Ein hochgestellter und angesehener Akademiker z. B. berichtete von der Beziehung, die er zu seiner Sekretärin unterhielt. Er hätte, so gestand er, sich wohl niemals in sie verliebt, wenn er nicht in der Heirat mit seiner Frau einem fatalen Irrtum aufgesessen wäre. Er selbst entstammte einer Familie, in der ihm von früh an für seine chronisch depressive Mutter ein unerträglich hohes Maß an Rücksichtnahme und Verständnis abverlangt worden war; schon als Kind beherrschte ihn ein tiefes Mitleid mit seiner Mutter, die er in ihrer Niedergeschlagenheit eigentlich hätte trösten und aufheitern mögen, doch der zu helfen ihm objektiv nicht möglich war. Statt also mit der Mutter in eine hilfreiche, womöglich sogar für beide Seiten vorteilhafte Beziehung einzutreten, hatte dieser Mann schon sehr früh lernen müssen, die ohnehin schon allzusehr belastete Mutter nicht noch zusätzlich mit eigenen Problemen zu behelligen und umgekehrt die – in der Tat aus seiner Sicht unlösbaren – Probleme seiner Mutter, statt sie zu verstehen und durchzuarbeiten, in scheinbarem Humor zu *überspielen*. Die Lektion dieses Mannes, bereits in seiner Kinderzeit, bestand folglich darin, daß es nichts Furchtbareres geben konnte als eine

Frau, die weinend dasitzt, sich in ihrer Hilflosigkeit selber als eine schiere Ausgeburt an Dummheit beschimpft und in der Egozentrik ihres Leids für alle anderen Fragen, z. B. für die Fragen ihres Kindes, absolut unzugänglich ist.

Vor diesem Erfahrungshintergrund hatte dieser Mann sich bereits in der Pubertät angewöhnt, auf seelische Schwierigkeiten, insbesondere von Frauen, förmlich panikartig zu reagieren, und bald schon stand sein Entschluß fest: niemals in seinem Leben würde er sich auf eine «Problemfrau» einlassen. Da er, getreu dieser Devise, sich indessen im Verlauf der Jahre mit einem gewissen fröhlichen Charme zu umgeben verstand, übte er unbewußt eine besondere Attraktivität gerade auf Frauen aus, die, innerlich unsicher und anlehnungsbedürftig, sich von seiner scheinbaren Souveränität und Leichtigkeit im Umgang mit allen nur erdenklichen Schwierigkeiten Hilfe und Schutz für ihr Leben erhofften. Mit anderen Worten: er erweckte Zuneigung und Sympathie gerade bei denjenigen Frauen, die zu lieben er eigentlich am wenigsten vorbereitet war, und da er sich sein Leben lang aus Angst vor einer Wiederholung seiner Kindertage mit Händen und Füßen dagegen gesträubt hatte, irgendein seelisches Problem bei sich selber oder anderen ein Stück weit tiefer zu verstehen, unterlag er bald schon wie magisch gezogen dem Zwang seines Unbewußten: die Frau, die er in die Ehe führte, war zunächst wie berauscht, endlich einen Mann gefunden zu haben, der, ganz anders als sie selber, Probleme überhaupt gar nicht zu kennen schien; *er* wiederum glaubte eine Frau zu «haben», der er all das geben konnte, was er seiner Muter nicht zu geben vermocht hatte: Freude und Glück. Die Form dieser Ehe konnte unter den genannten Umständen natürlich nur rein äußerlich beschaffen sein: «man» amüsierte sich, lud Gäste ein, ging aus zum Tanzen, sorgte für die nötigen Anschaffungen usw. – bis die Frau mit der erdrückenden Oberflächlichkeit, mit dem Zwang zum problemlosen Funktionieren, mit dem gedankenlosen Zeittotschlagen und Seelenverschütten nicht mehr zurecht kam, und prompt kam der Mann nicht mehr mit seiner Frau zurecht. Als er dann in jener Sekretärin endlich eine wirklich unproblematische Frau gefunden zu haben meinte, begann seine Ehe sich fortschreitend in eine Art Zermürbungskrieg zu verwandeln, wobei der Mann seiner Frau vorwarf, ihn mit ihrer Hilflosigkeit zu überfordern, und die Frau ihrem Mann vorhielt, ein seelenloser Apparat, ein unbeweglicher Klotz, ein ekelhafter Pascha zu sein.

In der Tat wird man die eherne Lebensregel eines Mannes von der Art eines solchen «Hans» als eine fixe Abfolge von fünf unerschütterlichen Maximen beschreiben können. 1. Es gibt keine Probleme. 2. Wenn es Probleme gibt, haben sie nicht mit dir zu tun. 3. Wenn sie doch mit dir zu tun haben, erkläre sie für unabänderlich. 4. Wenn sie doch geändert werden sollen, widersetze dich einem solchen Ansinnen mit Empörung und Wut. 5. Wenn dein Jähzorn einen anderen, z. B. deine Frau, sehr schwer verletzt hat, so erweise dich als barmherziger Samariter: erzeige durch Fürsorge und Obhut, welch ein treusorgender Mann du in Wahrheit bist. Denn: 1. Es gibt keine Probleme... Eine Zusatzregel: Wenn du merkst, daß du immer in denselben Kreislauf verfällst, so erinnere dich der Regel 3 und greife im übrigen auf das Mittel zurück, das sich schon bei der Brautwerbung bewährt hat: geh in den Keller zum Bierzapfen und erkläre die ganze Problematik der Familie, der Angehörigen, der Kindheit – deiner eigenen ebenso wie derjenigen deiner Frau – für eine Sache, die man nur einfach einmal richtig anzupacken braucht, im Hier und Jetzt, im gegenwärtigen Augenblick, ohne all die Komplikationen von Wiederholungszwang und Übertragung, von Projektionen und Regressionen, von Überich und Es. Ein derartig praktisch gesonnener «Hans» lebt wirklich scheinbar problemlos in einer scheinbar problemlosen Welt, und er wird durchaus nicht merken können noch wollen, daß er die meisten Probleme durch seine Art von «Problemlosigkeit» und «Unkompliziertheit» zuallererst selbst verursacht bzw. auslöst.

Wie denn soll eine «kluge Else» an der Seite eines solchen Mannes leben, ohne nach und nach an seelischer Schwindsucht zugrundezugehen? Es hat im ehelichen Zusammenleben mit einem solchen «Hans» keine ungelösten Fragen zu geben, so daß die Rede nie über etwas anderes gehen kann als darüber, was man im nächsten Augenblick «machen» wird. Schon von Hause aus hat eine «kluge Else» nie gelernt, sich selber über ihre Gefühle anders denn symbolisch verschlüsselt auszusprechen; nun aber befindet sie sich in den Händen eines Mannes, der nichts mehr fürchtet als seelische Komplikationen. Was Wunder also, daß sie diesem Manne in jedem für sie wichtigen Moment ihres Erlebens als zu kompliziert vorkommen muß? All ihre Gefühle und Ausdrucksformen müssen unter diesen Umständen auf den praktischen Nutzen flachgeschlagen werden. Eine «kluge Else» sagt etwa: «Ich weiß nicht, ich bin so müde im Kopf» – oder: «Ich fühle mich so kalt in den Gliedern« – oder: «Ich bin so taumelig auf den Beinen», so antwortet ihr «Hans»: «Das wird am Luftdruck liegen. Das Wetter ist aber auch scheußlich. Am besten, du schläfst etwas. Ich geh' derweil auf ein paar Runden zum Skat, und dann fahren wir Tante Alwine besuchen.» Oder er wird sagen: «Du mußt aber auch die Tabletten schlucken, die dir der Psychiater verschrieben hat. Ich will doch nur das Beste für uns. Das mußt du doch einsehen.» Darauf müßte eine «kluge Else» – was sie eben nicht kann! – mit allem Nachdruck entgegnen: «Mir fehlt eigentlich ein Ort, an dem ich zu Hause bin. Ich komme mit meinen Gefühlen nicht zurecht. Ich fühle mich so schuldig, denn ich hasse dich, obwohl du dir alle Mühe gibst und selber nicht für deine Art kannst, mit der du selber dir im Wege stehst; aber ich kann dich nicht lieben. Manchmal möchte ich fortlaufen, aber ich habe Angst, und diese Angst – das ist der Nebel in meinem Kopf, die Kälte in meinen Gliedern, das Taumeln in mei-

nen Beinen.» Aber an eine solche Entgegnung ist gar nicht zu denken. Unzweifelhaft würde der Mann einer «klugen Else» doch nur erneut mit seinen so praktischen Fragen und Ratschlägen über sie herfallen: «Geht das schon wieder los! Ich weiß wirklich nicht, was ich für dich noch machen soll. Jede andere Frau an deiner Stelle würde sich freuen. Wir müssen doch zusammenhalten. Das sind jetzt solche Grillen, die hat man schon mal. – Ich muß jetzt noch die Tiere versorgen.»

Tag für Tag nach solchen Mustern wird man die Beziehung zwischen «Hans» und «Else» sich vorstellen müssen, und Tag für Tag wird eigentlich nur deutlicher, daß beide bei allem guten Willen und allen Anstrengungen weder einander lieben noch einander hilfreich sein können. Im Gegenteil, all die gescheiten und neunmalklugen Maßnahmen des «Hans» rühren nie an den Kern der Problematik einer «klugen Else», und recht betrachtet sollen sie es auch gar nicht. In Wahrheit nämlich möchte ein «Hans» seine Ruhe haben, und alles, was er unternimmt, drückt insgeheim mit der Adresse an seine Frau recht deutlich aus: «Jetzt sei aber endlich zufrieden.» Und: «Was willst du denn noch?» Immerhin verfügt «Hans» als Mann über einen genügenden Spielraum zum Ausweichen, und so kann er eine solche Ehe ganz gut aushalten; – er kann in seine Arbeit flüchten, er findet seine Bestätigung in der Art seines Auftretens, er gilt – so darf man annehmen – bei den meisten seiner Zeitgenossen als ein netter Kerl und umgänglicher Mensch,

während die «kluge Else» ihre Ehe als ein *umgekehrtes Leben* führen muß – als eine einzige Verneinung all dessen, was sie eigentlich zu fühlen, zu hoffen, zu ersehnen, zu wünschen, zu sagen, zu tun vermöchte, – als eine pflichtweise Bejahung all dessen, was sie im Grunde unterdrückt, erniedrigt, quält, erstickt, einengt, zerstört.

Es gibt dabei vor allem keine Möglichkeit, sich mitzuteilen! Manche Frauen, die religiös verankert sind, werden in solchen Momenten die Kirchen der Stadt für Stunden wie Asylstätten aufsuchen und ihre Gebete des Schweigens und der Einsamkeit den Kerzen vor der Muttergottes oder den andächtigen Kirchenfenstern anvertrauen. Aber vielleicht hat das Märchen von der «klugen Else» recht, wenn es einen solchen Schutz in der Religion gänzlich unerwähnt läßt und in der Profaneität seiner Darstellung die irdische Gefangenschaft einer «klugen Else» als *total* erscheinen läßt. Wenn man mit Gott nicht sprechen kann, mit welchem Menschen soll man dann so sprechen können, daß man darüber wieder zu Gott hinfindet? Niemand unter den anderen Menschen wird das Gefühl einer «klugen Else» verstehen, inmitten einer scheinbar so heiteren und erfolgreichen Ehe («Hast du denn nicht alles?») alleingelassen, unverstanden und allseits an einem wirklichen Leben gehindert zu sein; wie in Kindertagen wird es daher ihre ganze Lebenskunst ausmachen müssen, sich durch Anpassung, Willfährigkeit und resignierten Gehorsam in das Erwartungsnetz ihres Ehemannes zu fügen. Der wiederum wird keinen Wert legen auf die Selbstentfaltung und Eigenständigkeit seiner Frau – wie «es» funktioniert und «in Ordnung» kommt, ist alles, was ihn interessiert. Es muß unter diesen Umständen in der Tat als das wichtigste Zeichen der «Liebe» gelten, wenn eine «kluge Else» ihrem «lieben Mann» erklärt, sie wolle gerne tun, was er in seiner Weisheit angeordnet hat. Eine Möglichkeit erlaubter Ichabgrenzung existiert für eine Frau in einer solchen Ehe durchaus nicht; eine Chance zu Selbstbestimmung und eigenem Handeln ist von seiten des Mannes durchaus nicht vorgesehen; so etwas wie ein eigenes Denken, Urteilen und Handeln fällt allein in seine Domäne. Kurz: die «kluge Else» ist an der Seite ihres «Hans» nur solange klug, als sie sich abhängig, gefügig, unselbständig und keines eigenen Gedankens fähig darbietet; wenn sie angepaßt und zu allem bereit sich in jede Anordnung ihres Mannes pflichtgemäß einfügt, – *dann* ist sie «klug».

«Schneid’ ich’s eher oder ess’ ich eher?»

Unter derart schweren Icheinschränkungen ist es naturgemäß nicht möglich, irgend etwas von innen heraus, aus eigenem Antrieb, zu unternehmen und ins Werk zu setzen; vielmehr wird jedes Detail des Verhaltens von außen angetrieben und gelenkt. Beauftragt und beaufsichtigt kann eine «kluge Else» schon aus Angst und Anpassung unter Umständen eine Menge objektiv nützlicher Unternehmungen tätigen, und doch ist

sie in all dem nicht mehr beteiligt als ein seelenloser Automat. Andererseits kann gerade eine solche Anpassungstüchtigkeit bei anderen den Eindruck besonderen Fleißes und besonderen Talentes hinterlassen und also förmlich dazu einladen, der «klugen Else» weit mehr zuzutrauen, als sie wirklich halten kann. Schon von daher gehören eine Reihe von Komplikationen zum Bild einer «klugen Else». Die eigentliche Krise in ihrem Leben aber beginnt, wenn, in völliger Verkennung ihrer wahren Persönlichkeit, jemand von ihr plötzlich und wie selbstverständlich eigenständige Arbeit verlangt und erwartet. Denn die Haltung einer wehrlosen Anpassung und Gehorsamsbereitschaft setzt eine «kluge Else» nicht nur außerstande, sich von fremden Forderungen genügend zu distanzieren, sie gestattet ihr vor allem nicht, eine gestellte Aufgabe in eigener Regie zu lösen. Das gleiche Dilemma, das schon bei der Episode von der «Kreuzhacke» sichtbar wurde, läßt sich mithin in prompter Gewißheit für den Fall erwarten, daß die «kluge Else» etwas für sich allein erledigen soll: sie wird nicht wagen, auf eigene Faust etwas zu tun. Aber nicht nur die angstdurchtönte Unselbständigkeit kennzeichnet das Problem der «klugen Else», es ist vor allem das Gefühl, überfordert zu sein, das sich ihr bei jeder noch so einfachen Aufgabe in den Weg stellen wird.
Mehr oder minder ausgeprägt wird jeder in Streßsituationen ein ähnliches Gebaren zeitigen, wie die «kluge Else» es hier an den Tag legt: Man muß (und will im Bewußtsein) eine bestimmte Angelegen-

heit hinter sich bringen; aber noch ehe man an die Arbeit geht, regt sich ein heftiges Empfinden von Abneigung, weil man sich der Aufgabe weder der Art noch dem Arbeitsaufwand nach gewachsen fühlt; und an die Stelle wirklicher Arbeit tritt dann ein übermächtiges Gefühl von Hunger und Müdigkeit. Eine Studentin etwa erzählt, daß sie bei der Fertigstellung ihrer Diplomarbeit neuerlich auf ein Symptom trifft, das auch früher in ähnlichen Situationen aufzutreten pflegte: gerade hat sie sich hingesetzt, um den nächsten Abschnitt ihrer Arbeit zu Papier zu bringen – die Gedanken selbst sind ihr eigentlich präsent, und sie meint, es gehe jetzt nur noch um das Problem der Niederschrift –, da erfaßt sie eine starke innere Unruhe; sie läuft um den Tisch herum, setzt sich wieder hin, steht wieder auf, geht schließlich in die Küche, kocht sich einen Kaffee, um richtig wach zu werden, dann ißt sie, ohne ein wirkliches Hungergefühl, aber wie gierig, drei, vier Butterbrote, endlich spürt sie – vermeintlich durch die übermäßige Nahrungsaufnahme – starke Kopfschmerzen; erneut nimmt sie einen Anlauf, um mit der Arbeit zu beginnen, als eine bleierne Müdigkeit sie erfaßt; ja, wie sie klagt, kann es geschehen, daß sie schon um neun Uhr abends im Bett liegt und in jedem Falle ein unverhältnismäßig großes Schlafbedürfnis verspürt. Ihr Verhalten gleicht *en detail*, wie man sieht, dem eigentümlichen Betragen der «klugen Else» in dem Grimmschen Märchen; aber es wird jetzt deutlich, daß es sich dabei ganz und gar nicht um ein

Problem von Fleiß und Faulheit handelt, wie man bei einer oberflächlichen Lektüre des Märchens vielleicht denken mag; es handelt sich im Gegenteil um das Symptom eines frustrierten Leistungswillens aufgrund eines überhöhten Leistungsanspruchs: unbewußt entsteht gegenüber der gestellten Aufgabe eine solche Angst und Abwehr, daß schließlich schwere Arbeitsstörungen in Form eines «inneren Streiks» unausweichlich sind. Um die geforderte Leistung zu erbringen, müßte es einer «klugen Else» erlaubt sein, die Maßlosigkeit der eigenen Leistungserwartungen von sich aus zu begrenzen; nur wenn sie imstande wäre, die Aufgabenstellung und die Arbeitsweise selber von sich aus zu definieren, Wichtiges dabei von weniger Wichtigem zu unterscheiden, gewisse Unvollkommenheiten in Kauf zu nehmen, manche Programmpunkte der Arbeit überhaupt zu umgehen oder fallenzulassen, kurz: nur wenn sie selber als eine eigenständige Person, in freier Kreativität statt in abhängigem Gehorsam, die gestellte Aufgabe erledigen könnte, ließen sich ihre schweren Arbeitsstörungen überwinden; aber die Voraussetzungen gerade dafür gehen einer «klugen Else» wesensmäßig ab. In ihrer im Grunde kindlichen Fremdbestimmtheit erscheint ihr *jede* Aufgabe im Licht der uralten Frustrationen aus Kindertagen als Überforderung, und dementsprechend fällt auch ihre Antwort darauf aus.

Wir haben vorhin schon auf den Kontrast zwischen den wie selbstverständlichen Überforderungen seitens des Va-

ters und dem bedauernden «Ach» der Mutter hingewiesen; wir werden jetzt sagen müssen, daß in diesem Gegensatz zwischen der fordernd-harten Vaterwelt und der erschlaffenden Resignation der Mutter von Anfang an eine starke Neigung enthalten sein wird, auf Schwierigkeiten von außen mit einem Rückzug zum Rockschoß der Mutter zu reagieren. Insbesondere die *orale Regression* scheint für das Gehabe einer «klugen Else» im Beispiel jener Studentin ebenso wie im Falle des Märchens typisch zu sein: angesichts eines bestehenden Konfliktes bricht eine unbezwingbare Eßsucht aus[33], ein Verlangen nach Süßigkeiten, nach einem «guten Brei», wie die «kluge Else» ihn als erstes für sich kocht; natürlich, daß auch Daumenlutschen[34], Nägelkauen[35], Zigarettenrauchen und Alkoholkonsum[36] Varianten des gleichen Symptoms darstellen. Im Grunde knüpft dieses Verhalten an sehr frühe kindliche Erfahrungen an, in denen frustrierende Überforderungen (seitens des Vaters) nicht nur Angst, Selbstwertzweifel und Minderwertigkeitsgefühle erzeugen mußten, sondern auch den heftigen Wunsch und die Neigung entstehen ließen, am liebsten für immer ein großes Kind der Mutter zu bleiben. Jeder Entwicklungsschritt kann in einem derartigen Klima der Angst nicht mehr freiwillig, sondern nur noch erzwungenermaßen zustande kommen, und mit jedem Schritt nach vorn meldet sich zugleich die Sehnsucht stärker, in jene Phase des Lebens zurückkehren zu dürfen, in der noch keine Forderungen gestellt wurden: die Zeit vor und kurz

nach der Geburt, die Epoche einer noch ungetrübten Einheit mit der Mutter. Kommt die Mutter diesem Wunsch noch zusätzlich mit eigenen Resignationen entgegen, so entsteht im Kontrast zu den väterlichen Leistungsansprüchen ein eigentümliches Gefälle von Regression, ganz so, als könnte man, wie in den paradiesischen Tagen der Säuglingszeit, eine Speise zu sich nehmen, die durch sich selbst allmächtig und allwissend macht, indem sie mit der allmächtig und allwissend vorgestellten Mutter verbindet, und als könnte man in einen Schlaf sinken, der alle Probleme, wenn schon nicht löst, so mindestens vergessen macht. Es ist ein stark depressiver Zug, bestehende Konflikte nach der Art eines kleinen Kindes aus der Welt zu schaffen, indem man buchstäblich die Augen vor ihnen verschließt; doch in jeder Lebenssituation subjektiver Aussichtslosigkeit möchte man sprechen wie SHAKESPEARES Hamlet: «Sterben – schlafen –, / Nichts weiter! – und zu wissen, daß ein Schlaf / Das Herzweh und die tausend Stöße endet, / Die unsers Fleisches Erbteil – 's ist, ein Ziel, / Aufs innigste zu wünschen.»[37]

Bei der Deutung dieser Stelle gilt es also, zwei Fehler auf einmal zu vermeiden. Zum einen gilt es, den vordergründigen Eindruck zu beseitigen, als wenn Menschen von der Art einer «klugen Else» einfachhin unbeholfen, dumm und faul wären. Das sind sie nicht. Unzählige Kinder werden gequält, unzählige Erwachsene verachtet, nur weil sie immer wieder ihr Leben lang überfordert, entmutigt und allein gelassen wurden; ihr Problem besteht nicht in einem Mangel an Disziplin und gutem Willen, sondern paradoxerweise in einem Zuviel an gutem Willen bzw. in der Ausschaltung ihres Willens durch ständige äußere wie verinnerlichte Riesenansprüche[38]. Zum anderen gilt es, den Ernst der Symptomatik in vollem Umfang zuzugeben – anderenfalls gelangt man unausweichlich zu dem Resultat, das «Hans» in dem Märchen von der «klugen Else» durch sein Verhalten selbst herbeiführt: er leugnet die bestehende Problematik seiner Frau vollkommen, ja, er redet sich sogar entsprechend seinem Weltbild der Problemvermeidung ein, daß seine Frau besonders tüchtig und fleißig sei, und als er der Wahrheit schließlich beim übelsten Wollen nicht mehr ausweichen kann, verwandelt er die bittere Wahrheit seiner Frau in einen Jokus, der die «kluge Else» endgültig in den Wahnsinn treibt.

«Bin ich's oder bin ich's nicht?»

Ist es die Ursache oder nur der Ausdruck der beginnenden Psychose, wenn «Hans», als er seine Frau «schlafend» im Kornfeld findet, «geschwind» nach Hause läuft, um ihr ein Vogelgarn mit kleinen Schellen umzuhängen? Gewiß beides; denn wohl ist es der unverständige Hohn und Spott des «Hans», der die «kluge Else» nach und nach um den Verstand bringen muß, doch es ist auch ihr in der Tat weit vom «Normalen» abweichendes Verhalten, das die Verachtung und das Gelächter des «Hans»

(und aller anderen) förmlich herausfordert – ein wechselseitig sich bedingender Teufelskreis menschlicher Abhängigkeiten und Erniedrigungen. Die Weltliteratur ebenso wie die Weltgeschichte kennt das heroisch-tragische Motiv von *l'amour fou* – der Liebe, die sich mit der Realität nicht abfinden will noch kann und in ihrer Verleugnung der äußeren Gegebenheiten rückhaltlos bis zu Zerstörung und Untergang schreitet. Fast ausnahmslos ist ein solcher Liebeswahn in seiner Verzücktheit wie in seiner Verrücktheit das Ergebnis einer überstarken und höchst ambivalenten Bindung, die eine Frau bereits als Kind zu ihrem Vater empfindet und die sie später dann auf andere Männer überträgt[39]. Das Umgekehrte sieht man eigentlich weit häufiger, aber man übersieht es gern, eben weil es zu häufig vorkommt: daß Menschen, wie im Märchen von der «klugen Else», an der lebenslänglichen Lieblosigkeit ihrer Umgebung, ihres Elternhauses zunächst, ihrer Ehe-«gemeinschaft» hernach, bis zum Wahnhaften zerbrechen, indem sie unter dem Druck der äußeren Anpassung alle möglichen Irritationen, Verfälschungen und Wirklichkeitsverleugnungen bis zum Verlust ihrer Identität in Kauf nehmen müssen.
Es ist vorab zu betonen, daß die folgenden Abläufe in ihrer Verflochtenheit von einem Mann nach der Art eines «Hans» weder beabsichtigt sind noch auch von ihm durchschaut werden können; wohl aber werden sie durch die Beschaffenheit seiner Person und durch die Form des Zusammenlebens mit Not-

wendigkeit *ausgelöst* – eine durchaus tragisch zu nennende Zwangsläufigkeit, die um so grausamer ist, als «Hans» dem Märchen zufolge eine Zeitlang den Ernst der Lage durchaus noch heiter und bequem zu nehmen gewillt ist. Ohne Zweifel durch sein Zutun, wenngleich ohne sein Wissen, entladen sich an seiner Person nach Art eines echten Wiederholungszwanges unausweichlich all die ungelösten Konflikte aus den Kindertagen der «klugen Else», ohne daß er subjektiv darauf irgendeinen Einfluß zu nehmen wüßte. Ihn selbst schildert das Märchen als einen arbeitsamen, fleißigen und tüchtigen Menschen, und man darf annehmen, daß er wie selbstverständlich erwartet haben wird, seine Frau werde an seiner Seite einen entsprechenden handwerklichen Eifer wie er selber an den Tag legen – die Gründe für die umständliche «Faulheit» seiner «klugen Else» müssen einem solchen Mann weitgehend unbegreifbar bleiben. Für die «kluge Else» selbst indessen geht von der Haltung ihres Mannes – mehr noch als von seinen Worten – ein ebensolcher Leistungsdruck aus wie früher schon von ihrem Vater, und so meldet sich unweigerlich in ihr die gleiche Angst, der gleiche Zorn, das gleiche Ohnmachts- und Schuldgefühl, die gleiche äußere Anpassungsbereitschaft, die gleiche Wehrlosigkeit, die gleiche Selbstpreisgabe, die bereits die Kindheit der «klugen Else» bestimmte. Insofern führt die «Arbeitsteilung», die «Hans» vorschlägt («ich will... uns Geld verdienen, geh du ins Feld»), unausweichlich die gesamte Gefühlskonstellation der Kindheit wieder herauf. Neu aber tritt jetzt zu dem alten Problem die verspielt-zynische Antwort des «Hans» auf die, zugegeben, neurotischen Prozesse und Übertragungen seiner Frau hinzu, und darin liegt in der Tat eine entscheidende Veränderung gegenüber den vergangenen Eindrücken und Erlebnissen.

Man darf es nicht als Einzelszene, man muß es als symbolischen Ausdruck der gesamten Beziehung zwischen «Hans» und «Else» werten, wenn das Märchen berichtet, wie «Hans» der «klugen Else» «im Schlaf» ein «Schellennetz» überwirft. Buchstäblich wird man sich das Eheleben dieser beiden unglücklich aneinander Geketteten wie ein derartiges feingesponnenes «Netz» vorzustellen haben, in dem «Hans» «seine» «Else» wie einen Vogel gefangen hält. Dieses Gewebe unsichtbarer «Verstrickungen» aus Worten und Wertungen begleitet die «kluge Else» fortan auf Schritt und Tritt, bei jeder Bewegung, jeder Regung. Entsprechend diesem Bild kann sie machen, was sie will – unentwegt «umgarnt» sie ein Vorhang der Lächerlichkeit, ein unentrinnbares Gespinst der Kritik und des Vorwurfs, ja, ihre ganze Existenz gleicht fortan einem lebenden Schellenbaum. Die Entdeckung dieser Tatsache schildert das Märchen von der «klugen Else» sehr zu Recht wie ein plötzliches Erwachen nach einem langen «Schlaf», während der «Tag» (des Lebens bzw. des Bewußtseins) bereits vorüber ist und nur die «Nacht» in Dunkelheit und Ausweglosigkeit zu warten scheint. Gewöhnlich mag manch eine Frau, nicht selten nach vielen Jahren des Zusam-

menlebens, in einer leer gewordenen, müde ertragenen, sinnlos empfundenen Ehe, ihr Leben als so ausweglos empfinden, daß ihr Ich dem dauernden Konflikt von Protest und Anpassung, von Aufbegehren und Angst, von Aggression und Depression nicht länger standhält; der Beginn der Psychose kann in der Tat dann so erlebt werden wie ein Durchbruch tieferer Erkenntnis, wie ein Aufwachen und Augenöffnen für eine alte Wahrheit, und es käme an sich alles darauf an, diese Wahrheit, diesen Sinn im «Wahnsinn» zu erfassen und bewußt zu machen.

In gewissem Sinne läßt sich der Ausbruch einer Psychose nicht nur als eine schicksalhafte Krankheit, sondern auch als Versuch einer Selbstheilung im «Feld» unendlicher Einsamkeit und Ausgesetztheit beschreiben[40], ja, es kann sogar ein Zeichen beginnender Reifung darstellen, wenn das eigene Ich sich von seinen verinnerlichten Zwängen zu lösen beginnt und diese nunmehr wie einen fremden, übergestülpten Behang zu betrachten vermag. Das «Glöckchenspiel» der Lächerlichkeit muß inwendig im Herzen einer «klugen Else» ein Leben lang erklungen sein, nur daß es ihr selber inzwischen wie etwas Unvermeidbares und gewissermaßen ganz «Normales» erschienen sein wird. Was wir bisher im Hintergrund der seelischen Entwicklung einer «klugen Else» im Umkreis der väterlichen Forderung nach «Klugheit» nur vermuten konnten, müssen wir uns jetzt als *Inhalt* des «Schellenläutens» vorstellen: eine nicht abzustellende, penetrante, unentrinnba-

re Mechanik wird der «klugen Else» im Sinne dieses Bildes bei jedem Gedanken und Plan, bei jedem Handeln und Verhalten den immer gleichen Kommentar ins Ohr spielen: «Was werden die Leute denken!» «Du machst dich ja zum Narren.» «Siehst du nicht, wie die Leute über dich lachen?» «Nein, welch eine Schande.» «Zu dumm aber auch.» «Typisch, so ist sie.» Und so weiter und so weiter! Immer war das so. Lediglich, daß jetzt durch die «weisen Anordnungen» des Ehemannes der Druck auf die «kluge Else» so sehr zugenommen hat, daß die bislang gewohnte Schutzhülle der Scheinanpassungen aufgesprengt wird; die Kette endloser Fehlidentifikationen zerreißt, und übrig bleibt ein Ich, das sich selber nicht versteht. Die «kluge Else» weiß nicht und kann in ihrem Zustand nicht wissen, was an ihr klingt und klappert – sie kann innerlich nur allzusehr all denen recht geben, die von ihr und zu ihr sagen, offensichtlich sei bei ihr «eine Schraube locker» oder bei ihr höre man's «piepen».

Deutlich spürt die «kluge Else» immerhin, daß all die «Schellen» (nennen wir's die verinnerlichten «Maul-Schellen») objektiv irgendwie nach der Art eines Netzwerks miteinander verwoben sind; aber subjektiv weiß sie durchaus nicht, wer ihr das «Schellennetz» umgehängt hat[41], und wieder benötigen wir jetzt unsere eingangs geäußerte Vermutung, daß es bereits in früher Kindheit im Bereich der Wahrnehmungsfähigkeit einer «klugen Else» zu einer Reihe schwerer Einschränkungen gekommen sein wird. So wie die «kluge Else» damals die sozusagen moralische Pflicht auferlegt bekam, den verhängnisvollen Einfluß ihres Vaters auf ihr Selbstwertgefühl schlechterdings zu übersehen bzw. zu verleugnen, so zwingen sie auch jetzt enorme Schuldgefühle dazu, die tragikomische Beteiligung ihres Ehemannes am Ausbruch der Psychose geflissentlich *nicht* wahrzunehmen, und wieder dürfte es sich dabei um den gleichen Mechanismus handeln, der seit Kindertagen die «kluge Else» nötigt, im Konfliktfalle bestimmten aggressiven Ausbrüchen durch Verleugnen der Wirklichkeit[42] zuvorzukommen. Eine «kluge Else» hat ihren Ehemann – wie ihren Vater damals – zu «lieben», was immer das sei, gleichgültig, ob sie gefühlsmäßig dazu in der Lage ist oder nicht, und wenn sie die entsprechenden Gefühle der Zuneigung nicht aufzubringen vermag bzw. sogar sehr heftige Gefühle von Auflehnung, Rebellion, Trotz, Haß, Empörung, Wut oder Zorn in sich verspürt, so wird sie um so mehr beteuern müssen, daß ihr Ehemann der beste Mann der Welt, nur sie selber allerdings zu dumm, zu frech, zu schlecht, zu lächerlich, ja, ganz und gar zu unausstehlich sei.

Der Konflikt mit der Außenwelt wird aus Angst und Schuldgefühlen somit in einen inneren Konflikt verwandelt, und statt zu ihrem Mann (oder zu anderen Leuten) zu sagen: «Ich komme mit Dir (Euch) nicht zurecht», hat eine «kluge Else» die moralische Pflicht, mit sich selbst nicht mehr zurecht zu kommen. Inmitten ihrer Schuldgefühle (aufgrund sehr heftiger reaktiver Aggressionen,

wie wir vermuten dürfen), ist die «kluge Else» mithin dazu verurteilt, am Ende sich selber als die Urheberin ihres umgehängten «Schellennetzes» zu erklären, so als wäre das ihr völlig Wesensfremde ihr recht eigentliches Wesen und das ihr mit Gewalt und Psychoterror Aufgezwungene das aus ihr frei Entsprungene. Mußte früher der «Zwirn» im Kopf für die wahre Natur einer «klugen Else» gelten, so jetzt das Vogelnetz und Schellengarn; Uraltes, objektiv schon längst Vorhandenes und Vorbereitetes wird für die «kluge Else» somit jetzt auch subjektiv zum Ausdruck ihrer Wesensfremdheit.

Immer wieder ist es erschütternd zu sehen, wie Menschen gerade in einem solchen Zustand äußerster Entfremdung verzweifelt und wirr die Frage zu artikulieren versuchen, die sie unbedingt viel früher, viel öfter und vor allem wesentlich aggressiver und konfliktbereiter hätten stellen müssen und doch niemals zu stellen wagen durften: «Bin ich's oder bin ich's nicht?» Diese wichtigste aller Fragen des menschlichen Lebens, die man immer wieder aufwerfen muß, um die Identität seines Ichs zu finden und zu formulieren, drängt sich Menschen von der Art der «klugen Else» grundsätzlich erst an einer Stelle auf, wo das Ich wie abhanden gekommen ist. Erst jetzt, wo die Aussichten auf eine sinnvolle Antwort so ungünstig sind wie nur möglich, beginnt dieses klagende und fragende Umherirren durch die «Nacht», dieses Betteln um Erwiderungen, die Erniedrigungen gleichen, dieses kopflose Klopfen an Türen, die auf immer verschlos-

sen bleiben. Was sollte man in der Konsequenz dieses Märchens und in der Unentrinnbarkeit so vieler Schicksalszusammenfügungen im wirklichen Leben anders noch erwarten als solch ein Finale des Irrsinns, in dem der ganze Widersinn des Lebens einer «klugen Else» endgültig zum Ausbruch und Ausdruck kommt? Insbesondere die Reaktion der Umgebung auf einen «Fall» wie die «kluge Else» wird immer wieder so ausfallen und ebenso ausfallend sein, wie das Märchen es hier beschreibt.

Immer wenn ein Mensch sich außerstande zeigt, für sich selbst zu denken, wird es andere an seiner Seite geben, die mit ihren Mahnungen und Warnungen sich als «verantwortlich» gebärden, indem sie die «leere» Wohnung des fremden Ichs mit ihren eigenen Vorstellungen bevölkern. Das ganze Leben der «klugen Else», wie wir es uns vorstellen, muß bereits bisher von solchen «klugen» Ratschlägen förmlich überbevölkert gewesen sein; doch jetzt, wo sie endgültig an das Ende ihrer hilflosen Selbstauslieferung gelangt ist, verkehrt sich das ehemals nicht gänzlich übelwollende Dreinreden der anderen in Sarkasmus und Zynismus, wie immer, wenn Menschen, die ursprünglich anderen helfen wollten, eines Tages merken, daß sie sich übernommen haben; – dann wandelt sich der eigene überforderte gute Wille leicht in den Vorwurf des mangelnden guten Willens der anderen, und statt zu erkennen, wie wenig in solchen Lebensphasen unendlicher Angst mit dem «Willen» auszurichten ist, hält man nur um so heftiger an dem Narzißmus des

40

«guten Willens» fest, indem man zu der Peitsche der Schuldgefühle nun noch den Stachel des Spotts gesellt.

Am ärgsten von allem treibt es in dieser Hinsicht naturgemäß stets der am meisten selbst Betroffene: in diesem Fall der Ehemann der «klugen Else». Er, der nach dem Vorbild und in den Fußstapfen seines Schwiegervaters ausgezogen war, um sich an der Seite einer «klugen Frau» ins rechte Licht zu rücken, muß sich jetzt hochnotpeinlich aus der Affäre zu ziehen suchen; um nicht selbst zum Gegenstand allgemeinen Gelächters zu werden, muß er selbst in das allgemeine Gelächter miteinstimmen und ihm seine eigene Frau als wohlfeile Beute zum Opfer geben; damit man von ihm nicht sagen kann, er sei vernarrt und närrisch genug gewesen, eine Närrin heimzuführen, muß er seine Frau nunmehr als Närrin vorführen, und je gesicherter er zu Hause sein «Eigenheim» beansprucht und befestigt, desto sicherer wird seine Frau ihm gegenüber ausgeschlossen und unzuhause bleiben. Dafür flüchtet «Hans» sich in die Arbeit; er ist fleißig bis in die Nacht, er ist untadelig in Pflicht und Verantwortung, er hat sich am Zustand seiner Frau nichts vorzuwerfen. Doch hat er es wirklich nicht? Wie denn! Da ruft seine Frau, ob sie drinnen oder draußen sei. Gewiß ist sie drinnen, antwortet er. Spätestens von dieser Stelle an ist kein «Hans» auf der Welt mehr für entschuldbar zu erachten. Denn er lügt. Er lügt bewußt. Er weiß genau, wie hilflos seine «Else» an sein Fenster klopft; er aber muß im Trott des alten Arrangements weiter die Wahrheit

verfälschen: er muß zur «klugen Else» sagen (und sich selber einreden!), es sei schon «alles in Ordnung», wo nichts «in Ordnung» sein kann; er muß die Entfremdung, das Draußensein, das Außersichsein der «klugen Else» für ihre wahre Heimat, für ihre wirkliche Identität, für den Zustand ihrer Eigentlichkeit erklären.

Die Phrasen, mit denen solche Botschaften eines bequemen Zudeckens und Beschwichtigens vermittelt werden, sind sattsam bekannt: «Hast du denn nicht alles?» «Kannst du nicht mal anfangen, dich hier wohlzufühlen und die Grillen dranzugeben?» «Es muß doch mal möglich sein, daß du dich nicht immer beschwerst, du wüßtest nicht, wohin du gehörst.» «Nimm zur Kenntnis: wir haben vor 15 Jahren geheiratet. Eheleute gehören zusammen. Ich verstehe gar nicht, was du immer (noch) hast.» Diese betuliche, pflichtgemäße, stets unangreifbare Heuchelei mag subjektiv gemeint und motiviert sein, wie sie will, sie ist gemein und tödlich, weil sie dem anderen gar keine Chance mehr läßt, jemals zu sich zurückzufinden; sie führt dazu, daß eine «kluge Else» in jedem Konfliktfall, also jeden Tag mindestens ein dutzendmal, gegenüber ihrem Ehemann ins Hintertreffen gerät. Die ewig falschen Bestätigungen und bestätigenden Falschheiten bestärken zudem nur die wesensmäßige Heimatlosigkeit der «klugen Else» und schieben sie ab in ein Niemandsland anonymer Adressaten. Verzweifelt an ihren eigenen Angehörigen, wird die «kluge Else» schließlich jeden Menschen in ihrer Umgebung aus-

gesprochen oder unausgesprochen vor die Frage stellen, für wen er sie halte, wer sie sei; und in immer größeren Spiralen der Angst und der Abhängigkeit wird sich ihre Suchwanderung nach dem verlorenen Ich fortsetzen, und immer weiter wird die «kluge Else» sich von dem einzigen Ort entfernen, an dem sie selber sich begegnen könnte: von sich selbst. Sie, die niemals als sie selbst gefragt war, wird niemals selber nach sich selber fragen dürfen; sie, die man niemals gelehrt hat, daß «klug» zu sein als erstes bedeutet, selber denken und entscheiden zu dürfen, wird nur immer hilfloser ihre Umgebung anflehen, für sie und anstelle von ihr zu denken und zu entscheiden, und immer enger und engmaschiger wird das Schellennetz sich um ihre Schultern und um ihre Füße legen. Die Falle eines ganzen Lebens: eines gescheiterten Ehrgeizes, einer gescheiterten Ehe sowie des gescheiterten guten Willens zum Immer-gescheitersein-Müssen, hat sich in bitterer Zwangsläufigkeit, so scheint es, vollendet.

Was also gibt es noch zu berichten? Tragödien enden mit dem Untergang ihrer Helden: der Vorhang fällt, wenn die Würfel gefallen sind. Im wirklichen Leben hingegen kann gerade das Ende endlos währen. Man bemerkt es nicht – in seiner Unveränderlichkeit, seiner Langeweile, seiner monotonen Melancholie vermag es kein Interesse mehr zu wecken – *das* ist das wahre Finale der wirklichen Tragödien des Lebens. Man glaubt es dem Märchen von der «klugen Else», wenn es am Ende sagt: «niemand hat sie wieder gesehen». – «So lebte sie hin», könnte man in Anlehnung an G. BÜCHNER auch sagen[43]. Die Nacht, in der das Vogelnetz die Seele der «klugen Else» gefangennahm oder vielmehr: in der sie ihre ewige Gefangenschaft wie ein neues Ereignis, wie ein nicht endendes Verhängnis zu entdecken begann, wird von keinem Sonnenaufgang mehr erhellt werden, und für die ewig Unbehauste wird es niemals ein Zuhause geben.

Die Umkehr der Verkehrungen oder: «Zerrissen ist das Netz, und wir sind frei» (Ps 124)

Immer noch hört man das «Märchen», daß Märchen optimistisch seien. In Wahrheit läßt sich kein schlimmerer Ausgang ersinnen als ein solches Ende wie im Märchen von der «klugen Else». Insbesondere der einzige «Optimismus» dieses burschikosen Dorfschwanks, sein scheinbar unbeschwertes Lachen, muß jedem im Halse stecken bleiben, der die Gelegenheit wahrnimmt, einmal jenseits des Amusements nachzudenken und die geheime Komplizenschaft der Macher und Lacher mit dem Unglück der zum Gelächter Gemachten aufzudecken. Gleichwohl geht es gerade infolge der konsequenten Trostlosigkeit dieser Geschichte nicht an, bei einer solchen Negativbilanz des Märchens von der «klugen Else» stehenzubleiben. Nichts ist so lehrreich wie das Negative, und immer eröffnet der Standpunkt der Kritik, wenn er nur energisch und stringent genug durchgeführt wird, am Ende auch die Tür zu einem tieferen Verstehen. Gerade wer gesehen hat, in welch einer Gefangenschaft die «kluge Else» seit ihren Kindertagen aufwachsen mußte, gerade wer begriffen hat, wie immer enger das Gewebe ihrer Verwicklungen und Einschnürungen sich gestalten mußte,

gerade wer vor Augen hat, wie alle, buchstäblich *alle,* diese unglückliche Frau in ihr Verderben hetzten, der wird bei der Lektüre dieses Märchens von der «klugen Else» sich erst zufrieden geben können, wenn ihm wenigstens in Umrissen erkennbar wird, auf welche Weise man das Schicksal einer «klugen Else» vielleicht trotz allem doch noch zum Guten wenden oder in welcher Weise man es womöglich sogar im Ansatz schon verhindern kann.

So viel ist deutlich: um Menschen von der Art der «klugen Else» aus dem «Vogelgarn» zu lösen, bedürfte es einer starken Liebe und Zuneigung, die an keinerlei Vorleistungen, insbesondere nicht an die Vorleistung der «Klugheit», gebunden wäre, und es ist daher im Leben einer «klugen Else» die alles entscheidende Frage, wo es für sie Menschen gibt, die brüderlich genug sind, um den Alptraum des Vaterkomplexes mit seinen Ambivalenzen und Schuldgefühlen, mit seinen Übertragungen und Frustrationen, mit seinen Überforderungen und Verzerrungen ein für allemal zu überwinden[44].

Ein großes Unglück entsteht in unserer Kultur gewiß aus dem Umstand, daß

Menschen noch sehr jung, noch ohne eine wirkliche Vertrautheit mit sich selbst, miteinander verehelicht werden und fortan im Sinne der christlich-abendländischen Moral für immer aneinander gebunden sind. Viel zu früh wird damit die Frage nach der inneren Verbundenheit durch die Frage nach den moralisch-rechtlichen Bindungen ersetzt, und allein damit schon setzt sich der Webstuhl zur Herstellung von «Vogelnetzen» in Bewegung. Denn an den eigenen Ehepartner als ersten richtet sich unter solchen Umständen zumeist die Bitte einer «klugen Else» um Erlösung von dem Komplex ihrer Vatergestalt; doch diese Bitte muß fast immer in die Irre führen, da als Ehepartner für gewöhnlich nur ein Mann «gewählt» wird, der mindestens rein äußerlich , wo nicht seinem Charakter nach, eine gewisse Ähnlichkeit zu der Imago des Vaters besitzt. Sehr beachtenswert scheint es in diesem Zusammenhang, wenn die Religion des BUDDHA ebenso wie des Neuen Testamentes durchaus nicht die Ehe, sondern eine Haltung offener Brüderlichkeit und herzlicher Freundschaft im Umgang miteinander als wesentlich anempfiehlt, so als wären alle Fragen der bürgerlichen Moral und Gesetzgebung nach Ehe und Familie, menschlich betrachtet, etwas durchaus Sekundäres, Abgeleitetes. Gerade anhand eines solchen Märchens wie der «klugen Else» gibt es gute Gründe, dieser Einstellung zuzustimmen. Denn keinesfalls beantwortet sich die Frage einer «klugen Else»: «Bin ich's oder bin ich's nicht», durch ein Eheversprechen oder ein Trauungszeremoniell. Umgekehrt! Alles kommt zunächst darauf an, im Leben mindestens einem Menschen zu begegnen, in dessen Nähe das eigene Wesen sich selbst durchsichtig wird. An einem solchen Menschen gilt es, ein Vertrauen zu gewinnen, das der eigenen Entfaltung ein absolutes Recht jenseits aller moralisch verengenden Ansprüche zuspricht. Es gilt, die Schönheit des eigenen Wesens in ihrem ganzen Reichtum zu entdecken und in dem warmen Licht der Liebe reifen zu lassen. Beendet sein darf die alte Angst: liebt mich der andere nur meiner Klugheit (oder einer anderen isolierten «Fähigkeit») wegen oder geht es ihm wirklich um meine Person mit all ihren Entfaltungsmöglichkeiten. Dabei läßt sich die Antwort auf diese Frage unter erwachsenen Menschen nur geben, wenn man den Mut und die Geduld besitzt, miteinander die eigene Vergangenheit mit ihren Belastungen und Chancen, mit ihren unerfüllten Träumen und Erwartungen, mit ihren verdrängten Ängsten und früh geprägten Verhaltensweisen auszutauschen und durchzuarbeiten. Erst in dem Bemühen um eine solche langsam reifende Vertrautheit kann sich vollziehen,

was man sinnvoll eine «Trauung» nennen mag; erst so auch, in der Kenntnis und in dem Verstehen der Hintergründe gegenwärtigen Erlebens, werden die Worte der Liebe zueinander und der Verbundenheit miteinander wirklich glaubwürdig.

In jedem Falle aber geht es bei einer «klugen Else» darum, den dunklen Schatten des Vaterbildes allmählich aufzuhellen, aufzuklären und zu überwinden. Knoten um Knoten der «Umgarnung» durch die überfordernden Ansprüche des Vaters muß aufgeknüpft und vom übrigen «Gewebe» isoliert werden, bis an die Stelle des *Denkens, was die anderen denken* ein eigenständiges Überlegen und Abwägen der eigenen Motive und Absichten treten kann. Zu hoffen bleibt, daß dabei der Horizont des Selbstwertgefühls und des Selbsterlebens insgesamt freundlicher, bejahender und akzeptierender erscheinen wird. Es tritt aber innerhalb dieses Prozesses nicht etwa das Ich des Partners der Liebe einfachhin an die Stelle des alten Vaterichs, vielmehr hebt sich die Person des Geliebten nur um so deutlicher von dem dunklen Hintergrund der Kindertage ab, je eindeutiger sie selbst erfahren wird und sich persönlich mitzuteilen vermag. Vor allem jedoch wächst im Hintergrund einer solchen gewährenden, begleitenden und anregenden Partnerschaftlichkeit ein Gefühl, das an keine einzelne Person mehr gebunden ist, sondern das gewissermaßen die Struktur einer solchen personalen Beziehung selbst in die Dimension einer absoluten Erfahrung erhebt. Per-

sönlich gemeint zu sein und sich selbst entfalten zu dürfen, wird nun Inhalt und Zeichen einer zutiefst *religiösen* Überzeugung: der Partner der Liebe wird zum Mittler der heilenden Nähe einer Macht, die selbst als absolute Person geglaubt werden muß, weil sie nur in Verdichtung personaler Begegnung und personaler Entfaltung erfahren werden kann. Diese Personalität ist, absolut gesehen, jenseits der Geschlechterdifferenz von Mann und Frau; aber wenn die Gebete aller Völker sie als «Vater» oder «Mutter» bezeichnen, so erfordert der Erlebnishintergrund einer «klugen Else», wenn es einen Ausweg aus dem Gefängnis ihrer Vaterabhängigkeit geben soll, einzig eine fundamental «mütterliche», bedingungslose Erlaubnis zum Leben, vermittelt durch ein «brüderliches» Gegenüber wechselseitiger Ergänzung und Verbundenheit. Wenn es in der Bibel ein Bekenntnis bzw. ein Gebet gibt, das am treffendsten und eindringlichsten formuliert, was einen Menschen von der Art einer «klugen Else» retten kann, oder umgekehrt: wie ein solcher Mensch fühlen wird, wenn er gerettet ist, so sind es zweifellos die wunderbaren Zeilen des kleinen Psalms 131,1–3, die jeder Überforderung aus Angst und falscher Anpassung sich widersetzen: «Herr, / nicht hoch hinaus will mein Herz, / meine Augen richten sich nicht in die Höhe, / ich gehe nicht großen Dingen nach, / solchen, / die mir doch nur zu rätselhaft sind. / Nein, / beschieden habe ich mich, / ruhig bin ich in mir geworden, / wie ein Kind auf dem Schoß seiner Mutter, / wie ein Kind ist meine Seele in mir. / Vertraue, Israel, auf den Herrn, / von nun an bis in Ewigkeit.»[45]

Ganz falsch allerdings wären diese Worte verstanden, wollte man sie als bloße Rückkehr in eine Welt mütterlicher Verwöhnungsgeborgenheit, als angstvolle Regression zu einer konfliktfreien Idylle oder als infantile Resignation gegenüber den Forderungen der Umgebung deuten. Im Gegenteil. Paradoxerweise setzt gerade der Weg zu einem vorbehaltlosen Sein-Dürfen und Sich-entwickeln-Können bzgl. der eigenen Person den Mut und die Entschlossenheit voraus, künftighin die fälligen und unerläßlichen Konflikte, Diskussionen und Auseinandersetzungen nicht zu scheuen. Damit entsprechend der Regel Jesu «das Ja ein Ja und das Nein ein Nein» sei (Mt 5,37), müssen Menschen wie die «kluge Else» geradezu systematisch üben, die eigenen Aggressionen nicht mehr durch Verkehrung der Wahrnehmung zu «lösen», indem sie Konflikte mit anderen in Konflikte mit sich selber verwandeln und nur, um unter der Decke einer willfährigen und gehorsamen Anpassung mit den anderen zurecht zu kommen, angstvoll darauf verzichten, mit sich selbst zurechtzukommen. Um die Seele aus dem «Vogelnetz» innerer Gefangenschaft und aus dem Schellengeläute äußerer Verspottung zu befreien, wird es einer ruhigen, zielstrebigen Entwicklung bedürfen, an deren Ende ein langsam sich gestaltender Lobpreis der Dankbarkeit steht, wie ihn der Psalm 124,1–8 ausspricht: «Wäre nicht Gott für uns dagewesen, / – so darf sich sagen, wer an ihn glaubt –, / wäre nicht Gott für uns dagewesen, / als vom Menschen her nur der Untergang drohte, / dann hätte es unser Leben verschlungen, / als ihr Jähzorn sich an uns lodernd entfachte. / Dann hätten die Wogen uns überspült, / wie ein Sturzbach das, was wir sind, überschwemmt, / ganz sicher das, was wir sind, überschwemmt, / eine einzige Wildwasserwoge. / Wie danken wir Gott... / Denn unser Wesen ist vogelfrei, / aus der Schlinge heraus... / Die Schlinge zerrissen / und wir jetzt frei! / Was uns hilft, ist der Umstand, daß Gott so ist, der Himmel und Erde gemacht hat.» Es ist stets eine Einheit: sich zu finden und zu Gott zu finden.

Anmerkungen

[1] Sehr zu Recht meint B. BETTELHEIM: The Uses of Enchantement, New York 1975; dt.: Kinder brauchen Märchen, übers. v. L. Mickel u. B. Weitbrecht, Stuttgart 1977, 13: «In unserer Kultur besteht die Neigung, besonders, wenn es um Kinder geht, so zu tun, als existiere die dunkle Seite des Menschen nicht. Sie verkündet einen optimistischen Fortschrittsglauben. Von der Psychoanalyse erwartet man, daß sie das Leben leicht machen solle, aber das war nicht die Absicht ihres Begründers. Ziel der Psychoanalyse ist es, dem Menschen zu helfen, das Problematische des Lebens zu akzeptieren, ohne sich davon besiegen zu lassen...» «Genau diese Botschaft vermittelt das Märchen dem Kind in vielfältiger Weise: Der Kampf gegen die heftigen Schwierigkeiten des Lebens ist unvermeidlich und gehört untrennbar zur menschlichen Existenz, wenn man aber nicht davor zurückschreckt, sondern den unerwarteten und oft ungerechten Bedrängnissen standhaft gegenübertritt, überwindet man alle Hindernisse und geht schließlich als Sieger aus dem Kampf hervor.» «‹Heile› Geschichten erwähnen weder den Tod noch das Altern als Grenzen unserer Existenz; sie sprechen auch nicht von der Sehnsucht nach dem ewigen Leben. Das Märchen dagegen konfrontiert das Kind mit den grundlegenden menschlichen Nöten.» C.-H. MALLET: Kopf ab! Gewalt im Märchen, Hamburg 1985, 15–16 erklärt dementsprechend: «Gewalt und immer wieder Gewalt: so in den Mythen und Sagen, im Alten wie im Neuen Testament und nicht anders in der Realität der menschlichen Geschichte. – Nach der unabweisbaren Erkenntnis, daß Gewalt seit Urzeiten mit dem Leben der Menschen verknüpft ist, bin ich reumütig zu den Märchen zurückgekehrt. Sie ermöglichen wenig-stens Distanz zum bedrückenden Thema Gewalt, spielen sich doch in ihnen die Gewaltszenen im Märchenhaft-Unwirklichen ab. ... Was man kaum zu denken wagt – die Märchen stellen es ungeniert und mit größter Unbefangenheit dar... Gewalt wird weder verteufelt noch gepriesen, sie findet lediglich statt. – Und sie wird auf ihren unleugbaren Ursprung zurückgeführt: auf den Menschen. Er ist es, der Gewalt ausübt, erleidet und den Gewalt fasziniert.» «Die Vielzahl der Bilder und Beispiele (sc. für Gewalt im Märchen, d. V.) machen Strukturen sichtbar, lassen Motive erkennen, zeigen stets aufs neue die Dynamik der Gewalt... Nahezu zwangsläufig ergibt sich daraus eine Erweiterung der Erkenntnisse über das Wesen der Gewalt, aber auch ein Zugewinn an Selbsterkenntnis.»

[2] R. BILZ: Das Syndrom unserer Daseins-Angst (Existenz-Angst). Erörterungen über die Misère unseres In-der-Welt-Seins (1969), in: Paläoanthropologie. Der neue Mensch in der Sicht einer Verhaltensforschung, 1. Bd., Frankfurt 1971, 427–464 erinnert (S. 434) z. B. an die Tödlichkeit der «Stotterwitze», in denen ein ganzer Gruppenverband sich auf Kosten der Isolation eines verängstigten Außenseiters zusammenschließt. Gerade der unreflektierte Sadismus solcher Formen von Mobbing-Aggressivität zeigt, wie tief verankert in den Gesetzen der Gruppendynamik dieser Mechanismus der Herstellung der «Normalität» durch Unterdrückung abweichender Verhaltensweisen sein muß.

[3] Zur Lehre S. FREUDS vom Kastrationskomplex vgl. die Darstellung bei E. DREWERMANN: Strukturen des Bösen. Die jahwistische Urgeschichte in exegetischer, psychoanalytischer und philosophischer Sicht, 3 Bde., Paderborn ⁵1985–86, II 184–185. H. E. RICHTER: Eltern, Kind und Neurose. Psychoanalyse der kindlichen Rolle, Stuttgart 1963, 202–205 hat diese durch und durch *narzißtische* Beziehung des Vaters zu seiner Tochter so beschrieben, daß das Kind «als Substitut des idealen Selbst» fungieren muß, indem es vorwiegend als «Instrument familialen Prestiges» zu dienen hat. «Mal soll das Kind Rang, Titel, Besitz stellvertretend für die Eltern erobern oder wiedergewinnen, mal soll es durch Bildung, ‹feine Lebensart› oder als filmendes, schlittschuhlaufendes, musizierendes Star-Kind elterliche Ambitionen nacherfüllen.» (A. a. O., 205) Die Voraussetzung einer solchen Haltung liegt darin, daß der jeweilige Vater (bzw. die Mutter) über ein relativ schwaches Ich verfügt, das von den Forderungen des eigenen Überichs sich niemals wirklich abzugrenzen versucht hat und somit den eigenen ungelösten Konflikt der Kindheit in vollem Umfang an die eigenen Kinder deligiert. Auf sehr einfühlende Weise hat J. ROTH: Zipper und sein Vater, München (dtv 1376) 1978, 58 diese ebenso chronische wie phantastische Überforderung eines Kindes durch seinen Vater in die Worte gefaßt: «Die Tagesordnung bestand darin, daß man Arnold lobte... Er war ein kleiner Beamter mit einem geringen Gehalt. Der Vater aber sah in ihm schon einen Finanzminister. Arnold hatte nichts von dem Optimismus seines Vaters.» Und S. 22: «Was sollte aus ihm (sc. Arnold) werden?! Nach dem Wunsch des Vaters alles mögliche: ein Zirkuskünstler und ein Schauspieler; ein Gelehrter und ein Dichter; ein Erfinder und ein Kavalier; ein Diplomat und ein Zauberer; ein Glücksritter und ein Komponist; ein Don Juan und ein Musikant; ein Abenteurer und ein Ministerpräsident. Alles konnte Arnold werden; alles, was der

alte Zipper *nicht* geworden war.» Zumeist gehört zu einer solchen fordernden Vaterdominanz die resignierte Untertänigkeit der *Mutter.* So beschreibt J. ROTH (a.a.O., 17–19) den Ausgang des Ehekrieges zwischen Herrn und Frau Zipper: «Er (sc. Herr Zipper) hatte viel Kummer in seinem Leben und wahrscheinlich keinen Schmerz. Aber eben deshalb ist er so traurig, traurig wie ein aufgeräumtes Zimmer, traurig wie eine Sonnenuhr im Schatten, traurig wie ein ausrangierter Waggon auf einem rostigen Gleis.» «Nichts mehr ist übriggeblieben von den Widerständen, die sie in der ersten Zeit ihrer Ehe gegeneinander zu Felde geführt haben wie Waffen. Beide haben ihre Schärfen abgewetzt, ihre Munition verbraucht. Sie sind wie zwei alte Feinde, die aus Mangel an Kampfmitteln einen Waffenstillstand schließen, der aussieht wie ein Bündnis.» «Das Angesicht der Frau Zipper wird mir immer in Erinnerung bleiben. Es lag hinter einem feuchten Schleier. Es war, als lägen ihre Tränen, immer bereit, vergossen zu werden, schon über ihrem Augapfel... Niemals sprach sie mit lauter Stimme... sie hatte etwas Erfrorenes, als hätte man sie aus einem Eiskasten genommen. Steif – nicht vor Stolz, sondern vor Ergebenheit, Ohnmacht, Unglück und Trauer... Ihr Lächeln, ihr seltenes Lächeln, war wie eine sanfte verstohlene Totenfeier für ihre Jugend. In ihren blassen, feuchten Augen entzündete sich ein schwaches, fernes Licht, das schnell wieder erlosch, wie das Blinkfeuer eines sehr weiten Leuchtturmes.» – Ein solcher Hintergrund der Eltern ist es, der das Beet des Wahnsinns bei den Kindern bereitet.

4 Vgl. A. GREITHER: Wolfgang Amadé Mozart, mit Selbstzeugnissen und Bilddokumenten, Hamburg (rm 77) 1962, 9, der Leopold Mozart bei allem Bemühen um wohlwollende Gerechtigkeit als einen Mann schildert, in dem «durchaus heterogene Merkmale» sich vereinigten, als da sind: «beharrlicher Egoismus im Gewande der Biederkeit, Bigotterie mit Zynismus gepaart, Fürstendienst nach außen und nur mühsam verborgene innere Auflehnung, vernünftelnder, manchmal ausgesprochen amusischer Rationalismus und echte Frömmigkeit.»

5 Vgl. P. P. ROHDE: Sören Kierkegaard in Selbst-

zeugnissen und Bilddokumenten, übers. aus dem Dän. von Th. Dohrenburg, Hamburg (rm 28) 1959, 8–45, der ausführlich den Schatten von Michael Pedersen Kierkegaard schildert, der wie ein Fluch und Segen zugleich über dem Leben seines Sohnes lastete.

6 G. BATESON, D.D. JACKSON, J. HALEY, J.H. WEAKLAND: Vorstudien zu einer Theorie der Schizophrenie, aus: Behavioral Science, Bd. I, Nr. 4, 1956, in: Steps to an Ecology of Mind. Collected Papers in Anthropology, Psychiatry, Evolution and Epistemology, 1972; dt.: Ökologie des Geistes. Anthropologische, psychologische, biologische und epistemologische Perspektiven, übers. v. H.G. Holl, Frankfurt 1981, 270–301 erarbeiteten diese äußerst wichtige Theorie der Schizophrenie auf der Basis der Kommunikationstheorie, wonach zur Situation des *double bind* sechs Voraussetzungen gehören: 1) Es muß zwei oder mehr Personen geben, von denen eine das «Opfer» der Beziehung darstellt. 2) Der *double bind* besteht in einer oft wiederholten Erfahrung des «Opfers», die bei ihm zu einer habituellen Erwartung wird. 3) Es existiert ein primäres negatives Gebot (tu dies oder das nicht, oder ich werde dich bestrafen bzw.: tust du dies oder das nicht, werde ich dich bestrafen). 4) Es existiert ein «sekundäres Gebot, das mit dem ersteren auf einer abstrakteren Ebene in Konflikt steht und wie das erste durch Strafen oder Signale verstärkt wird, die das Überleben bedrohen.» (A.a.O., 277) Dieses sekundäre Gebot wird zumeist nonverbal (durch Gestik, Tonfall, Verhalten) vermittelt, und es kann z.T. auf eine direkte Umkehrung von Teilen des primären Gebotes hinauslaufen. 5) Es existiert ein «tertiäres negatives Gebot, das dem Opfer verbietet, den Schauplatz zu fliehen.» (A.a.O., 277) Dabei können alle möglichen Formen von Versprechen und Abhängigkeit eingesetzt werden, um ein entsprechendes Entkommen aus der *double bind-Situation* zu verhindern. 6) Es «ist die gesamte Menge von Ingredienzien nicht länger erforderlich, wenn das Opfer erst gelernt hat, sein Universum in *double bind*-Mustern wahrzunehmen. Fast jeder Teil einer *double bind*-Abfolge kann dann ausreichen, um Panik oder Wut auszulösen. Das Muster der widerstreitenden Gebote kann sogar

von halluzinatorischen Stimmen übernommen werden» (a.a.O., 277–278). – Erschütternd ist in diesem Zusammenhang ein Versuch von I.P. PAWLOW, der Hunde darauf dressiert hatte, im Sinne eines konditionierten Reflexes einen kreisrunden Lichtfleck mit der Erwartung von Futter und einen elliptischen Lichtfleck mit der Erwartung eines Elektroschocks zu assoziieren; als PAWLOW die Ellipse immer kreisrunder werden ließ, entstand für die Tiere ein unauflösliches Dilemma, auf das sie mit Nervenzusammenbruch reagierten. Vgl. I. ASIMOV: Asimov's New Guide to Science, New York 1984; dt.: Die exakten Geheimnisse unserer Welt. Bausteine des Lebens, München 1986, 306.

7 Es ist sehr wichtig, diesen *geistigen* Anteil beim Zustandekommen schizophrener Reaktionen zu beachten. Während die Neurose auf weitreichenden Gehemmtheiten des Antriebserlebens beruht, gesellt sich in der Genese einer Schizophrenie noch eine pflichtgemäße Umkehr des Denkens hinzu: die Wahrheit zu sehen bedeutete ursprünglich, die entscheidenden Bezugspersonen in ihrem Allmachtsanspruch von Grund auf in Frage zu stellen bzw. in einen tödlichen Konflikt mit ihnen zu geraten. Vgl. E. DREWERMANN: «Warte, bis Vater wiederkommt». Lebenskrisen aus Kindheitserinnerungen der Nachkriegszeit, in: Psychoanalyse und Moraltheologie, 3 Bde., Mainz 1982–1984; Bd. 2: Wege und Umwege der Liebe, 1983, 138–161, S. 144–153.

8 R.D. LAING: Knots, London 1970; dt.: Knoten, übers. v. H. Elbrecht, Hamburg (Rowohlt, das neue Buch 25) 1972, 28 formuliert meisterlich die Ausweglosigkeit solcher *Beziehungsfallen* im späteren Leben, indem die ursprünglich verinnerlichte Kritik an dem anderen (Vater, Mutter) zu einer verfestigten Dauerkritik an sich selbst gerät, die als negative Erwartung, vom anderen (Freund, Freundin) kritisiert zu werden, nach immer neuen Gründen ihrer Bestätigung sucht. «Jill: Du glaubst, daß ich dumm bin / Jack: Ich glaube nicht, daß du dumm bist / Jill: Ich muß dumm sein zu glauben, daß du glaubst, daß ich dumm bin, / wenn du's nicht glaubst: oder du lügst. / Ich bin dumm, wie ich's auch wende: / zu glauben, ich sei dumm, wenn ich dumm bin / zu glauben, ich sei dumm, wenn ich nicht dumm

bin / zu glauben, du glaubtest, ich sei dumm, wenn du's nicht glaubst. //
Jill: Ich bin albern / Jack: Bist du nicht / Jill: Ich bin albern mich albern zu fühlen, wenn ich's nicht bin. / Du mußt mich auslachen / weil ich glaube du lachst mich aus / wenn du nicht über mich lachst.»

Dasselbe läßt sich auch als Wechselspiel von Verachtung und Selbstverachtung beschreiben (a.a.O., 24):

«Ich achte mich selbst nicht / ich kann niemanden achten, der mich achtet. / Ich kann nur jemanden achten, der mich nicht achtet. //
Ich achte Jack / *weil* er mich nicht achtet / Ich verachte Tom / *weil* er mich nicht verachtet / Nur eine verächtliche Person / kann jemanden so Verächtlichen wie mich achten / Ich kann niemanden lieben, den ich verachte / Da ich Jack liebe / kann ich nicht glauben, daß er mich liebt / Wie kann er es mir beweisen?»

[9] Zu dieser Umkehrung der eigenen Intelligenz in pflichtweise Selbstverdummung vgl. noch einmal R. D. LAING: Knoten, 29: «Wie klug muß man sein, um dumm zu sein? / Die anderen sagten ihr, sie sei dumm. Also machte sie / sich selbst dumm, um nicht sehen zu müssen, wie dumm / die anderen waren zu glauben, sie sei dumm, / weil es schlecht wäre zu glauben, die anderen seien dumm. / Sie zog es vor dumm und gut / anstatt schlecht und klug zu sein. // Es ist schlecht dumm zu sein: sie muß klug sein / um so gut und dumm zu sein. / Es ist schlecht klug zu sein, weil es zeigt / wie dumm die anderen waren / ihr zu sagen, wie dumm sie sei.»

[10] R. V. VOLKMANN-LEANDER: Träumereien an französischen Kaminen (1871), Frankfurt (Fischer Tb. 1873) 1978, 103–107 («Wie sich der Christoph und das Bärbel immer aneinander vorbeigewünscht haben») schildert in einer kleinen, recht amüsanten Märchenerzählung die Tragödie, die unter *Liebenden* entstehen muß, wenn jeder glaubt, er müsse, statt seine eigenen Wünsche und Bedürfnisse zu äußern, stets die des anderen sich zu eigen machen.

[11] F. GOYA: Caprichos. Vorwort v. U. Widmer. Übersetzung der Legenden von T. Haffmanns, Zürich (Diogenes, Kunst detebe 3) 1972, Nr. 29 (Esto si que es leer).

[12] Der deutsche Filmregisseur W. HERZOG hat 1983 in seinem Film «Wo die grünen Ameisen träumen» ein sehr eindrucksvolles Bild von der religiösen Verehrung zu geben versucht, die die Ameise im Glauben der australischen Eingeborenen spielt, traut man ihr doch zu, ein geheimes Wissen über Leben und Tod zu besitzen.

[13] Ein solches Leben in Hypothesen macht jede wirkliche Annäherung zu einer ernsthaften Bedrohung. «Ich», erklärte z. B. eine Frau, «spreche niemals von Liebe. Wer sagt: Ich liebe Dich, meint ja doch nur, daß alles aus ist.» Wer so denkt, muß ständig das Leben in Katastrophen*angst* auflösen, um den Katastropheneinbruch noch *in suspenso* zu halten.

[14] Zur Auslegung von Gen 2,24 vgl. E. DREWER-MANN: Strukturen des Bösen (s. o. Anm. 3), I. Bd., S. 400–402. Zur Problematik der Übertragungsliebe in der Ehe vgl. E. DREWERMANN: Ehe – tiefenpsychologische Erkenntnisse für Dogmatik und Moraltheologie, in: Wege und Umwege der Liebe (s. o. Anm. 7), 38–76, S. 43–59.

[15] A. RENOIR: Das Ehepaar Sisley, in: Wallraf-Richartz-Museum in Köln.

[16] M. T. CICERO: Tusculanae disputationes (ca. 45 v. Chr.), V 61–62, übers. v. O. Gigon: Gespräche in Tusculum, Stuttgart (reclam 5027–31) 1973, 189–190.

[17] F. SCHACHERMEYR: Die Minoische Kultur des alten Kreta, Stuttgart 1964, 161–162 meint, die Doppelaxt, die schon im frühesten Anatolien, auf Wandmalereien in Çatalhüyük, belegt ist, sei besonders in Kleinasien ein Symbol des Gewittergottes geblieben. «In diesem Sinne haben wir den karischen Zeus Labrandeus aufzufassen, dessen Kultort Labranda nach der Bezeichnung Labrys, Doppelaxt, benannt wurde. Das Wort stammt aus dem Ägäischen. Für Kreta ist nun allerdings höchst bezeichnend, daß hier niemals Götter, sondern ausschließlich Göttinnen zusammen mit Doppelbeilen dargestellt werden. Hierin liegt also wirklich etwas von einem Matri-Archat.» «Man weihte kleinere Doppeläxte, z. B. zu Arkalochori, oder stellte sie (zu Psychro) zwischen die Stalaktiten. Man pflanzte sie auf den Altären in die Kulthörner ein ... oder errichtete sie auf Pfeilern neben der Opferstätte ... Das größte Exemplar entstammt von Niru Chani und

hat eine Spannweite von 1,20 Meter. Mitunter verdoppelte man die Schneiden ..., wohl um ihre religiöse Bedeutung für bestimmte Zwecke noch zu steigern. Öfter spezifizierte man sie durch Kombination mit anderen Symbolen. So zeigt die Amphore von Pseira ... am oberen Ende des Stiels je eine Scheibe, welche an den Scheibenkopfschmuck einer Göttin von Karphi ... gemahnt. Andere Doppeläxte der gleichen Amphore sehen sich durch Lilien gekrönt, was einer Göttin galt, der auch Lilien zu eigen waren ... Auf den Doppeläxten des Sarkophages von Hagia Triada ... sitzen Vögel (Raben). Mit Doppeläxten in Relief waren kretische Steinpostamente geschmückt ..., mit besonderer Vorliebe wurden sie aber in die Fundamentquadern von Palästen eingeritzt.»

[18] Bereits in Kleinasien führen zahlreiche männliche Gottheiten die Doppelaxt, und sie scheint dort ein Attribut des Gewittergottes zu sein. Auf dem griechischen Festland geht die Doppelaxt gänzlich in die Hand männlicher Gestalten über; «seit geometrischer Zeit taucht die Labrys als Zeichen der Heiligkeit, dann bei Herakles, Theseus, Hephaistos u. a. auf. Im italienischen Bereich ist die Labrys dagegen selten, erscheint wesentlich in Verbindung mit den aus dem Orient eingeführten Kulten (z. B. bei den Priestern der Ma-Bellona). Bei den Etruskern spielt die Labrys keine Rolle; weder Charons Hammer noch das (aus Etrurien übernommene) Fascesbündel mit Beil haben mit der Labrys etwas zu tun.» W. H. GROSS: Artikel Labrys, in: Der Kleine Pauly. Lexikon der Antike in fünf Bänden, bearb. u. hrsg. v. K. Ziegler und W. Sontheimer, München (dtv 5963) 1979, Bd. III 431–432. – F. BEHN: Vorgeschichtliche Welt, Stuttgart (Große Kulturen der Frühzeit) 1958–66, 54 verweist darauf, daß in neolithischen Megalithgräbern Bernsteinanhänger die Form des Doppelbeils aufweisen, was innerhalb der Bauernkultur auch hier ein Symbol des Wettergottes sein dürfte.

[19] Zu Beginn des 2. Jahrtausends v. Chr. dringt aus dem Gebiet zwischen Ural und Kaukasus eine neue Kultur nach Mitteleuropa vor, die man als Schnurkeramikkultur oder auch als Streitaxt- oder Einzelgrabkultur bezeichnet, da in ihr die Toten nicht mehr in den für ganze Sippen be-

stimmten Steinkammergräbern beigesetzt werden, sondern in großen, runden Erdhügeln ihre letzte Ruhe finden; die «Streitaxt», eine Waffe mit herabgezogener Schneide, diente ihnen oft als Grabbeigabe. Vgl. K. GÜNTHER: Steinzeit und ältere Bronzezeit im Westfälischen Landesmuseum für Vor- und Frühgeschichte, (Einführung in die Vor- und Frühgeschichte Westfalens, Heft 1), Münster 1979, 38–42. Es deutet alles darauf hin, daß die «Streitaxtkultur» einen westlichen Ausläufer der *Kurgan-Kultur* darstellt, einer Kultur indoeuropäischer Viehzüchter, die im Gebiet des Kaukasus als «Maikop-Kultur», im nördlichen Teil der Balkan-Halbinsel bis hin nach Österreich als «Badener-Kultur» bezeichnet wird. Vgl. ST. PIGGOTT: The ancient Europe from the Beginnings of Agriculture to classical Antiquity; dt.: Vorgeschichte Europas. Vom Nomadentum zur Hochkultur, übers. v. R. v. Schaewen, München 1974, 132–139. H. SCHMÖKEL: Die Hirten, die die Welt veränderten. Die Geschichte der frühen Indo-Europäer, Hamburg 1982; Neudruck: Hamburg (rororo 7897) 1982, 34 ff. G. BIBBY: The Testimony of the Spade, New York 1956; dt.: Faustkeil und Bronzeschwert. Erforschung der Frühzeit des europäischen Nordens, Hamburg (rororo 6718) 1972, 221; 225. – H. MÜLLER-KARPE: Geschichte der Steinzeit, München 2(erg.) 1976, 149 weist darauf hin, daß das Vorkommen von Streitäxten in Kindergräbern wohl der Bezeichnung der sozialen Position der Verstorbenen diente. Zur Ausbreitung des Streitaxt-Kurgan-Kreises vgl. K. J. NARR: Die europäisch-sibirische Kontakt- und Außenzone und die frühen Indogermanen, in: Weltgeschichte der Frühkulturen und der frühen Hochkulturen, Freiburg, Basel, Wien 1965, 564–609; S. 596–609, der freilich darauf hinweist, daß Streitäxte in Kleinasien schon recht früh auftreten und nicht in jedem Falle dem Streitaxt-Kurgan-Kreis (einem Behelfsbegriff!) zugerechnet werden müssen (S. 605).

[20] Zu den klassischen Beigaben der Grabhügel der älteren Bronzezeit zählen Kurzschwertklingen und ein Randleistenbeil aus Bronze, das das ältere Steinbeil ablöst. Zur Entwicklung der Beiltypen in der Bronzezeit vgl. F. BEHN: A. a. O. (s. Anm. 18), 65.

[21] H. JENS: Mythologisches Lexikon. Gestalten der griechischen, römischen und nordischen Mythologie, München (Goldmann Tb. 11310) 1958, 159–160. Vgl. R. DEROLEZ: De Godsdienst der Germanen, Roermond 1959; dt.: Götter und Mythen der Germanen, übers. v. J. v. Wattenwyl, Wiesbaden 1974, 128 hebt hervor, daß Odin als Gott der Krieger und Thor als Gott der Bauern galt, entsprechend dem *Harbardlied* 24: «Das Knechtsvolk hat Thor, doch die Könige hat Odin, die da fallen im Feld.» Thors Hammer wurde auf Runensteinen dargestellt und – in Reaktion gegen das ähnlich dargestellte Kreuz des Christentums – als Amulett getragen; DEROLEZ: A. a. O., 126. Vgl. M. MAGNUSSON: Hammer of the North, London 1976; dt.: Der Hammer des Nordens. Mythen, Sagas und Heldenlieder der Wikinger, übers. v. U. Stadler, Freiburg 1977, 69–74. Zur Gestalt *Donars*, im Verhältnis zu den Blitzkeile werfenden *Zeus* und *Indra*, vgl. P. HERRMANN: Deutsche Mythologie in gemeinverständlicher Darstellung, Wien (Magnus-V.) o. J., 341–354.

[22] Schon S. FREUD: Bemerkungen über einen Fall von Zwangsneurose (der «Rattenmann»), 1909, Ges. Werke VII, London 1941, 378–463, S. 459 ff. verwies darauf, daß besonders in der Zwangsneurose das Denken den Charakter einer Ersatzhandlung annimmt, wobei insgesamt eine «Regression vom Handeln aufs Denken» zu beobachten sei; das Zwangsdenken (die Zwangsvorstellung) vertrete dann das Zwangshandeln im engeren Sinne; der Denkvorgang selber werde sexualisiert und das Grübeln entwickle sich zum Hauptsymptom der Neurose. Im Fall der *«klugen Else»* muß man freilich bedenken, daß die Verformung des Denkens objektiv als eine systematische Verdummung bis an die Grenze der Lebensunfähigkeit wirken muß. J. JEGGE: Dummheit ist lernbar. Erfahrungen mit «Schulversagern», Bern 1976; Neudruck: Hamburg (rororo 7680) 1983, 55–56 weist mit Nachdruck darauf hin, daß die Grundvoraussetzung geistiger Entwicklung in dem Gefühl der Geborgenheit, der Sicherheit und der Anerkennung besteht, da nur so sich eine entsprechende Mündigkeit und Unabhängigkeit entfalten kann. Anderenfalls kommt es leicht zu einer negativen Verstärkung.

«Auch ein Kind, das nur ein ganz schwaches individuelles Bewußtsein entwickelt hat, wird hin und wieder als Individuum angesprochen. Dies geschieht aber meist in negativem Sinne: Es wird ausgeschimpft, bloßgestellt, bestraft usw. Die Reaktionen darauf sind sehr vielfältig. Sie reichen von übersteigerten Aggressionen über die Defensive bis zur völligen Selbstaufgabe.»

[23] S. FREUD: Trauer und Melancholie (1916), Ges. Werke X, London 1946, 427–446, S. 434 f. zeigte, wie die Selbstanklagen des Melancholikers sich aus ursprünglichen Anklagen gegenüber einer introjizierten Elterngestalt entwickeln. Demgegenüber handelt es sich bei der *«klugen Else»* nicht um Selbstanklagen, sondern um beginnende paranoische Befürchtungen, in denen auf der Basis (frühkindlicher) Ohnmacht die eigenen Ängste und Aggressionen auf die Umwelt projiziert werden, stets mit dem Unterton: «So helft mir doch, ich kann ja nicht.»

[24] In etwa entspricht diese Haltung dem, was S. FREUD als die *«Ausnahme»* beschrieben hat: «wir fordern alle Entschädigung für frühzeitige Kränkungen unseres Narzißmus, unserer Eigenliebe. Warum hat uns die Natur nicht die goldenen Locken Balders geschenkt oder die Stärke Siegfrieds oder die hohe Stirn des Genies, den edlen Gesichtsschnitt des Aristokraten? Wir würden es ebenso gut treffen, schön und vornehm zu sein wie alle, die wir jetzt darum beneiden müssen.» S. FREUD: Einige Charaktertypen aus der psychoanalytischen Arbeit (1915), Ges. Werke X, London 1946, 364–391, S. 369. Um nicht für gemein zu gelten, entwirft das Ich sich als Ausnahme, als Besonderheit, in der richtigen Annahme, das Exquisite, selbst wenn es noch so absurd ist, dürfe doch schon durch das Moment der Überraschung einer gewissen Aufmerksamkeit stets sicher sein.

[25] Es gilt in der Analyse solcher rationalisierter Affekte stets die Mahnung F. NIETZSCHES, Ideen müsse man untersuchen in Richtung auf den Kopf, der sie nötig hat. «Bei allem, was ein Mensch sichtbar werden läßt, kann man fragen: Was soll es verbergen? Wovon soll es den Blick ablenken? Welches Vorurteil soll es erregen? Und dann noch: Bis wie weit geht die Feinheit dieser Verstellung? Und worin vergreift er sich dabei?» F. NIETZSCHE: Morgenröte. Gedanken über die

moralischen Vorurteile (1881), Nr. 523 (Hinter-fragen); München (Goldmann Tb. 630–631) 1960, 304.

[26] Meisterlich beschrieb A. STIFTER: Der Wald-steig (1844), in: Werke in 3 Bden., hrsg. v. H. Geiger, Wiesbaden (Vollmer V.) o. J., I 815–870, S. 823–830 am Beispiel des Herrn Tiburius vor allem die komische Seite der «eingebildeten« Krankheit, die eigentlich nur zu heilen ist, indem sie durch die selbstverständliche Zuversicht der Liebe aufgehoben wird.

[27] Zur Bequemlichkeitshaltung in jeder Neurose als Korrelat der Gehemmtheit vgl. H. SCHULTZ-HENCKE: Der gehemmte Mensch. Entwurf eines Lehrbuchs der Neo-Psychoanalyse (1940), Stutt-gart 1965, 73–75.

[28] F. M. DOSTOJEWSKI: Tagebuch eines Schrift-stellers (1877), übers. v. E. K. Rahsin, München 1963, 640 (Anhang); vgl. K. NÖTZEL: Das Leben Dostojewskis (1925), Osnabrück 1967, 667.

[29] S. FREUD: Totem und Tabu (1912), Ges. Wer-ke IX, London 1944, 39 beschrieb den Charakter der zwangsneurotischen Versicherungs- oder Abwehrmaßnahme als ein Ensemble von vier Merkmalen: a) die (scheinbare) Unmotiviertheit, b) die innere Nötigung, c) die Verschiebbarkeit des Verbots und d) die Ausdehnung des Tabus auf zeremoniöse Handlungen.

[30] Auch diese Verdrängung der aggressiven Handlung in der Vorstellung, die das drohen-de Geschehen im Sinne der Allmacht der Gedan-ken als einen schicksalhaften, magischen Vor-gang erscheinen läßt, wurde von S. FREUD: Totem und Tabu (s. Anm. 29), 103–106 beschrie-ben und dem zwangsneurotischen Erleben zu-geordnet.

[31] Ähnlich begann L. N. TOLSTOI: Anna Karenina (1878), übers. v. A. Scholz, München (Goldmann Tb. 692–694) 1961, 5 (1. Teil, 1. Kap.) mit den Worten: «Alle glücklichen Familien gleichen ein-ander, jede unglückliche Familie dagegen ist un-glücklich auf ihre besondere Art.» Alle im Haus Oblonskij fühlen, «daß ihr Zusammenleben kei-nen Sinn hatte und daß die Leute, die der Zufall in der ersten besten Herberge zusammenführt, ein-ander näherstanden als sie». TOLSTOI stellte sei-nen erschütternden Roman unter das gegen die kirchliche und staatliche Gerichtsbarkeit ge-

münzte Bibelwort: «Die Rache ist mein. Ich will vergelten.»

[32] Zu dem Symbol des Kindes als einer Chiffre des subjektalen Erlebens vgl. E. DREWERMANN: Strukturen des Bösen (s. o. Anm. 3), II 337–348.

[33] Vgl. A. FREUD: Normality and Pathology in Childhood. Assessments of Development, New York 1965; dt.: Wege und Irrwege in der Kinder-entwicklung, Stuttgart 1968, 74: «In Zuständen von Trennungsschmerz begegnen wir der völli-gen Nahrungsverweigerung (Ablehnung jedes Mutterersatzes) ebenso häufig wie der Gier nach Nahrung (symbolischer Ersatz der Mutterliebe durch orale Befriedigung am Essen).»

[34] Vgl. A. DÜHRSSEN: Psychogene Erkrankungen bei Kindern und Jugendlichen. Eine Einführung in die allgemeine und spezielle Neurosenlehre, Göttingen 1954, 176: «Für das Menschenkind lehren uns unsere Beobachtungen (sc. wie beim Verhalten eines Schimpansenjungen, d. V.), daß ein übertrieben langes und ausgedehntes Dau-menlutschen häufig mit Mangelerlebnissen im Bereich der Zärtlichkeitsbedürfnisse zusammen-hängt. Das Fehlen der Mutter... fehlende Zärt-lichkeit... können hier eine Rolle spielen.» Das «Fehlen der Mutter» ist natürlich beim erwachse-nen Menschen symbolisch zu verstehen.

[35] Das Nägelkauen enthält, im Unterschied zum Daumenlutschen, eine stärkere Verbindung ora-ler Bedürfnisse mit verdrängten aggressiven Im-pulsen, ähnlich einem gefangengehaltenen Pferd, das die Ränder seiner Krippe oder seine Hufe zu beknabbern anfängt. Vgl. A. DÜHRSSEN: A. a. O. (s. Anm. 34), 177. Die «Einengung» ist bei der «klugen Else» natürlich in der widersprüchlichen Unentrinnbarkeit ihres Arbeitsbefehls zu sehen: sie muß die gestellte Aufgabe erledigen, um die Gunst ihres Mannes nicht zu verlieren, aber die Art, wie sie ihren Mann erlebt, bedeutet bereits, daß das Bild des fordernden Vaters die Sphäre des Mütterlichen vollständig überschattet.

[36] Zur triebpsychoanalytischen Betrachtung der Sucht vgl. das Referat bei G. RÖHLING: Sucht, in: G. Ammon (Hrsg.): Handbuch der Dyna-mischen Psychiatrie, 1. Bd., München 1979, 463–491, S. 467–470, der die Fixierung der Ora-lität in den Mittelpunkt rückt. «Oralität» in der Psychoanalyse meint jedoch nicht nur «Essen»,

sondern vor allem den Drang, sich durch An-klammern zu sichern und in bedingungsloser Annahme geborgen zu sein. Vgl. E. DREWER-MANN: Strukturen des Bösen (s. o. Anm. 3), II 60.

[37] W. SHAKESPEARE: The tragicall Historie of Hamlet, Prince of Denmarke, 1604; dt.: Hamlet. Prinz von Dänemark, übers. v. A. W. Schlegel, in: W. Shakespeare. Sämtliche Werke, Wiesbaden (Löwit-V.) o. J., 800–830, S. 813. Im Falle Ham-lets verdeckt der Wunsch nach Schlaf und Tod nur mühsam den eigentlichen Tötungswunsch gegenüber seinem Onkel Claudius, der Hamlets Vater ermordete und seine Mutter Gertrude hei-ratete – ein exquisit ödipales Drama. Ähnliche verdrängte Aggressionen wird man auch im Fall der «klugen Else» annehmen dürfen. Hinzu kommt wohl in der Psychologie des Abwehr-Einschlafs ein Mechanismus, den R. BILZ: Psy-chotische Umwelt. Versuch einer biologisch orientierten Psychopathologie, Stuttgart 1981, 84 als «Versteck-Situation der Geborgenheit» be-zeichnet hat – der Schlaf als Tarnkappe gegenüber möglichen Verfolgern.

[38] Zur Theorie der Riesenansprüche als des Äqui-valents ausgedehnter Gehemmtheiten vgl. H. SCHULTZ-HENCKE: Der gehemmte Mensch (s. o. Anm. 27), 75–79.

[39] Ein berühmtes Beispiel von l'amour fou verfilmte F. TRUFFAUT 1975 in «Die Geschichte der Adele Hugo», gespielt von Isabelle Adjani; vgl. E. DREWERMANN: Ehe – tiefenpsychologi-sche Erkenntnisse für Dogmatik und Moraltheo-logie, in: Psychoanalyse und Moraltheologie (s. o. Anm. 7), Bd. 2, 48–49.

[40] Vgl. E. DREWERMANN: Tiefenpsychologie und Exegese, 2 Bde., Olten 1984–85, Bd. 2: Wunder, Vision, Weissagung, Apokalypse, Geschichte, Gleichnis, S. 334–335. Zur Theorie der Psychose vgl. a. a. O., 478–481.

[41] Die Situation der «klugen Else» ähnelt an dieser Stelle sehr dem Bekenntnis des Besessenen von Gerasa in der Bibel (Mk 5, 1–20), der auf die Frage nach seinem Namen nur sagen kann, er heiße «Legion»; zur Auslegung der Stelle vgl. E. DREWERMANN: Tiefenpsychologie und Exegese (s. o. Anm. 40), II 247–277.

[42] Vgl. A. FREUD: Das Ich und die Abwehrmecha-nismen (1936), München (Kindler Tb. 2001) o. J.,

55–65, die sehr zu Recht darauf hinwies, daß die Verleugnung der Wirklichkeit in der Phantasie, die beim Kleinkind als normal und sinnvoll zu betrachten ist, «im erwachsenen Leben ihre Harmlosigkeit verliert... und daß der Durchbruch zum Lustgewinn an wahnhaften Gebilden für den Erwachsenen der Weg in die Psychose ist. Ein Ich, das den Versuch macht, sich durch Leugnungen Angst, Triebverzicht und Neurose zu ersparen, überspannt damit diesen Mechanismus» (a.a.O., 64–65).

43 G. BÜCHNER: Lenz (1836), in: Ges. Werke, hrsg. v. H. Honold, München (Goldmann Klassiker 7510) o.J., 79–105, S. 105.

44 Das Märchen selber beantwortet diese Frage allenfalls e negativo, indem es ungehemmt den «Witz» des Volkes über die unglückliche «Else» ergießt. An dieser Stelle kann man die Psychologie des Märchens beim besten Willen nicht mehr rechtfertigen, wie M. LÜTHI: So leben sie noch heute. Betrachtungen zum Volksmärchen, Göttingen 1969, 114 es mit den Worten versucht: «Auch dieser Schwank also (sc. das Märchen von der «klugen Else», d. V.) erzählt von der Sympathie des Menschen für gutes Essen und süßen Schlaf, eine Sympathie, die uns lächeln macht und die wir gewiß nicht ganz mißbilligen, die sich aber, jedes Maß verlierend, überschlägt.» Und (S. 115): «Mit seinen Figuren freut sich der Schwank eine Zeitlang, wenn sie sich gehenlassen, gut essen und trinken und schön faulenzen, aber er weiß auch, daß es des Menschen nicht würdig ist, in diesem animalischen Bereich aufzugehen.» Denn: «Gerade sie, die (sc. wie die «kluge Else» oder die «Kathrin» in einem Siebenbürgischen Märchen, d. V.) so wacker aßen und schliefen, die sich ganz ihren leiblichen Bedürfnissen anvertrauten, verlieren nun sich selber und verlieren damit alles.» – Nur wenn man von der Psychologie des «Selbstverlustes» (der Schizophrenie) und ihrer unheimlichen Psychodynamik nicht wirklich Notiz nimmt, kann man, wie Lüthi es tut, in dem Märchen von der «klugen Else» eine «Frage nach dem Wesen des Menschen» zwischen Animalität und Geistbestimmtheit erblicken. Die Wahrheit des menschlichen Lebens entscheidet sich zwischen Angst und Glauben, nicht zwischen «Essen» und «Arbeiten». Weit richtiger schreibt R. GEIGER: Märchenkunde. Mensch und Schicksal im Spiegel der Grimmschen Märchen. Stuttgart 1982, 517, indem er besonders die zwielichtige Rolle des «Hans» gebührend hervorhebt: «Hans spielt zwar eine wichtige und zwar zwiespältige Rolle in der Geschichte. Einerseits hat er Else geheiratet ihres überaus gut funktionierenden Verstandes willen. Andererseits verhält er sich, weil sie konsequent kopfig ist, wie es ihr entspricht, am Ende schändlich: Es ist ihr eigener Mann, der ihr das Schellengarn umhängt und sie verleugnet in der Nacht. Erst so begeistert von ihr, ersinnt er die schizophrene Art, sie loszuwerden. Von einer Fähigkeit, Elsens Klugheit zu wandeln, auf andere Ziele anzusetzen, findet sich nur der Beginn einer Spur. Schon im allerersten Versuch (sie eben aufs Feld zur Arbeit zu schikken) verliert er die Geduld und verstößt sie. – Ein heiteres Märchen? Die ersten zwei Drittel mit dem prallen, fünfmal wörtlich wiederholten Geschwätz um das noch ungeborene und doch bereits unglückliche Kind mögen uns schmunzeln lassen. Aber ehe man sich's versieht, ist eine akute Gemütskrise daraus geworden, und sie endet schlimm: in einem völligen Identitätsverlust. Else demonstriert einen sehr modernen Zustand: Klugheit, die alles andere, nur sich selbst nicht mehr findet; ichlos zerstiebend im Schellengeklingel – ein tragisches Märchen.»

45 Eigene Übersetzung.

Rapunzel

Märchen Nr. 12 aus der Grimmschen Sammlung

Tafel 1:
Edvard Munch,
Pubertät,
Nationalgalerie
Oslo

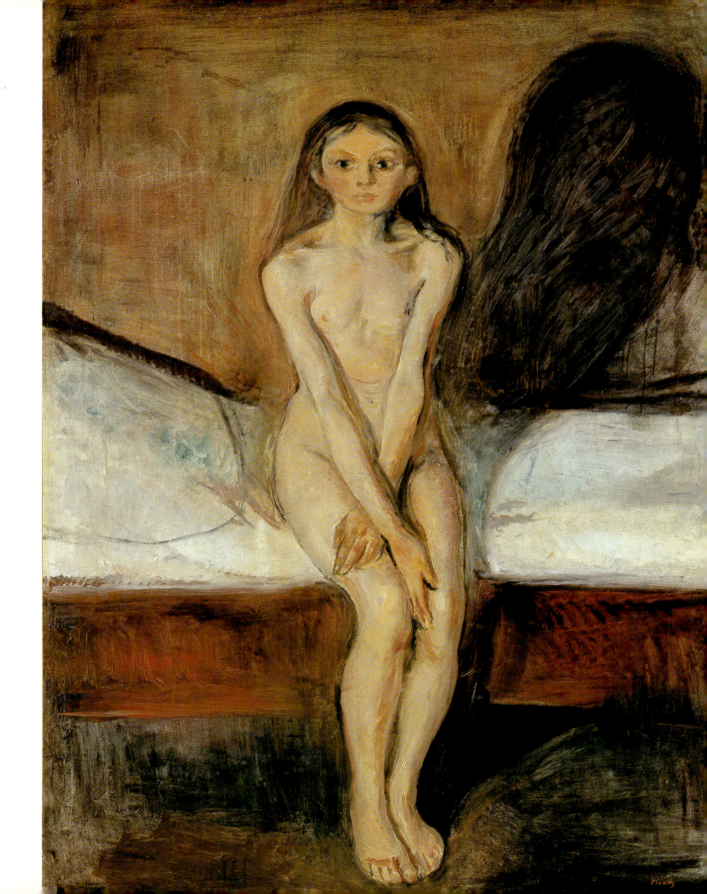

Tafel 2:
Auguste Renoir,
Das Ehepaar Sisley,
Wallraf-Richartz-
Museum Köln

Tafel 3:
Edvard Munch,
Mutter und Tochter,
Nationalgalerie
Oslo

Tafel 4:
Arthur Kaufmann,
Drei Mädchen
am Fenster,
Stadtmuseum
Düsseldorf

Vorwort

Bei der tiefenpsychologischen Deutung eines Märchens stellt sich immer wieder die Frage nach der Methode: Welche der tiefenpsychologischen Schulen soll man zur Interpretation heranziehen? Es gibt darauf keine dogmatische, sondern nur eine pragmatische Antwort: Als «richtig» wird diejenige Methode sich erweisen, die dem Erzählfluß des jeweiligen Märchens sich am natürlichsten anschließt. In gewisser Hinsicht gleichen die Märchen kostbaren Perlen, die in einem gepanzerten Safe verborgen liegen; man kann versuchen, einen solchen Safe mit Schneidbrennern und Dynamit aufzubrechen, aber man läuft bei einem derartigen Vorgehen Gefahr, mit der Öffnung des Safes zugleich seinen Inhalt zu zerstören; ratsamer ist es, an den leisen Geräuschen der Zahlenringe des Sicherheitsschlosses die richtige Kombination der Ziffern herauszuhören und dann den Schrank ohne jede Gewaltanwendung zu öffnen. Ähnlich wird der Reichtum eines Märchens sich erst erschließen, wenn man die Chiffren der Erzählung in ihrer Gesamtheit so miteinander verbindet, daß man an dem vorliegenden Text nichts wegzuschneiden oder zu zerstören braucht. Ein Märchen «richtig» zu verstehen, bedeutet nicht mehr und nicht weniger, als alle Teilmomente der Erzählung als innerlich zusammengehörig und in sich notwendig zu erkennen. Während jedes einzelne Symbol eines Traumes, eines Märchens oder eines Mythos in sich vieldeutig und, je nach Methode, verschieden interpretierbar ist, besitzt doch jede dieser Erzählungen ihre einmalige,

individuelle Gestalt, in der die einzelnen Sinnbilder sich wechselseitig definieren und erläutern, um im Ganzen der Erzählereignisse eine Bedeutung anzunehmen, die ihnen strenggenommen nur in dieser einen singulären Kombination zukommt. Alles hängt deshalb von der Überlegung ab, auf welch eine Frage ein Märchen antworten will, welch ein Problem es zu lösen versucht, welch ein Thema es eigentlich behandelt.

Die meisten Märchen sind, psychologisch betrachtet, Entwicklungsgeschichten, in denen bestimmte Konflikte, Einschränkungen und Widersprüche des Lebens auf beispielhafte Weise durch entbehrungsreiche Suchwanderungen, mutige Kämpfe und Auseinandersetzungen sowie durch die glückliche Reifung zur Einheit mit sich selbst und zur Liebe gegenüber der Verheißungsgestalt der eigenen Seele ihre Auflösung finden. Je nach der Art der Konfliktstellung wird ein Märchen sich dabei eher der einen oder der anderen tiefenpsychologischen Schulrichtung erschließen. Als Faustregel mag gelten, daß Konflikte der ersten Lebenshälfte am ehesten mit Hilfe der objektalen Betrachtung der FREUDschen Psychoanalyse zu verstehen sind, während Fragen der zweiten Lebenshälfte eher der subjektalen Deutung der Schule C. G. JUNGS bedürfen[1]. Der Grund für diese Zuordnung ist

unschwer zu verstehen: In jungen Jahren kommt es darauf an, zunächst in die äußere Wirklichkeit hineinzufinden und die Auseinandersetzung mit den Menschen der Umgebung (den Eltern, Geschwistern, Vorgesetzten, Kollegen, Freunden etc.) zu bestehen; die Stärkung des Ichs und die Durchsetzung gegenüber der realen Umwelt sind in dieser Zeit wichtiger als die Suche nach Weisheit und Erkenntnis, und dementsprechend tat S. FREUD gut daran, das möglicherweise Entstellende und Verhüllende an den Symbolbildungen des Unbewußten in den Vordergrund der Analyse zu rücken. In der zweiten Lebenshälfte hingegen kommt das Symbolverständnis C. G. JUNGS stärker zu seinem Recht: die eigenen Eltern z. B. mögen längst verstorben sein, aber deutlicher erkennbar als zuvor verkörpern und beherrschen sie auch jetzt noch sehr lebendig ganze Teile der eigenen Psyche; was bislang als eine reale Anforderung galt: zu heiraten, Kinder in die Welt zu setzen, ein Haus zu bauen, sich einzurichten, erweist sich jetzt zunehmend als eine nur symbolische Vorwegnahme der eigentlichen Lebensaufgabe: «Hochzeit» zu feiern ist erst möglich, wenn die eigene Seele gefunden und heimgeführt worden ist, wie es die Märchen im Symbol der *Heiligen Hochzeit* schildern; ein «Kind» zur Welt zu bringen ist nur möglich als Frucht eines einheitlicheren und innerlich erneuerten Lebens, wie es als Symbol das mythische Bild von dem *göttlichen Kind* wiedergibt; «zu Hause» wird man nicht durch Bezug eines Eigenheims, sondern nur indem man sich im eigenen Leben besser zurechtfindet, wie es das Märchenmotiv von dem *verwunschenen Schloß* am Ende der Welt recht häufig beschreibt. Und so in allen Dingen. Während in der ersten Lebenshälfte die Symbole der Seele zur äußeren Wirklichkeit hin geöffnet werden müssen, gilt es in der zweiten Lebenshälfte umgekehrt, die gesamte äußere Wirklichkeit für den Symbolismus der Seele zu öffnen. Je nach dem Zeitpunkt, an dem eine Märchenerzählung einsetzt, und je nach dem Thema, das es behandelt, ist seine Symbolsprache daher mitunter eher objektal, mitunter eher subjektal zu lesen.

Das Märchen von «Rapunzel» erzählt die lange, mühevolle Geschichte eines Mädchens, das schon als Kind seine Mutter an eine Hexe verliert und aus Gefangenschaft und Einsamkeit, aus Sehnsucht und Schmerz, aus Verbannung und Verlorenheit zurückfindet zur Gemeinsamkeit der Liebe, zum Glück einer wiedergefundenen Freude, zu dem reinen Gesang seines Herzens. Wenn es als Hauptanliegen der Psychoanalyse gelten darf, die Hindernisse auf dem Weg der Liebe zu verstehen und soweit als möglich aus der Welt zu räumen, so wird die FREUDsche Tiefenpsychologie am besten geeignet sein, dieses Märchen zu würdigen. Soll es immer nur in den Märchen wahr sein, daß die Liebe stärker ist als die Angst und die Menschlichkeit mächtiger als der Zwang der Umstände und der Gesetze? Um ein Märchen auszulegen, muß man wenigstens ein wenig daran glauben, daß das Leben selber märchenhaft sein kann. Trotz aller Enttäuschungen, Entmutigungen und Zweifel sind doch die Träume nicht auszurotten, die in den Märchen Gestalt gewinnen; und wenn man die Märchen schon bevorzugt den Kindern erzählt, so doch wohl auch deshalb, weil ein jedes Kind, das zur Welt kommt, in gewissem Sinne ein Recht darauf hat, so glücklich zu werden, wie die Märchen das traumhafte Glück der Liebe erträumen.

Rapunzel

Es war einmal ein Mann und eine Frau, die wünschten sich schon lange vergeblich ein Kind, endlich machte sich die Frau Hoffnung, der liebe Gott werde ihren Wunsch erfüllen. Die Leute hatten in ihrem Hinterhaus ein kleines Fenster, daraus konnte man in einen prächtigen Garten sehen, der voll der schönsten Blumen und Kräuter stand; er war aber von einer hohen Mauer umgeben, und niemand wagte hineinzugehen, weil er einer Zauberin gehörte, die große Macht hatte und von aller Welt gefürchtet ward. Eines Tags stand die Frau an diesem Fenster und sah in den Garten hinab, da erblickte sie ein Beet, das mit den schönsten Rapunzeln bepflanzt war; und sie sahen so frisch und grün aus, daß sie lüstern ward und das größte Verlangen empfand, von den Rapunzeln zu essen. Das Verlangen nahm jeden Tag zu, und da sie wußte, daß sie keine davon bekommen konnte, so fiel sie ganz ab, sah blaß und elend aus. Da erschrak der Mann und fragte: «Was fehlt dir, liebe Frau?» «Ach», antwortete sie, «wenn ich keine Rapunzeln aus dem Garten hinter unserm Hause zu essen kriege, so sterbe ich.» Der Mann, der sie liebhatte, dachte: «Eh du deine Frau sterben lässest, holst du ihr von den Rapunzeln, es mag kosten, was es will.» In der Abenddämmerung stieg er also über die Mauer in den Garten der Zauberin, stach in aller Eile eine Handvoll Rapunzeln und brachte sie seiner Frau. Sie machte sich sogleich Salat daraus und aß sie in voller Begierde auf. Sie hatten ihr aber so gut, so gut geschmeckt, daß sie den andern Tag noch dreimal soviel Lust bekam. Sollte sie Ruhe haben, so mußte der Mann noch einmal in den Garten steigen. Er machte sich also in der Abenddämmerung wieder hinab, als er aber die Mauer herabgeklettert war, erschrak er gewaltig, denn er sah die Zauberin vor sich stehen. «Wie kannst du es wagen», sprach sie mit zornigem Blick, «in meinen Garten zu steigen und wie ein Dieb mir meine Rapunzeln zu stehlen? Das soll dir schlecht bekommen.» «Ach», antwortete er, «laßt Gnade für Recht ergehen, ich habe mich nur aus Not dazu entschlossen: meine Frau hat Eure Rapunzeln aus dem Fenster erblickt und empfindet ein so großes Gelüsten, daß sie sterben würde, wenn sie nicht davon zu essen bekäme.» Da ließ die Zauberin in ihrem Zorne nach und sprach zu ihm: «Verhält es sich so, wie du sagst, so will ich dir gestatten, Rapunzeln mitzunehmen, soviel du willst, allein ich mache eine Bedingung: Du mußt mir das Kind geben, das deine Frau zur Welt bringen wird. Es soll ihm gut gehen, und ich will für es sorgen wie eine Mutter.» Der Mann sagte in der Angst alles zu, und als die Frau in Wochen kam, so erschien sogleich die Zauberin, gab dem Kinde den Namen Rapunzel und nahm es mit sich fort.

Rapunzel ward das schönste Kind unter der Sonne. Als es zwölf Jahre alt war, schloß es die Zauberin in einen Turm, der in einem Walde lag und weder Treppe noch Türe hatte, nur ganz oben war ein kleines Fensterchen. Wenn die Zauberin hinein wollte, so stellte sie sich unten hin und rief:

«Rapunzel, Rapunzel,
laß mir dein Haar herunter.»

Rapunzel hatte lange prächtige Haare, fein wie gesponnen Gold. Wenn sie nun die Stimme der Zauberin vernahm, so band sie ihre Zöpfe los, wickelte sie oben um einen Fensterhaken, und dann fielen die Haare zwanzig Ellen tief herunter, und die Zauberin stieg daran hinauf.

Nach ein paar Jahren trug es sich zu, daß der Sohn des Königs durch den Wald ritt und an dem Turm vorüberkam. Da hörte er einen Gesang, der war so lieblich, daß er stillhielt und horchte. Das war Rapunzel, die in ihrer Einsamkeit sich die Zeit damit vertrieb, ihre süße Stimme erschallen zu lassen. Der Königssohn wollte zu ihr hinaufsteigen und suchte nach einer Türe des Turms, aber es war keine zu finden. Er ritt heim, doch der Gesang hatte ihm so sehr das Herz gerührt, daß er jeden Tag hinaus in den Wald ging und zuhörte. Als er einmal so hinter einem Baum stand, sah er, daß eine Zauberin herankam und hörte, wie sie hinaufrief:

«Rapunzel, Rapunzel,
laß dein Haar herunter.»

Da ließ Rapunzel die Haarflechten herab, und die Zauberin stieg zu ihr hinauf. «Ist das die Leiter, auf welcher man hinaufkommt, so will ich auch einmal mein Glück versuchen.» Und den folgenden Tag, als es anfing, dunkel zu werden, ging er zu dem Turme und rief:

«Rapunzel, Rapunzel,
laß dein Haar herunter.»

Alsbald fielen die Haare herab, und der Königssohn stieg hinauf.

Anfangs erschrak Rapunzel gewaltig, als ein Mann zu ihr hereinkam, wie ihre Augen noch nie einen erblickt hatten, doch der Königssohn fing an, ganz freundlich mit ihr zu reden, und erzählte ihr, daß von ihrem Gesang sein Herz so sehr sei bewegt worden, daß es ihm keine Ruhe gelassen und er sie selbst habe sehen müssen. Da verlor Rapunzel ihre Angst, und als er sie fragte, ob sie ihn zum

Manne nehmen wollte, und sie sah, daß er jung und schön war, so dachte sie: «Der wird mich lieber haben als die alte Frau Gothel», und sagte ja und legte ihre Hand in seine Hand. Sie sprach: «Ich will gerne mit dir gehen, aber ich weiß nicht, wie ich herabkommen kann. Wenn du kommst, so bring jedesmal einen Strang Seide mit, daraus will ich eine Leiter flechten, und wenn die fertig ist, so steige ich herunter, und du nimmst mich auf dein Pferd.» Sie verabredeten, daß er bis dahin alle Abend zu ihr kommen sollte, denn bei Tag kam die Alte.

Die Zauberin merkte auch nichts davon, bis einmal Rapunzel anfing und zu ihr sagte: «Sag Sie mir doch, Frau Gothel, wie kommt es nur, Sie wird mir viel schwerer heraufzuziehen als der junge Königssohn, der ist in einem Augenblick bei mir.» «Ach du gottloses Kind», rief die Zauberin, «was muß ich von dir hören, ich dachte, ich hätte dich von aller Welt geschieden, und du hast mich doch betrogen!» In ihrem Zorne packte sie die schönen Haare der Rapunzel, schlug sie ein paarmal um ihre linke Hand, griff eine Schere mit der rechten, und ritsch, ratsch waren sie abgeschnitten, und die schönen Flechten lagen auf der Erde. Und sie war so unbarmherzig, daß sie die arme Rapunzel in eine Wüstenei brachte, wo sie in großem Jammer und Elend leben mußte.

Denselben Tag aber, wo sie Rapunzel verstoßen hatte, machte abends die Zauberin die abgeschnittenen Flechten oben am Fensterhaken fest, und als der Königssohn kam und rief:

> *«Rapunzel, Rapunzel,*
> *laß dein Haar herunter»,*

so ließ sie die Haare hinab. Der Königssohn stieg hinauf, aber er fand oben nicht seine liebste Rapunzel, sondern die Zauberin, die ihn mit bösen und giftigen

Blicken ansah. «Aha», rief sie höhnisch, «du willst die Frau Liebste holen, aber der schöne Vogel sitzt nicht mehr im Nest und singt nicht mehr, die Katze hat ihn geholt und wird dir auch noch die Augen auskratzen. Für dich ist Rapunzel verloren, du wirst sie nie wieder erblicken.» Der Königssohn geriet außer sich vor Schmerz, und in der Verzweiflung sprang er den Turm herab: das Leben brachte er davon, aber die Dornen, in die er fiel, zerstachen ihm die Augen. Da irrte er blind im Walde umher, aß nichts als Wurzeln und Beeren und tat nichts als jammern und weinen über den Verlust seiner liebsten Frau. So wanderte er einige Jahre im Elend umher und geriet endlich in die Wüstenei, wo Rapunzel mit den Zwillingen, die sie geboren hatte, einem Knaben und Mädchen, kümmerlich lebte. Er vernahm eine Stimme, und sie däuchte ihn so bekannt; da ging er darauf zu, und wie er herankam, erkannte ihn Rapunzel und fiel ihm um den Hals und weinte. Zwei von ihren Tränen aber benetzten seine Augen, da wurden sie wieder klar, und er konnte damit sehen wie sonst. Er führte sie in sein Reich, wo er mit Freude empfangen ward, und sie lebten noch lange glücklich und vergnügt.

Tiefenpsychologische Deutung

Der Mutter Wunschkind und der Hexe Eigentum

Mehr begreift von einem Menschen, wer versteht, daß man den Hintergrund der Eltern und der Kindheit kennen muß, um sich in das Wesen und die Eigenart seiner Persönlichkeit einfühlen zu können. Recht hat daher das Märchen von *«Rapunzel»*, wenn es mehr als ein Drittel der Erzählung gewissermaßen auf die Vorgeschichte der Geschichte verwendet: indem es in breiter Form den *Geburtsmythos* von Rapunzel entfaltet.

In jeder psychoanalytischen Anamneseerhebung spielt die Frage nach der frühesten Kindheitserinnerung eine große Rolle; denn regelmäßig rankt sich um die frühe Kindheit ein Gewebe aus Dichtung und Wahrheit, das in historischem Sinne oft genug frei erfunden scheinen mag, während es psychologisch doch in symbolischer Verdichtung die Jahre der Jugend in der sprechendsten Weise darstellt und zusammenfaßt. Weiter noch als solche *«Deckerinnerungen»*[2] an die Kindheit reichen für gewöhnlich die *«Familienromane»*[3] vieler Menschen. Für jedermann stellt es eine reizvolle Frage dar, wie er sich vorstellen könnte, aus einer vorgeburtlichen Existenz in diese Welt gekommen zu sein; mit großer Sicherheit erweisen sich die Details einer solchen Geburtsphantasie als Zeitrafferaufnahmen vieler gleichgerichteter Kindheitseindrücke, die über viele Jahre hin den Charakter der jeweiligen Persönlichkeit auf das nachhaltigste geprägt haben. Zu einem eigentlichen Familienroman indessen werden solche Phantasien, wenn der Unterschied zwischen innerer und äußerer Wirklichkeit, zwischen psychischer und biographischer Wahrheit sich subjektiv zu verwischen beginnt, indem die Konflikte der frühen Kindheit in späterem Rückblick eine bestimmte symbolische Bearbeitung dem Bewußtsein förmlich aufdrängen. Zum Verständnis derartiger «Familienromane» ist immer wieder die gleiche Frage zu stellen: Was sagt jemand über sich selber: über sein Wesen, seine Vergangenheit, seine Lebenseinstellung aus, wenn er seine Abkunft und Herkunft in gerade dieser Weise schildert? Oder, unmittelbar nach dem Sinn des langen Familienromans von *«Rapunzel»* gefragt: Mit was für einem Menschen haben wir es zu tun, wenn jemand seine Kindheit vollkommen zutreffend mit den Worten schildert: «Unmittelbar nach der Geburt wurde ich von meiner Mutter getrennt und in die Hände einer Zauberin gegeben, der ich versprochen wurde, um das Leben meines Vaters zu retten; denn dieser hatte sein Leben gewagt, um den unersättlichen Hunger meiner Mutter zu stillen, den diese während der Schwangerschaft auf gewisse Rapunzeln (Feldsalat) im rückwärtigen Garten jener Zauberin verspürte?» – Wer, das muß die erste Frage sein, steht in einem solchen «Familienroman» für die «Zauberin»?

Es ist zunächst nicht mehr als eine Hypothese, aber doch eine tiefenpsychologisch überaus naheliegende Annahme, daß wir es in Rapunzels Mutter und der Zauberin mit zwei Seiten ein und derselben Person zu tun haben. Ein und derselbe Mensch, so berichten die Märchen immer wieder, kann gleichzeitig und ineins Mutter und Hexe, Engel und Dämon, Leben und Tod verkörpern und bedeuten; ein und derselbe Mensch kann fürsorglich, liebevoll und lebenspendend und *zugleich* terroristisch, einengend und erstickend sein; in ein und demselben Menschen können Liebe und Haß, Güte und Egoismus, Freundlichkeit und Fremdheit sich miteinander untrennbar verpaaren, und wohl keine Erkenntnis ist verletzender und heilsamer für unsere Selbsterfahrung als die Einsicht in diese mögliche Doppelnatur unseres Wesens und Wirkens; keine Erkenntnis dürfte deshalb auch so sehr gemieden, verleugnet oder verdrängt werden wie dieser Blick in das Terrain unserer «Unter»- oder «Hinterwelt». Schon allein deshalb bedürfen wir als Erwachsene so sehr der Symbolik der Märchen, weil gerade sie uns unverstellt den Spiegel unserer Wahrheit entgegenzuhalten vermögen; denn wir müssen – mit dem Märchen von *Rapunzel* gesprochen – unbedingt durch das «kleine Fenster» in dem «Hinterhaus» unserer Wohnung in den «Garten» schauen, um die Kehrseite unseres bewußten Ichs wahrzunehmen und zu sehen, daß diese «prächtigen» Felder, bestanden mit den «schönsten Blumen und Kräutern», uns selber zugehören, oder wir werden uns ewig fremd bleiben und auf immer der Psychodynamik des eigenen Unbewußten hilflos ausgeliefert sein.

Es geht ja nicht darum, mit Hilfe psychoanalytischer Einsichten Angst zu verbreiten und das Maß der Schuldgefühle zu vermehren, so als könnten wir von außen her im Ton des Vorwurfs und der Anklage objektivierend konstatieren: Rapunzels Mutter war (bzw. ist) von Anfang an identisch mit der bösen Zauberin, der Herrin des Gartens im Hinterhaus. Die Psychoanalyse taugt

einzig zur Vermittlung von Wahrheiten, die dem Einzelnen, den es angeht, von innen her zuwachsen können und müssen, wenn er sich in der Haltung eines größeren Vertrauens und in dem Klima einer tieferen Geborgenheit mit weniger Angst und Zwang zu betrachten vermag; sie taugt durchaus nicht dazu, die Menschen der Umgebung oder auch sich selber auf kalte Weise als «Fallgeschichten» zu sezieren und als Typenvarianten zu diagnostizieren. Nicht eine noch größere Aufspaltung zwischen Geist und Gefühl, zwischen Subjekt und Objekt, zwischen Ich und Welt ist das Ziel der Psychoanalyse, sondern gerade im Gegenteil: die Ermöglichung einer tieferen Einheit durch Einsicht in den eigenen Werdegang und in die Problematik mancher Wiederholungsängste und Übertragungen[4]. Infolgedessen geht es auch bei der Deutung eines Märchens wie der Geschichte von *Rapunzel* nicht darum, auf die Mutter dieses Kindes mit Fingern zu zeigen, sondern eine Form tragischer Dialektik zu verstehen, unter der so viele Frauen (und umgekehrt so viele Männer) leiden.

Die Erzählung beginnt mit der Schilderung, wie Rapunzels Eltern sich so lange Zeit schon nach einem Kinde sehnen. Man könnte diese Mitteilung als «unverdächtig» einfach überlesen, gäbe nicht der ganze weitere Gang der Handlung darüber Aufschluß, daß Rapunzel nicht der Eltern, sondern vielmehr ganz und gar der Mutter Kind ist und zu sein hat. Schon der Name des Mädchens – die Bezeichnung seines Wesens also[5] – verrät, daß es eigentlich nur dazu auf die

Welt gekommen ist, um der Mutter als «Nahrungsmittel» zu dienen, und man darf annehmen, daß der Heißhunger der Mutter während der Schwangerschaft nach den «Rapunzeln» bereits vorwegnimmt, wie diese Frau «im Hintergrund», in ihrer «Hexengestalt», ihr langersehntes Kind zur Sättigung ihrer ungestillten Gier nach einem wirklichen Lebensinhalt (ge)brauchen wird. Es wird demnach im wesentlichen wohl das Verlangen *der Frau* sein, das dem Kinderwunsch der «Eltern» zugrunde liegt, und die Rolle des Mannes wird darin bestehen, sich diesem Wunsch, so gut es geht, zu fügen.

Warum überhaupt bekommt eine Frau ein Kind? Aus Mutterliebe, selbstverständlich, möchte man denken. Aber so verhält es sich durchaus nicht immer. Wie oft entsteht das Motiv, ein Kind zu gebären, dem unerträglichen Gefühl der Leere, der Angst, der Einsamkeit, ja, einer verzweifelten Verlorenheit? Immer, wenn eine Frau nicht weiter weiß, kann sie die Neigung überkommen, die Schwierigkeiten, die in ihrem eigenen Leben unlösbar erscheinen, buchstäblich in einem *anderen* Leben lösen zu wollen: in Tod oder Geburt oder in beidem zugleich. Eine Frau, die selbst nicht leben kann, kann unter Umständen mit großem Verlangen sich nach einem Kinde sehnen, um in diesem Kind und für dieses Kind zu leben; aber ein derartiges Leben anspruchsloser Hingabe und scheinbarer Selbstlosigkeit setzt doch nur das alte Unleben fort, und eine Mutter, die ganz (in) ihrem Kinde leben will, nötigt, ob sie es will oder nicht, ihr

Kind unfehlbar dazu, seinerseits ganz (in) der Mutter zu leben. Es gehört zu den schmerzlichsten Erfahrungen der Gegenfinalität des Unbewußten, wenn eine solche Frau erleben muß, daß sie mit allem Bemühen, mit all ihren Ängsten und schlaflosen Nächten, am Ende ihrem Kind das Leben zwar geschenkt, aber nicht ermöglicht, sondern im Gegenteil versperrt hat; doch gerade solch ein Ergebnis wird unvermeidlich sein, solange eine Frau die Lücken des eigenen Lebens dadurch zu schließen versucht, daß sie einem Kind das Leben schenkt. Die mangelnde Identität der Mutter gestattet es dem Kinde nicht, *seine* Identität zu entwickeln; vielmehr führt jede Abweichung des Kindes von der Eigenart seiner Mutter unter solchen Umständen zu einer schweren Verunsicherung und Infragestellung des eigenen Wesens, mit der Folge, daß die Mutter um so heftiger auf eine möglichst weitgehende Angleichung zwischen sich und der Wesensart ihrer Tochter drängen wird. – Der buchstäblich heißhungrige Wunsch der Mutter nach einem Kind könnte somit durchaus als ein erster Hinweis auf eine hintergründige Ambivalenz im Charakter dieser Frau verstanden werden, wie sie wenig später in der Dialektik von Mutter und Hexe tatsächlich in Erscheinung tritt.

Allerdings sollte man erwarten, daß eine solche innere Haltlosigkeit, wie wir sie bei Rapunzels Mutter annehmen dürfen, sich zunächst mit einer Reihe von Erwartungen an den eigenen Ehemann wenden und erst im Falle schwerer Enttäuschungen sich in die erlösende Hoff-

nung auf die Geburt eines Kindes verwandeln wird. In der Tat wird man nicht anders sagen können, als daß die Beziehung von Rapunzels Eltern zueinander höchst sonderbar anmutet, vorausgesetzt, man betrachtet den «Familienroman» des Mädchens wirklich als Verdichtung all der Faktoren, die auf Jahre hin seine Kindheit geprägt haben; das Verhalten von Rapunzels Eltern während der Schwangerschaft muß dann als symptomatisch für die Art ihrer Beziehung überhaupt betrachtet werden, und alsbald wird man in dem ehelichen Zusammenleben von Rapunzels Eltern auf eine ähnliche Dialektik stoßen, wie sie bereits in dem «Hunger» von Rapunzels Mutter sichtbar wurde.

Wenn Menschen wirklich einander lieben, wird das Gefühl sie beherrschen, wie von Ewigkeit her füreinander bestimmt und von der Hand Gottes zur rechten Zeit zusammengeführt worden zu sein. Umgekehrt ist KHALIL GIBRAN zuzustimmen, wenn er schrieb: «Wie töricht sind die Menschen, die glauben, daß die Liebe die Frucht eines langen Zusammenseins ist und aus ständiger Gemeinsamkeit hervorgeht. Die Liebe ist vielmehr eine Tochter des geistigen Einverständnisses, und wenn dieses Einverständnis nicht in einem einzigen Augenblick entsteht, so wird es weder in Jahren noch in Jahrhunderten entstehen.»[6] Die Ehe zwischen Rapunzels Eltern gleicht bei Lichte besehen einem Amalgam schwerer Angst, wechselseitiger Bemühtheit und erpresserischer Schuldverantwortung. Wie lange müssen Menschen miteinander leben, ehe sie

begreifen, daß aus Pflicht, Verantwortung und gutem Willen allein Liebe nicht erwachsen kann? Im Zusammenleben zwischen Rapunzels Eltern jedenfalls erscheint es wohl am furchtbarsten, wie sehr der Mann auf das treueste sich bemüht, den Wünschen seiner Frau zu entsprechen, ohne ihnen doch in Wahrheit entsprechen zu können: Er ist seiner Frau vollkommen dienstbar, ringt sich das Äußerste ab, ja, er tut für diese Frau vieles, was er im Grunde gar nicht will oder was sogar seiner moralischen Überzeugung widerspricht; aber er tut dies alles nicht von innen heraus und in Freiheit, sondern er hat im Grunde gar keine Chance, sich anders zu verhalten. Denn täte er so nicht, müßte er augenblicklich von dem Gefühl heimgesucht werden, den drohenden Untergang und den schleichenden Tod seiner Frau mitzuverschulden: Sie «fällt ab», sie droht zu sterben, und wenn ihr der Mann nicht selbst das Elixier zum Leben bringt oder, besser noch, sich selber in ein Lebenselixier für sie verwandelt, steht er, unwiderruflich scheinbar, als ein der fahrlässigen Tötung Angeklagter da. Mit anderen Worten: es ist an der Seite einer Frau wie Rapunzels Mutter für einen solchen Mann prinzipiell nicht möglich, an irgendeiner Stelle erlaubtermaßen nein zu sagen, sich abzugrenzen oder sich selber hinter die Mauern jenes ominösen «Gartens» zurückzuziehen.

Die volle Wahrheit über die hintergründige Widersprüchlichkeit, ja, über die tragische Unheimlichkeit der Beziehung zwischen Rapunzels Eltern erfahren wir indessen erst, wenn wir die eingangs getroffene Vermutung einmal als gegeben setzen: daß es ein und dieselbe Frau ist, die nicht nur gegenüber ihrem Kind, sondern bereits gegenüber ihrem Mann in höchst ambivalenter Weise sowohl als werdende Mutter wie als drohende Zauberhexe in Erscheinung tritt, und zwar vornehmlich in der Art, wie sie die «Liebe» versteht. Wohl geschieht es gar nicht selten, daß eine Frau während der Schwangerschaft von den seltsamsten Nahrungswünschen heimgesucht wird; mitunter haben derartige Regungen symbolischen Charakter, basieren sie auf Erinnerungen an bestimmte trostreiche Szenen der Kindertage und beantworten sie die Angst vor den Gefahren der Geburt; mitunter macht sich auch einfach ein ernährungsphysiologisch sinnvoller (oder zumindest subjektiv als sinnvoll betrachteter) Appetit nach fehlenden Nährstoffen geltend. In dem Märchen von *Rapunzel* aber handelt es sich in maßloser Steigerung solcher relativ normalen Bedürfnisse um ein Verlangen, das sich keinesfalls nur auf der Ebene von Appetit und Hunger verstehen läßt. Kein Zweifel: Dieser Frau geht es bei dem «Feldsalat» um Leben und Tod, und wir haben Grund zu der Annahme, daß der gierige Wunsch nach *den* Rapunzeln im Grunde nur das Verlangen nach *der* Rapunzel verdichtet und vorwegnimmt. So wie diese Frau ihre Schwangerschaft erlebt, so erlebt sie offenbar die ganze Existenz «ihres» Kindes: Sie hat es, wie man zu sagen pflegt, «zum Fressen gern», sie lebt davon, und sie kann ohne dieses Kind nicht existieren. Aber auch umgekehrt: Wenn es denn stimmt, daß sie unter allen Umständen Rapunzeln essen muß, um eine «Rapunzel» zur Welt zu bringen, so wird man diese Nahrungsgier kaum anders deuten können denn als eine in die Schwangerschaft verschobene Empfängnisphantasie, und damit scheinen wir neuerlich auf ein zentrales Problem in der Beziehung der Eltern einer Rapunzel zu stoßen.

Man weiß durch die Psychoanalyse, daß gerade die aus Angst gehemmte und in früher Kindheit fixierte Sexualität einer sehr starken oralen Komponente auch späterhin im Leben eines Erwachsenen nicht entraten wird. Insbesondere die Analyse von Depressiven liefert immer wieder das Bild einer Verschiebung sexueller Wünsche in orale Bedürfnisse, und vor allem in der Phantasietätigkeit spielt die orale Sexualität eine (übergroße) Rolle[7]. Dabei stellt die Oralität die erste Form «sexueller» Empfindungen (im FREUDschen Sinne) dar, und so kann es nicht verwundern, daß sich auch im Erleben eines Erwachsenen die frühesten Kindheitsphantasien über Zeugung und Geburt als orale Vorgänge wieder zu Wort melden, sobald unter dem Druck sexueller Gehemmtheiten die frühkindlichen oralen Erlebnisformen regressiv wiederbelebt werden. Dementsprechend findet sich in den Mythen und den Märchen der Völker recht häufig das Motiv der oralen Konzeption, wie ein jungfräuliches Mädchen eine bestimmte Frucht, einen Tannenzapfen, einen Fisch oder dergleichen ißt und dadurch ohne Zutun eines Mannes schwanger wird[8]. Phantasien dieser Art dürfen schon deshalb als die urtümlichsten Sexualvorstellungen gelten, weil ein Kind ohne Kenntnis der genitalen Sexualität die Veränderungen der Mutter während der Schwangerschaft geradezu zwangsläufig nach dem Vorbild der eigenen spürbaren Veränderungen im Bauchraum bei der Nahrungsaufnahme zu deuten pflegt: Der Leib der Mutter schwillt an, und so steht aus infantiler Sicht zu vermuten, daß das Kind auf dieselbe Weise in ihren Leib gekommen sein wird, wie die Aufnahme von Nahrung den eigenen Körper anschwellen läßt, während der Vorgang der Geburt entsprechend der «Kloakentheorie» in Analogie zu den analen Ausscheidungsvorgängen gedeutet zu werden pflegt[9]. Im Unbewußten können derartige infantile Zeugungs- und Geburtsphantasien sich um so besser festsetzen, wenn die wirklichen Vorgänge der Sexualität unter Angst und Schuldgefühlen vom Bewußtsein abgespalten bleiben; und so werden wir bei der maßlosen Gier speziell von Rapunzels Mutter nach Feldsalat am ehesten denken müssen, daß diese Frau die gesamte Sexualität, insbesondere die Vorgänge der Empfängnis, in ein kindlich-orales Szenarium zurückdrängt. Versteht man die orale Erlebniswelt dabei nicht nur als eine «sexuelle» Triebregung, sondern als Verlangen nach Anklammerung, Halt und Geborgenheit[10], so wird man insgesamt sagen müssen, daß Rapunzels Mutter gerade in dem Augenblick, da sie sich anschickt, selber ein Kind zu empfangen, mit ihren oralen Wünschen persönlich sich am stärksten danach sehnt, selber ein Kind zu sein; gerade in dem Moment, da sie selber zur Mutter werden soll, wird ihre Sehnsucht nach der eigenen Mutter riesengroß, und der Wunsch, ein Kind zu haben, ist bei ihr eigentlich ein verdrängter Wunsch nach der Rückkehr in die eigene Kindheit. Die tragische Widersprüchlichkeit, in der Rapunzel heranwächst, hat hier ihr inneres Zentrum.

Unter den gegebenen Voraussetzungen wird möglicherweise jetzt auch die lange Zeit der *Unfruchtbarkeit* recht gut verstehbar, in der Rapunzels Eltern auf die Ankunft ihres Kindes warten; denn es könnte durchaus sein, daß eine Reihe psychosomatischer Störungen auf seiten von Rapunzels Mutter bislang eine frühere Schwangerschaft verhinderten. In jedem Falle wird man die hoch gespannte, ständig zwischen Tod und Leben hin und her schwankende Beziehung zwischen Rapunzels Eltern während der Zeit der Empfängnis und Schwangerschaft in ihrer ganzen Dramatik erst wirklich verstehen, wenn man mit der angenommenen Identität von Mutter und Hexe an dieser Stelle wirklich ernst macht und demgemäß sogar in dem «Garten» der «Hexe» und in den «Rapunzeln» ein FREUDsches Symbol für den eigenen Körper sowie für die verborgene, buchstäblich gefährliche Erlebniswelt von Rapunzels Mutter erblickt. Gerade wenn die scheinbare Schwangerschaftsphantasie eigentlich als eine Zeugungs- bzw. Empfängnisphantasie zu lesen ist, erhält die entscheidende Szene in dem Familienroman von Rapunzel eine äußerst dramatische, aber zugleich sehr naheliegende

und jetzt fast selbstverständliche Bedeutung, offenbart sich darin doch das ganze Dilemma zwischen Rapunzels Eltern. Auf der einen Seite wird der Mann von seiner *Frau* in Dienst genommen, auf daß er ihr die lebensnotwendigen Rapunzeln mitbringe, um «Rapunzel» zur Welt bringen zu können; auf der anderen Seite aber wird er von *der Hexe* tödlich bedroht, *weil* er es gewagt hat, die unentbehrlichen Rapunzeln aus dem Garten zu entwenden.

Einen vernünftigen Sinn in diesem eigenartig widersprüchlichen Verhalten der beiden Frauen findet man paradoxerweise nur, wenn es sich, entsprechend unserer Annahme, im Grunde in beiden Gestalten wirklich um ein und dieselbe Person handelt. Nur so verstehen wir, wie unentrinnbar die Zwickmühle für Rapunzels Vater an der Seite einer Frau wie Rapunzels Mutter gestellt ist: Er hat wunsch- und befehlsgemäß, allein schon aus Verantwortung für das Leben seiner Frau, in den «Garten» der «Hexe» einzudringen; er hat, mit anderen Worten, gerade das Terrain zu betreten, das von seiner Frau ihr Leben lang wie etwas Fremdes und Unheimliches abgespalten wurde, und er muß von dort das rettende Lebenskraut zur Wegzehr seiner Frau herbeiholen; entsymbolisiert gesprochen, muß er sich mithin gerade in die verdrängten Erlebnisbereiche seiner Frau vortasten, nur um auf der Stelle auf deren Gegenreaktion in Gestalt der «Zauberin» zu treffen, die als eigentliche Herrin des «Gartens» jeden Eintritt in diesen verborgenen Bereich von Körperlichkeit, Sexualität und

wechselseitiger Liebe sich zürnend verbittet. Wenn wir eben noch sagten, man müsse Rapunzels Mutter in ihrem Verlangen nach einem Kind sich als eine Frau vorstellen, die jedes eigenen Lebensinhaltes und jeder Fruchtbarkeit in ihrem eigenen Dasein schmerzlich entbehre, so scheint die innere Aufspaltung ihres Wesens in Mutter und Hexe, mithin die vollkommene Verdrängung ihrer Bestimmung als Frau, den tieferen Grund für dieses unentrinnbare Dilemma zu bilden, an dem sie selber ihr Leben lang leidet und mit dem sie ängstigend und furchtbar ihren Mann bedroht, gerade wenn dieser tut, worum sie ihn den Worten nach auf Leben und Tod anfleht.

Deutlicher, als das Märchen es hier schildert, läßt sich dieser Konflikt nicht ausdrücken. Was im Leben von Rapunzels Mutter auf Jahre hin so gut wie undenkbar und unausgesprochen bleiben mußte, eben dazu wird ihr Mann jetzt aufgefordert; das all die Zeit Unfühlbare und Unwünschbare muß nunmehr sich vollziehen um des so sehr ersehnten Kindes willen. Aber sobald der Mann sich untersteht zu glauben, daß er damit seiner Frau als Person auch nur ein Stück weit werde näherkommen können, wofern er womöglich sogar wähnen sollte, er werde dadurch gemeinsam mit seiner Frau zum Vater eines gemeinsamen Kindes werden, da wird die «Hexe» vor ihm stehen und ihn entrüstet schuldig sprechen; denn wohl will diese Frau ein Kind, nicht aber die Liebe, wohl will sie einen Nachfolger, nicht aber einen Mann, wohl will sie eine

Aufgabe, nicht aber einen Partner. Der Mann infolgedessen muß den «Garten» im «Hinterhof» seiner Frau betreten und ihr die «Rapunzeln» zu «essen» bringen, aber er darf sich ihr um keinen Preis als Gatte nahen; buchstäblich gilt das Verlangen seiner Frau nicht ihm, sondern nur dem «Saatgut», das er aus dem «Garten» mitzubringen hat. Wie etwas Verstohlenes und Gestohlenes, des Nachts, voller Angst, als lebenrettende Maßnahme, ereignet sich somit, was eigentlich als ein Tun in Zärtlichkeit und Liebe wie selbstverständlich Ausdruck der Lebensfreude und des Mutes zur Weitergabe des Lebens sein sollte. Dieselbe Frau, die eben noch um die Speise der Fruchtbarkeit anhält, muß im gleichen Augenblick, da sich ihr Wunsch erfüllt, ihrem Mann als tödliche Gefahr entgegentreten und ihm bedeuten, daß er nur dann wird weiterexistieren dürfen, wenn er in alle Zukunft auf seine Frau als Frau verzichtet und in ihr einzig und allein die Mutter sieht, die *ihr* Kind, nicht das seine, von Geburt an in Besitz nimmt.

Es ist unter solchen Umständen wahrlich nicht zuviel behauptet, wenn man das Zusammenleben von Rapunzels Eltern mit manchen Paarungsbräuchen im Tierreich vergleicht, wo z. B. die Gottesanbeterin (die Mantis religiosa) das Männchen unmittelbar nach dem Vorgang der Begattung zu fressen droht, wenn es sich nicht rasch genug den Armen seiner Partnerin entwindet[11]. Ganz ähnlich hier: dasjenige, was der Mann, wenn schon nicht aus Liebe, so doch aus Verantwortung, für seine Frau

tun zu müssen glaubt, wird ihm eher Abscheu und Verurteilung, ganz sicher jedenfalls nicht Liebe und Gemeinsamkeit eintragen. Ja, die Bedingung, unter welcher das ganze eheliche Arrangement zwischen Rapunzels Eltern überhaupt nur zustande kommt, lautet gemäß diesem Märchen völlig korrekt, daß nach dem scheinbaren Tun der Liebe fortan allein die «mütterliche» «Fürsorge» den Ton angeben wird. Um es etwas zugespitzt zu sagen: So wie der Mann seine Pflicht als Ehemann, so wird seine Frau künftig ihre Pflicht als Mutter tun; aber niemals wird es etwas geben, das die Enge der pflichtgemäßen «Handlungen» durchbrechen könnte, und selbst das Kind, das aus dieser Ehe hervorgeht, wird niemals das Kind seiner Eltern, sondern stets nur das Kind seiner Mutter zu sein haben. Sobald diese Frau in Gestalt von Rapunzel «ihr» Leben geboren hat, wird sie in diesem Leben als in dem wesentlichen Teil ihres Selbst zu leben versuchen, und der Mann wird auf immer unter dem Bannstrahl der «Zauberin» von der Seite seiner Frau wie seines Kindes zu verschwinden haben. Tatsächlich hält dieser Mann «Frau Gothel» gegenüber als «Entschuldigung» für seinen Diebstahl im Garten denn auch nur die Rechtfertigung bereit, daß er – immerhin – seiner Frau das Leben habe retten wollen, als er ihr die Rapunzeln brachte; nie aber wird seine bemühte Verantwortung imstande sein, in seiner Frau ein Gefühl der Gemeinsamkeit und der Zusammengehörigkeit zu erwecken oder sie gar von ihrer Angst zu befreien, die jedes wärmere und tiefere

Gefühl zwischen den beiden schon im Ansatz verhindern muß.

Will man aus diesem Tatbestand die rechte Lehre ziehen, so wird man sagen müssen, daß es zur Liebe keinesfalls genügt, nur einfach «gut» und «pflichtgemäß» handeln zu wollen – eine zweifellos sehr bittere Lektion für alle Männer sittsamer Korrektheit und verantwortlicher Obsorge; es genügt auch nicht, sich in einem Leben der mitleidigen Betreuung einzurichten, ohne die Hintergründe aufzuarbeiten, die bis zur Umkehrung aller normalen Lebenswünsche dazu führen, daß lediglich ein Leben des Pflichtarrangements zustande kommen kann; es genügt noch weniger, einfach wie blind miteinander leben zu wollen, ohne zunächst einmal all die Barrieren beiseitezuräumen, die es verhindern, daß es jemals so etwas geben wird wie eine Einheit des Herzens und ein Verstehen der Seele. Und so muß Rapunzels Vater am Ende damit einverstanden sein, von der Geburt seiner Tochter an gegenüber seiner Frau und seinem Kind buchstäblich ein «Verlorener» zu sein, der nur die Rolle eines zufälligen Erzeugers zu spielen hat und der niemals dazu auserlesen sein wird, ein Gefährte des Lebens und der Liebe seiner Frau zu werden. Vom Tage an, da Rapunzel zur Welt kommt, wird er nicht mehr benötigt, und seine mutmaßliche Vaterrolle entpuppt sich als ein offenbares Mißverständnis. Die Kindheit des neugeborenen Kindes wird unter diesen Umständen einzig von dem Verhältnis zwischen Mutter und Tochter bestimmt sein.

Nun muß man freilich beachten, daß dieses Bild des elterlichen «Zusammen»-lebens sich allein im Spiegel des kindlichen Bewußtseins in derartiger Weise malt; es besitzt subjektiv eine unbedingte psychische und biographische Wahrheit, aber es muß nicht «wahr» sein im Sinne historischer Objektivität. Immer wieder, wenn man hört, wie Menschen ihre Kindheit (oder auch die Menschen ihrer gegenwärtigen Umgebung) schildern, muß man sich des Unterschiedes wohl bewußt bleiben, der zwischen dem subjektiven Erleben und Empfinden und der Wirklichkeit an sich besteht. Gleichwohl ist es zum Verständnis eines Menschen unerläßlich, seinen «Familienroman» aus seiner Sicht so gründlich wie möglich zu lesen und sich auf Schritt und Tritt zu fragen, was die dargebotene Geschichte für ihn selber besagen und über ihn selber aussagen will. Für eine Frau wie Rapunzel etwa bedeutet ein Familienroman, wie das Märchen ihn entfaltet, neben den genannten Faktoren wohl insbesondere, daß sie rückblickend vom ersten Tage ihres Lebens an sich in dem Bewußtsein wähnen muß, als *Retterin* ihrer Mutter auf die Welt gekommen zu sein.

Einzig von dieser Mentalität her versteht man offenbar ein Problem, das in der Interpretation besonders der *Sagen* und der *Mythen* eine erhebliche Rolle spielt[12]. Immer wieder nämlich bildet es einen Topos der *Heroenerzählungen*, daß der Held bzw. der Retter erst nach langer Zeit des Wartens und der *Unfruchtbarkeit* seiner Mutter auf die Welt gekommen sei. In *naturmythologischer* Bedeutung bezieht dieses Motiv sich zumeist auf die Hochzeit zwischen Himmel und Erde: Es ist in der Zeit der Dürre und der Trockenheit *die Mutter Erde,* die wartet, bis daß die Wolken des Himmels den befruchtenden Regen über das Land senden und aus ihrem Schoß das neue Leben erwecken[13]. *Psychologisch* hingegen wird man das Motiv von dem langen Warten auf die Geburt des «Helden» ganz wörtlich verstehen müssen: *Das* Kind ist ohne weiteres ein Retter und Erlöser, das die Mutter von der Unfruchtbarkeit und Ödnis ihres Lebens befreit und in gewissem Sinne ihrem Leben Jugend und Schönheit zurückschenkt; in ihm versammeln sich in der Tat alle Hoffnungen seiner Mutter, und wirklich scheint es nur zur Welt gekommen zu sein, um dem mütterlichen Bild der Sehnsucht und des Traumes Erfüllung zu schenken. Die lange Wartezeit selbst prädestiniert ein solches Kind förmlich zum Helden, Retter und Erlöser, und umgekehrt wird jeder, der als Kind bereits sich als Erlöser seiner Mutter (bzw. seines Vaters) fühlen mußte, sich das Mythem der langen Unfruchtbarkeit seiner Eltern, gleich, ob biologisch oder psychologisch, im Rückblick auf seine Kindheit in vergleichbarer Weise zurechtlegen mögen.

Freilich ist es nicht nur ein Vorzug, das ausgesprochene Wunschkind seiner Eltern zu sein, vielmehr muß ein derartiges Gefühl recht zwiespältig wirken. Einerseits wird ein Kind nur allzugern, ja, mit einem gewissen Stolz, diese Rolle sich aneignen, es wird naturgemäß eine gewisse Befriedigung darin erfahren, schon in sehr frühen Jahren als der einzige Besitz, als das ganze Leben, als die zentrale Kostbarkeit in den Augen seiner Mutter zu gelten; auf der anderen Seite aber muß ein solches Kind mit derartigen Erwartungen sich maßlos überfordert fühlen und in ständigen Ängsten und Schuldgefühlen sich gefangen sehen; denn gerade weil es ganz und gar in der *Dualunion* mit der Mutter aufzugehen hat, darf es niemals eine eigene Identität ohne seine Mutter oder womöglich sogar gegen seine Mutter aufbauen.

Das Paradox ist unvermeidlich, daß ein solches Kind von früh an, ganz wie vormals schon sein Vater, alles nur Erdenkliche für seine Mutter tun muß und ersatzweise ihr Leben zu sein und zu verkörpern hat, während es doch niemals ein eigenes Sein und Leben wird beanspruchen dürfen; umgekehrt nennt es eine Mutter sein eigen, die subjektiv bis zum Äußersten geht, um für ihr Kind, für ihr Ein und Alles, dazusein, nur daß wiederum dieses Übermaß an Aufmerksamkeit und Fürsorge das Kind mit maßlosen Schuldgefühlen dazu zwingt, sich seinerseits in allen möglichen Belangen dem Wohl der Mutter zu opfern, kaum daß es auf die Welt gekommen ist. Zwischen der Mutter einer «Rapunzel» und ihrer Tochter besteht mithin ein wechselseitiges Arrangement der Stellvertretung, indem jeder das Leben des anderen und folglich niemals sein eigenes Leben zu leben vermag. Dabei entwickelt gerade eine solche parasitäre Symbiose die Neigung, ja den Zwang, ein ganzes Leben lang bestehen zu bleiben, denn die ursprüngliche Angst, die in dieser merkwürdig zwiespältigen Dualunion zwischen Mutter und Tochter gebunden wird, müßte sofort wieder aufbrechen, sobald die Gefahr einer Auflösung dieser Beziehung drohen könnte, wird doch die Angst der Mutter sogleich zur Angst des Kindes und umgekehrt die Angst des Kindes zur «Sorge» der Mutter. Gleichwohl wird der Faktor der Angst auch innerhalb einer solchen «Rapunzel»-Beziehung sich nicht wirklich beseitigen lassen – er bestimmt vielmehr das gesamte Klima, er ist ständig gegenwärtig, er ist so vertraut wie das Ticken einer Standuhr, das sich gerade infolge seiner Regelmäßigkeit der bewußten Wahrnehmung entzieht.

Um ein Beispiel zu geben: Eine Frau, ca. 30 Jahre alt, deren Leben wie ein einziger Kommentar zu der bisher erörterten Problematik einer Rapunzel anmutet, berichtete, daß sie seit Kindertagen in Todesangst um das Leben ihrer Mutter habe leben müssen. Wohlgemerkt: Die Mutter dieser Frau lebt heute noch und erfreut sich, trotz jahrzehntelanger psychosomatischer Herzbeschwerden, einer verhältnismäßig rüstigen Gesundheit; für diese Frau selbst aber bestand bereits als Kind das Problem, wie sie mit aller Liebe, Aufopferungsbereitschaft und Sorgfalt von Tag zu Tag immer wieder von neuem ihrer Mutter buchstäblich das Leben retten könnte. Stets, wenn sie als Mädchen von der Schule nach Hause kam, mußte es angstvoll für ungewiß gelten, ob ihre Mutter noch lebte oder schon tot war; während andere Kinder draußen spielten, hatte sie an der Seite ihrer Mutter im Haushalt auszuhelfen, und die unablässige Todesdrohung der Mutter führte unausweichlich dazu, ständig nach weiteren Indizien zu suchen, ob erneut für Leib und Leben der Mutter Gefahr im Verzuge sei. Vor allem aber nötigte die unvermeidbare innere Enttäuschung, Empörung und Auflehnung gegen die Haltlosigkeit und Unzuverlässigkeit der Mutter schließlich dazu, daß diese Frau schon als Kind alle möglichen Gefühle von Zorn, Haß und Verachtung gegen sich selber richten mußte: Die chronische Angst, Mutter könnte sterben, beantwortete sie sehr früh schon mit ausgedehnten Phantasien vom eigenen Tod; statt die ewig leidende und Mitleid heischende Mutter tot zu wünschen, sehnte sie in jedem Konfliktfall für sich selbst den Tod herbei; und die Angst, von der sterbenden Mutter im Stich gelassen zu werden, ersetzte sie sehr bald durch die Aussicht, nach dem Tode, im Himmel, bei Gott das so lang ersehnte Paradies der Kindheit wiederzufinden. Schließlich wurde ihr, in identischer Gleichförmigkeit zur Charakterart ihrer Mutter, der Wunsch zu sterben wichtiger als der Wunsch zu leben, bedeutete der Tod ihr doch nunmehr die Pforte zu einer endgültigen, enttäuschungsfreien Sicherheit und Geborgenheit. Lediglich das Gefühl der Pflicht, für ihre Mutter am Leben bleiben zu müssen, hinderte sie, ihren regressiven Vorstellungen freien Lauf zu lassen; aber noch längst vor der Pubertät sah diese Frau sich als Kind in eine vollendete Rapunzel-Situation gestellt: Sie mußte leben, um für ihre Mutter zu leben; aber im Grunde wollte sie gar nicht mehr leben, eben weil sie nur um ihrer Mutter willen leben mußte. Jede Art von berechtigter Selbstdurchsetzung und notwendiger Aggressivität wurde deshalb, in Umkehrung der mütterlichen Todesdrohung, durch eigene Todeswünsche ersetzt. «Bestimmt wird Gott mich bald schon zu sich nehmen» – dieser Gedanke bildete für sie beizeiten die einzige Form, dem Druck ihrer Umgebung ein Nein entgegenzusetzen. Und wenn das Märchen von *Rapunzel* meint, daß *Gott selbst* einer solchen Mutter (bzw. solchen Eltern) ein Kind gegeben habe, so versteht man wohl, daß es umgekehrt sehr bald schon zu dem stärksten Wunsch einer «Rapunzel» werden kann, Gott möge ihr das Leben sobald als möglich wieder nehmen.

Zu einer derartigen wechselseitigen *Identifikation* zwischen Rapunzel und ihrer Mutter gehört nun freilich nicht nur das Gefühl einer im Grunde tödlichen *Überverantwortung;* es zählt dazu im Umkreis einer totalen Usurpation aller Liebe und Aufmerksamkeit der Tochter auch eine außerordentliche *Einengung speziell der sexuellen Erlebniswelt.* Auch als Mädchen und Frau wird Rapunzel nicht anders sein dürfen denn das Abbild und der Widerschein seiner Mutter.

Von S. FREUD wissen wir, daß die Sexualentwicklung eines Mädchens von einem bestimmten Zeitpunkt an durch eine herbe Enttäuschung an der Mutter geprägt ist, indem die Liebe des Kindes normalerweise in der ödipalen Phase sich von der Mutter löst und sich dem Vater zuwendet[14]; gerade die übliche Konkurrenz und Rivalität zwischen Mutter und Tochter um die Gunst des Vaters führt in dieser Zeit dazu, daß das Mädchen erstmals seine eigene weibliche Identität im Unterschied und in Übereinstimmung mit dem Vorbild seiner Mutter zu definieren wagt, ehe dann die sogenannte Latenzzeit eine gewisse Ablösung auch von der Vaterbindung herbeiführt. In der Geschichte einer Rapunzel hingegen spielt der Vater, wie wir gesehen haben, von Anfang an nur die Rolle des Erzeugers, er tritt niemals als Gegenüber und Partner von Gefühlen der Zuneigung und Zärtlichkeit in den Augen seiner Tochter in Erscheinung, ja, er ist unter dem Anspruch der Mutter-Zauberin von vornherein als nicht-existent zu betrachten, so daß es zu einer eigentlichen Abwendung des Mädchens von seiner Mutter in Richtung einer wachsenden Liebe zu seinem Vater gar nicht erst kommen kann.

Natürlich kann ein solcher Ausfall des Vaters in der Biographie eines Mädchens von der Art einer «Rapunzel» auch bereits rein äußerlich bedingt sein. Als *ein* Beispiel für ein solches Schicksal, wie es Zehntausende erleben mußten, mag die Tragödie einer heute etwa 40jährigen Frau stehen, die in den letzten Kriegsmonaten zur Welt kam und deren Vater wenige Wochen nach der Geburt seiner Tochter bei einem Luftangriff auf tragische Weise ums Leben kam. Für ihre Mutter, die in ihrer noch jugendlichen Lebensunerfahrenheit gerade in dieser Zeit der Hilfe und des Beistandes ihres Mannes dringend bedurft hätte, bedeutete sein jäher Tod einen Schicksalseinbruch, mit dem sie ihr ganzes Leben lang nicht mehr zurechtkommen konnte. Sie hatte ihren Mann, der ebenso hilfsbereit, fürsorglich und verantwortungsbewußt auftrat wie unser vorliegendes Märchen Rapunzels Vater schildert, nahezu abgöttisch verehrt, und seine letzten Worte beim Abschied blieben ihr ewiges Vermächtnis: sie solle die Tochter zu einem guten und frommen Menschen erziehen gemäß den Grundsätzen und Werten, nach denen sie selber ihre Ehe zu leben versucht hätten, und Gott werde ihr beistehen in allen Krisen und Nöten. Sich an dieses Memorial ihres verstorbenen Gatten zu halten, wurde zum Lebensinhalt dieser Frau. Früh schon fiel der Tochter deshalb die Aufgabe zu, der Mutter den fehlenden Gemahl zu ersetzen und dem Idealbild ihres Vaters nachzueifern. In ihrem ganzen Dasein hatte sie die Lebensleere ihrer Mutter zu füllen und ihre Traurigkeit zu trösten, indem sie nach und nach zu einem lebendigen Porträt ihres Vaters heranwuchs. Keine Freude der Mutter war größer, als wenn sie zu ihrer Tochter anerkennend sagen konnte: «Ganz wie dein Vater», · kein Schmerz aber focht sie bitterer an, als wenn sie mahnend und mit sorgenvollem Antlitz glaubte sagen zu müssen: «So wäre dein Vater nie gewesen.» – Der «*Vater*», der in dem Rapunzelmärchen *fehlt*, ist somit als Wunsch, als Ideal, als Anspruch und Beurteilungsmaßstab für Rapunzel selbst stets gegenwärtig; seine faktische Nichtexistenz verleiht ihm durch die ungestillten Träume und Sehnsüchte der Mutter eine Dichte des Daseins, wie sie einem wirklich existierenden Vater nur schwerlich vergönnt sein dürfte.

Beispiele dieser Art ließen sich gewiß endlos variieren. Es müssen aber keinesfalls äußere, physische Gründe sein, die den Vater aus dem Bereich der lebendigen Erfahrung von der Seite seiner Tochter entfernen. Wirksamer noch als alle Trennungen des Raumes und der Zeit sind die Distanzen der Seele, die Menschen voneinander entfernen. In jedem Falle werden wir uns zum Verständnis des Familienromans einer «Rapunzel» beides zugleich denken müssen: zum einen, daß die *fühlbare* Entfernung zwischen Vater und Mutter die Gestalt des Vaters, eben weil er fehlt, für die Tochter in geradezu phantastischen Dimensionen erscheinen läßt – wirklich wird es später als eines Partners der Liebe mindestens eines «*Königssohnes*» bedürfen, um die Zuneigung einer «Rapunzel» zu erringen; zum anderen wird man den Alltag zwischen Mutter und Tochter sich wohl als eine unablässige narzißtische Überbesetzung des Ichs der Tochter vorstellen müssen: diese Tochter ist ihrer Mutter Liebstes, Eigenstes und Wichtigstes; sie ist ihr ganzer Stolz, sofern sie die Erwartung unterstützt, daß sie wie ihre Mutter ist und so zu werden verspricht, wie der Vater als Ideal ihr vor Augen gestellt wurde. Man muß davon ausgehen, daß es einer «Rapunzel» wirklich gelingt, derartigen Anforderungen zu entsprechen und darin sogar ein gewisses Glück zu finden; aber der Preis für ein solches Leben in erzwungenen Rollen ist hoch; denn die wichtigste Aufgabe im Leben: ein eigenes Ich auszubilden, muß einem solchen Kind unter der Last so vieler und widersprüchlicher Erwartungen naturgemäß unendlich schwer fallen.

Alles in allem können wir somit zu unserer Eingangshypothese von der Doppelrolle von Mutter und Zauberin im Charakter von Rapunzels Mutter zurückkehren: Um das Wesen und die Eigenart einer «Rapunzel» zu verstehen, müssen wir, ganz entsprechend dem Familienroman dieses Märchens, von einer wesentlich *vaterlosen* Kindheit ausge-

hen, in der die Mutter in ihrer Angst und Fürsorge ebenso dominant wie ambivalent ihrer Tochter gegenübersteht, indem sie in höchst zwiespältiger Weise *als Mutter* wünscht, daß ihre Tochter lebt, zugleich aber als «Zauberin» sich außerstande zeigt, ihre Tochter zu einem eigenen Leben sich entfalten zu lassen. Alle Konflikte des späteren Lebens sind in dieser eigentümlichen Konstellation bereits vorgezeichnet; aber die eigentliche Krise einer solchen Daseinsform der Überidentifikation und der Abhängigkeit bezüglich der im Positiven wie im Negativen übermächtigen Person der

Mutter wird unfehlbar an jener Stelle aufbrechen, da Rapunzel (mit Beginn der Pubertät; siehe hierzu Tafel 1) zur Liebe heranreift und zum erstenmal wird wählen müssen zwischen dem Wagnis einer bedingungslosen Verbundenheit mit einem anderen Menschen, dessen Nähe das Herz weit macht bis zum Horizont, oder der Absicherung jener unbedingten Gebundenheit an die eigene Mutter, die das Leben in Angst und Enge erstickt, kaum daß es beginnen könnte. (Vgl. zum Ganzen die Darstellung bei Edvard Munch, Mutter und Tochter, s. Tafel 3.)

Der Gesang der Einsamkeit

Wohl regelmäßig wird die Jugend einer Rapunzel unter den gegebenen Umständen vergehen wie ein Traumbild. Wo kein eigenes Leben sich entfalten kann, haftet auch keine eigene Erinnerung, und so gibt es im Leben von Rapunzel weder eine Vergangenheit noch eine Zukunft, nur ein Verdämmern im Augenblick. Viele Frauen, deren Lieblingsmärchen schon in Kindertagen die Geschichte der *«Rapunzel»* gewesen sein mag, werden dementsprechend im Rückblick auf ihre Kindheit von sich sagen, daß in ihrer Jugend durchaus «nichts besonderes» sich ereignet habe, alles sei unauffällig und «normal» verlaufen, es gebe nichts, was sich ihrem Gedächtnis eingeprägt habe. Indessen verrät spätestens der Eintritt in die Pu-

bertät, daß der Einfluß der Mutter ein unsichtbares Gefängnis um das Leben eines Mädchens wie Rapunzel errichtet haben muß: Wenn das Märchen sagt, die «Zauberin» habe Rapunzel, kaum daß sie zwölf Jahre alt geworden sei, in einen Turm gesperrt, so wird man denken dürfen, daß in dieser Zeit nicht etwas völlig Neues sich ereignet hat, sondern daß jetzt lediglich zum erstenmal bemerkbar wird, was entsprechend dem ganzen Familienroman von Rapunzels Jugend sich über Jahre hin schon vorbereitet hat: die Mythisierung der Rolle als Frau.

Unzweifelhaft greift das Märchen von «Rapunzel» an dieser Stelle auf Motive der *Mondmythologie* zurück, wie um zu sagen, daß die Wirklichkeit des Lebens

in Rapunzel sich mit Beginn der Pubertät auf sonderbare Weise spaltet zwischen Tag und Traum, zwischen Wissen und Wünschen, zwischen Rücksicht und Sehnsucht[15]. Ähnliche Motive kennt man aus vielerlei Erzählungen. In der Legende der hl. Barbara, der Patronin der Bergleute z. B.[16], wird berichtet, sie sei von ihrem Vater, dem reichen Heiden Dioskuros von Nikomedien, in einen Turm gesperrt worden, um sie vor der Welt und der Botschaft des Christentums zu bewahren; was väterliche Eifersucht dort, erreicht die mütterliche Obsorge hier. Wie der Mond in seiner prachtvollen, traumhaften Schönheit sich den Blicken der Betrachter zu Zeiten entzieht, so muß auch Rapunzel vor der Neugier (der Männer) in sicherem

Gewahrsam versteckt werden[17]; gleichwohl fällt ihr goldenes Haar, wie die goldenen Strahlen des Mondes, einer Himmelsleiter ähnlich, auf die Erde herab und gewährt demjenigen Einlaß, der zu ihr hinaufsteigen möchte[18]; vollends an den Mond gemahnt das Motiv von den abgeschnittenen Haaren, die den Strahlenkranz des untergehenden Lichtgestirns versinnbilden[19] – ein entsprechendes Symbol überliefert z. B. die Bibel in der Gestalt des Sonnenhelden Samson, dem seine ungetreue Frau Dalilah die Haare abschneidet, um ihn in diesem Zustand der Schwäche der Gewalt der Philister zu überantworten (Ri 16,16–21); auch das Motiv von der *Erblindung* des Königssohnes am Ende der Erzählung fügt sich als Motiv in die klassische Symbolsprache der uralten Mythe von der unglücklichen Liebe von Sonne und Mond[20], die, wie Rapunzel und der Königssohn, nur in der Dunkelheit (bei Neumond) einander nahen können und zu ihrem Leidwesen (immer wieder) von einer grausamen Macht (der «Zauberin») voneinander getrennt werden[21].

Psychologisch weist dieses alte Mythenschema offenbar auf eine schicksalhafte Prädestination zum Unglück hin, auf ein Getto von Schuldgefühlen, das gleich von Beginn der Pubertät an Rapunzel unentrinnbar umgibt. Schon rein äußerlich läuft somit alles darauf hinaus, daß das Mädchen nicht anders zu leben hat als seine Mutter früher: Bewohnte diese ein Haus, das nur durch ein «kleines Fenster» einen Ausblick in den Garten der «Zauberin» freigab, so wird jetzt

Rapunzel in einen Turm gesperrt, der, allseits völlig unzugänglich, nur durch «ein kleines Fensterchen» Kontakt und Einlaß gewährt. Deutlicher kann das Märchen kaum sagen, daß Rapunzels «Turm» nichts anderes darstellt als das Haus der Mutter, das sich, nunmehr «in einem Walde» liegend, in seiner unbewußten Wirklichkeit als ein Kerkerdasein ohne Anfang und Ende darbietet.

Eine solche Parallelisierung zwischen der «Architektur» des mütterlichen Wohnhauses und Rapunzels Gefängnis läßt sich jedoch nicht nur in *einer* Richtung, von der Mutter in bezug zur Tochter, lesen; sie erlaubt auch gewisse Rückschlüsse von dem Schicksal Rapunzels auf die Erlebniswelt ihrer Mutter – die Gleichheit der Gebäude markiert unzweifelhaft eine Vergleichbarkeit der Gefühle zwischen Mutter und Tochter, und wenn wir eingangs die Symbole des «Gartens» und der «Gier» der Mutter nach den «Rapunzeln» nur erst noch relativ hypothetisch auf ausgeprägte sexuelle Gehemmtheiten von Rapunzels Mutter gedeutet haben, so finden wir unsere Vermutungen jetzt vollauf bestätigt. Denn nicht nur, daß die Mutter das Erwachen ihrer Tochter zur Frau offenbar mit der größten Angst zu tabuisieren sucht, man wird annehmen müssen, daß sie auf ihre Tochter nicht viel anders reagiert, als sie selber ihr eigenes Leben hat zubringen müssen: als ein endloses, sehnsüchtiges Warten am Fenster, als ein Verhocken im Gefängnis lebensfeindlicher Ängste und Gehemmtheiten, als ein inneres und äußeres Dahinsiechen in dem Bergwerk endloser Rituale

möglicher Schuldvermeidung. – Solche einander ergänzenden und wechselseitig kommentierenden Beziehungen bilden in jeder Märcheninterpretation natürlich ein äußerst wichtiges Indiz dafür, ob eine einzelne symbolistische Deutung in der Auslegung eines Märchens, eines Mythos oder eines Traumes als «richtig» betrachtet werden darf oder nicht[22].

Um sich ein rechtes Bild von dem «Turm» zu verschaffen, in den Rapunzel gesperrt wird, darf man gewiß nicht einfach unterstellen, daß die «Zauberin» ihrer Pflegetochter die Entwicklung zu einer eigenständigen Frau schlechthin untersagen wollte. Gemäß der ambivalenten Gebrochenheit des gesamten Charakters von Rapunzels Mutter wird man vielmehr gerade in diesem zentralen Bereich der seelischen Entwicklung dieselbe Widersprüchlichkeit vorauszusetzen haben, die wir bislang in jedem Detail beobachten konnten. Rapunzel, versichert uns das Märchen, ist ein überaus schönes Kind, voller Anmut und Liebreiz, und die Mutter eines solchen Mädchens wird gewiß alles nur Erdenkliche unternehmen, um ihren Sonnenschein ins rechte Licht zu rücken: von früh an wird sie das Mädchen auf das entzückendste und vorteilhafteste kleiden; mit ängstlichem Bedacht wird sie es in der Kunst unterweisen, sich selber geschmackvoll und apart in Szene zu setzen, und ohne es selber besonders zu merken, wird sie geneigt sein, allen möglichen Gefühlsregungen und Ausdrucksformen im Leben ihrer Tochter einen ebenso verheißungsvollen wie bedrohlichen Nebensinn beizumessen.

Das ganze Leben Rapunzels wird auf diese Weise von Anfang an durchsexualisiert sein, ohne indessen jemals eine erlebbare sexuelle Empfindung oder Erfahrung zulassen zu dürfen[23]; denn käme es dazu, so müßte die Gettoschranke der mütterlichen Verbote augenblicklich Rapunzels Ich gefangennehmen.

«Ich mußte», sagte diesbezüglich eine Frau einmal von ihrer Kindheit, «zu Hause stets die Rolle der Lilofee spielen; wagte ich aber mich einmal aus dem Reich der Träume in die Wirklichkeit, bekam ich tagelang Hausarrest.» Ganz ähnlich wird man sich Rapunzels Leben im «Turm» vorstellen müssen. – ARTHUR KAUFMANN hat 1927 einmal das Bild *Drei Mädchen am Fenster* gemalt (siehe Tafel 4): Es ist die Darstellung von zwei Schwestern, die eine hell, die andere dunkel gekleidet, die sehnsüchtig am offenen Fenster eines Hochhauses auf die Straße schauen; im Spiegel des Fensterglases sieht man einen Mann vorübergehen; durch die Gaze des Fenstervorhangs aber, mitten zwischen den beiden, erkennt man die Gestalt eines unbekleideten Mädchens, das sich gerade kämmt, mit trauriger Miene, ohne zu wissen, für wen. Ganz so, zerrissen zwischen Angst und Hoffnung, zwischen Vorsicht und Aussicht, zwischen üppiger Phantasie und schmerzlicher Leere, wird Rapunzels Jugend am «Fensterchen» ihres «Turmes» dahindämmern, nicht anders als R. M. RILKE es in einem seiner Gedichte *Von der Armut und vom Tode* im *Stundenbuch* einmal beschrieb: «Da wachsen Kinder auf an Fensterstufen, / die immer in demselben Schatten sind, / und wissen nicht, daß draußen Blumen rufen / zu einem Tag voll Weite, Glück und Wind, – / und müssen Kind sein und sind traurig Kind.»[24] Besser als mit diesen Zeilen wird sich Rapunzels Jugend am Fenster nicht in Worte fassen lassen. Ähnlich heißhungrig wie Rapunzels Mutter nach den Rapunzeln wird Rapunzel mithin selber Ausschau halten nach dem verborgenen Garten der Liebe, und es wird kein Mittel geben, ihre Sehnsucht der Mutter begreifbar zu machen.

Allerdings kommt es an dieser Stelle sehr darauf an, die spezifische Form von Rapunzels sehnsuchtsvoller Traurigkeit und wartender Beengtheit genau genug zu verstehen, und dazu müssen wir die Art der Beziehung zwischen (Stief-)Mutter und Tochter noch ein Stück weit präziser zu beschreiben suchen. Am besten läßt sich dieses eigentümliche Verhältnis wohl im Vergleich mit einem sehr ähnlichen und eben doch ganz anderen Märchen, an der Geschichte von *«Schneewittchen»*, verdeutlichen.

Auch das Märchen von *«Schneewittchen»* berichtet davon, wie eine hexenartige Stiefmutter ein wunderschönes Mädchen mit allen Mitteln daran hindern will, sich als Frau zu entfalten[25]; aber das Problem *dieses* Märchens entzündet sich an der Frage weiblicher Konkurrenz: die Stiefmutter fühlt sich durch die Schönheit ihrer Tochter aufs äußerste gekränkt und zurückgesetzt, und so will sie ihre Tochter zunächst durch einen «Jäger» erschießen lassen – d. h., sie erzeugt in ihrer Tochter eine solche Angst vor der männlichen Aggression, daß Schneewittchen zu den sieben «Zwergen» flieht, also in die Kindheit regrediert. Die Stiefmutter indessen sucht in der Folgezeit dreimal, als Krämerin verkleidet, Schneewittchen auf, angeblich um ihr zu zeigen, wie sie als Frau ihre Schönheit noch wirkungsvoller zur Geltung bringen kann. So schnürt sie das Mädchen, damit es «ordentlich» aussieht, in ein Korsett, zieht aber die Riemen so eng zusammen, daß Schneewittchen daran beinahe erstickt: Das Mädchen muß mithin immer wieder auf das verlockende Angebot hereinfallen, ganz nach dem Willen und Vorbild ihrer Stiefmutter sich schön machen zu dürfen und zu sollen; aber kaum daß sie sich, entgegen dem Rat ihres kindlichen Überichs (der «Zwerge»), auf die scheinbar so fürsorglichen Anweisungen ihrer Stiefmutter einläßt, wird sie von dieser (bzw. von ihren eigenen Schuldgefühlen) mit dem Tode bestraft. Desgleichen versucht die Stiefmutter Schneewittchens schwarze Haare «ordentlich» zu kämmen, aber der Kamm ist vergiftet, und es ist erneut für Schneewittchen ein und dasselbe, als Frau so schön sein zu wollen *und zu sollen* wie ihre Stiefmutter und für die Erfüllung dieses gehorsamen Wunsches auf der Stelle umgebracht zu werden. Als schließlich die Stiefmutter Schneewittchen gar einen Apfel zu essen gibt, der zur Hälfte weiß und genießbar, zur Hälfte rot und vergiftet ist, fällt Schneewittchen wie tot um und bleibt «lange, lange Zeit» in einem gläsernen Sarge liegen: Der Apfel der Liebe, dieses uralte Symbol des Sündenfalls[26], hat demnach nur in seiner «weißen», asexuellen, «unschuldigen» Seite für eßbar zu gelten, während die vitale «rote» Seite mit tödlichen Schuldgefühlen vergiftet ist, die jede weitere Entwicklung in einer unlebendigen Starre gefangenhalten.

Zwischen dem gläsernen «Sarg» Schneewittchens und dem «Turm» Rapunzels ist, symbolisch betrachtet, an sich gewiß kein Unterschied – beide Chiffren stehen für ein Leben, das kein Leben mehr ist, für ein Dasein in Einsamkeit und Gefangenschaft, für ein Unleben in völliger Blockierung aller Entwicklungsmöglichkeiten. Aber die Art und die Ursache der seelischen Einengung sind hier wie dort auf charakteristische Weise verschieden. Im Märchen von *«Schneewittchen»* handelt es sich um ein Drama der Rivalität zwischen (Stief-)Mutter und Tochter, in dem bereits ein gewisses Maß an Selbständigkeit auf seiten des heranwachsenden Mädchens vorauszusetzen ist; insbesondere Schneewittchens Flucht zu den «Zwergen» verweist auf eine Form von Rückzug in die eigene Isolation und von innerer Emigration, für die bereits eine erhebliche Loslösung von der (Stief-)Mutter erforderlich ist. Demgegenüber ist das Märchen von «Rapunzel» weit stärker von depressiven Zügen durchsetzt, indem die Beziehung zwischen (Stief-)Mutter und Tochter hier nach Art einer Dualunion auf Identifikationen beruht, die noch weit unterhalb der Schwelle angesiedelt sind, an der es so etwas wie Konkurrenz und Eifersucht geben könnte. Das Gefühl eines «Schneewittchens» ist es, daß es zwar so sein muß

wie seine Mutter, daß aber gerade seine Mutter ihm sogleich zur Feindin und Verfolgerin wird, wenn sie mit diesem Bemühen erfolgreich ist; eine «Rapunzel» demgegenüber unterliegt wohl auch der Pflicht, sich an ihre Mutter anzugleichen; aber solange ihr dies gelingt, ist sie in der Nähe ihrer Mutter mit ihrem Dasein buchstäblich «aufgehoben»; erst wenn sie von der Wesensart ihrer Mutter *abweicht* oder sich gar mit eigenen Gefühlen an einen anderen Menschen als ihre Mutter wenden sollte, droht ihr die Strafe der Verstoßung und Verbannung. Der seelische Terror einer «Rapunzel» richtet sich nicht dagegen, schön zu sein, vielmehr ist sie gerade in ihrer Schönheit der ganze Stolz ihrer Mutter; die schwersten Verfolgungsängste hingegen brechen aus, sobald eine «Rapunzel» jemanden liebt, der nicht ihre Mutter ist. Diese ihre Mutter aber ist mithin zugleich ihr Leben und ihr Tod, ihr Zuhause und ihr Kerker, ihr Paradies und ihr Grab, ihr Gott und ihr Dämon, ihr Himmel und ihre Hölle. – Nur schwerlich wird sich ein Konflikt zwischen einer Mutter und ihrer Tochter finden lassen, der dramatischer und tragischer wäre als dieser.

Und dennoch liegt gerade in der enormen Ambivalenz einer solchen Dualunion zwischen Mutter und Tochter wie im Märchen von «Rapunzel» auch eine merkwürdige Wechselseitigkeit von Bestätigung und Anerkennung, die sich nicht nur erneut von dem Rivalitätskonflikt (und dem entsprechenden Minderwertigkeitsgefühl auf seiten der Mutter) im Märchen von *«Schneewittchen»*

unterscheidet, sondern auch die Zähigkeit und Langlebigkeit einer solchen «Rapunzel»-Beziehung verständlich macht. Ein «Schneewittchen» wird dafür beinahe getötet, daß es wie seine Mutter werden könnte; eine «Rapunzel» hingegen hat nicht nur ihrer Mutter gleich zu sein, sie hat auch selbst ihren eigenen Stolz darein zu setzen, mit ihrer Mutter, im Unterschied zu allen anderen, *identisch* zu werden, ja, zunehmend sogar die Rolle mit ihrer Mutter zu tauschen. Auch so wird man das Symbol des *«Turmes»* verstehen müssen, in den Frau Gothel ihre (Stief-)Tochter einsperrt: daß Rapunzel in ihrer zwangsweisen Unnahbarkeit subjektiv turmhoch über allen anderen schwebt und mit fortschreitendem Alter sogar ihre Mutter bei weitem überragt. Es ist ein unerhört sprechendes Bild, das die innere Struktur dieser sonderbaren Beziehung zwischen Rapunzel und ihrer Mutter wohl am deutlichsten offenbar macht, wenn das Märchen erzählt, daß die «Zauberin» sich jeden Tag an den wunderschönen langen, goldenen Haaren des Mädchens «hochziehen» lasse. Buchstäblich bewahrheitet sich jetzt, was wir eingangs schon annehmen durften: daß diese Frau ohne ihre Tochter nicht leben kann und schon deshalb die größte Angst haben muß, Rapunzels Liebe zu verlieren. Sie blickt zu ihrer Tochter auf wie zu einer weltenthobenen Königin, und wirklich muß sie selber sich glücklich preisen, wenn sie an Rapunzels goldenen Haaren immer von neuem zu dem Niveau ihrer Tochter emporgehoben wird; ja, es vergeht bald schon kein Tag mehr, an dem diese Frau ihr Kind nicht darum bitten wird, es möge sich mit Hilfe seiner Haare zu ihr «herablassen» und ihr die Gunst gewähren, in dem selbstgeschaffenen Kerker ihrer Obhut Aufnahme zu finden. Spätestens vom Beginn der Pubertät an ist Rapunzel mithin vor aller Leute Augen die einzig wirkliche «Erhöhung» und Auszeichnung ihrer Mutter.

Nun ist diese Rolle Rapunzels, der (Stief-)Mutter Stolz und Wertschätzung zu verkörpern, nicht eigentlich neu – es war und ist die Rolle ihres Lebens –, und doch hat sich jetzt etwas Entscheidendes geändert, das in den goldenen Haaren selber seinen Ausdruck findet: Rapunzel ist eine liebenswerte, heiratsfähige Frau geworden; sie droht somit der Aufsicht und Kontrolle ihrer Mutter zu entgleiten, und, was am schlimmsten ist: sie wird bald selbständig genug sein, um der fürsorglichen Abhängigkeit von ihrer (Stief-)Mutter an sich nicht länger mehr zu bedürfen. Der (Stief-)Mutter umgekehrt droht jetzt zunehmend der Boden zu entschwinden, auf dem das Zusammenleben mit ihrer Tochter jahrelang gegründet war. Was also kann sie anderes tun, als die Abhängigkeit ihrer Tochter zu ersetzen durch eigene Abhängigkeit? Je älter die Tochter wird, desto lobender und anerkennender wird deshalb die (Stief-)Mutter zu ihr und von ihr sprechen, ja, sie selber wird sich in dem Beifall für ihre Tochter geradezu demütigen, indem sie nunmehr offen ausspricht, was all die Jahre zuvor bereits zu vermuten stand: daß sie selbst nichts wäre ohne ihre Tochter, daß sie in ihrer Lebensleere dem Himmel förmlich dankt für ihre Tochter und daß diese ihre Tochter all ihre Freude, all ihr Glück und all ihr Hoffen ist – und folglich bleiben muß. Denn verhängnisvollerweise dienen die Abhängigkeitserklärungen der (Stief-)Mutter im Bild des «Hochziehens» an den Haaren der Tochter allein dazu, Rapunzel um so abhängiger von ihr zu halten. Wie könnte denn ein Mädchen, derartig überhäuft mit Verantwortung, sich ihrer Mutter verweigern? Sie ist schuldig, und sie hat sich schuldig zu fühlen, wenn ihre Mutter unglücklich ist, und wie also dürfte sie es wagen, womöglich durch das Glück eines eigenen Lebens das Unglück ihrer Mutter heraufzubeschwören?

Das Paradox ereignet sich mithin immer wieder, daß gerade diese so treusorgende, diese so wohlmeinende und liebevolle Frau, als die wir Rapunzels Mutter uns denken müssen, mit all ihrer sich sogar noch steigernden Hochachtung für ihre Tochter zur schwersten Behinderung und größten Last wird. Man muß zugeben, daß Rapunzels (Stief-)Mutter ein solches Ergebnis ihrer erzieherischen Bemühungen bewußt gewiß weder wünscht noch beabsichtigt; aber das Geheimnis der tragischen Gegenfinalität von Frau Gothels subjektiv durchaus gut gemeinten Anstrengungen ist hier wie allerorten dasselbe: Man kann nicht einen anderen Menschen wirklich leben lassen, wenn man es persönlich weder wagt noch gelernt hat, selber zu leben.

Wie oft z. B. in schweren Ehekrisen, in ausweglosen Engpässen der Kindererziehung, in allen möglichen Aporien des Zusammenlebens trifft man auf die Klage: «Wir meinen es doch so gut. Warum nur müssen wir uns immer so quälen? Warum können wir nicht einfach glücklich sein? Wir bewohnen ein schönes Haus, wir besitzen einen herrlichen Garten, wir könnten leben wie im Paradies; warum kommt alles nur immer so ganz anders?» Die Antwort auf diese verzweifelt gestellte Frage muß regelmäßig lauten: Weil man es nicht fertig bringt, mit sich selber etwas Gescheites anzufangen.

Wie etwa kann eine Frau glücklich sein, wenn sie sich bei jeder Beschäftigung fragen muß, wie ihr Mann schon wieder dreinguckt, was ihr Mann gleich bestimmt sagen wird, was sie erwidern kann, wenn er in spätestens einer halben Stunde zum tausendsten Mal die Frage aufwirft: «Warum haben wir eigentlich einander geheiratet? Wir leben so nebeneinander her.» Oder: wie kann ein Mädchen glücklich werden, wenn es bei jedem Besuch im Kino, bei jedem Abend mit seinem Freund, bei jedem Spaziergang zu zweit sich mit der Frage beschäftigen muß, ob seine Mutter nicht schon wieder unruhig werden wird, ob seine Mutter nicht schon wieder vor lauter Sorgen um ihre Tochter schlaflos im Bett liegen wird, ob seine Mutter nicht wieder weinend oder schimpfend bei der Rückkehr am Fenster stehen wird. Man kann einander nur leben lassen, wenn man selber leben kann; das ganze Arrangement zwischen einer «Rapunzel» und ihrer (Stief-)Mutter aber basiert auf einem *System vertauschter Verantwortungen,* indem die Tochter sich stets Sorgen um ihre Mutter machen muß, die (Stief-)Mutter aber sich um ihre Tochter sorgt und keiner von beiden jemals dazu kommt, seine eigenen Angelegenheiten zu betreiben.

Einen Vorteil freilich bietet dieses ständige *«Lebenmüssen, was die Mutter lebt»* für eine «Rapunzel»: Sie erhält sich ihr Gefühl der Unvergleichlichkeit, der Ausnahme, der hervorragenden Einzigartigkeit[27]. Als Turmbewohnerin ist Rapunzel der gemeinen Welt bis zu den Wolken hin enthoben, und so weit ihre Sehnsucht reicht, so weit ist sie den Niederungen der gewöhnlich Sterblichen entrückt. Bliebe eine Frau auch im weiteren Leben diesem Daseinsentwurf verhaftet, so fände man sie mit Vorliebe später in dem elfenbeinernen Turm z. B. eines Klosters wieder, oder man sähe sie treusorgend um Unterhalt und Pflege ihrer 75jährigen Mutter bemüht; in jedem Falle führte sie ein Leben der erstickten Träume, der unterdrückten Tränen und der unauffälligen, kleinen Tragödien, assistiert und sekundiert indessen von feierlichen Geboten und fürchterlichen Schuldgefühlen, gilt doch für eine «Rapunzel» unabdingbar das *vierte* Gebot: «Du sollst (Vater und) Mutter ehren», und daneben zugleich das *sechste* Gebot, das die Ehe heiligt und die «Unreinheit» untersagt. Im übrigen gibt es immer eine Menge von Geboten, die sich anführen lassen, um Zwang, autoritäre Unterdrückung und eine nie endende Abhängigkeit aus Schuldgefühl und schlechtem Gewissen

zu legitimieren und zu stabilisieren, und es ist subjektiv fast unmöglich, die Rationalisierungen uralter Kinderängste zu durchschauen. Wenn es aus Rapunzels «Turm» ein Entrinnen geben soll, so muß die Möglichkeit dazu schon von außen kommen. Und auch dies ist typisch für eine «Rapunzel»: keine Erlöserin ihrer Mutter, die nicht selbst auf ihren Erlöser warten und sich nicht sehnen würde nach einem Mann, der einzig ihrer würdig wäre, nach einem Königssohn, der durch den «Wald» in ihre Einsamkeit gelangte und sie mit sich nähme – nach Hause. Die alles entscheidende Frage einer «Rapunzel» stellt sich daher, wie ein solcher «Königssohn» sich finden läßt oder anders ausgedrückt: wie ein solcher Prinz auf eine «Rapunzel» aufmerksam werden kann.

Es ist ein wunderbares Motiv des Märchens von *«Rapunzel»,* daß es die Annäherung zweier Menschen in der *Liebe als die Wirkung einer verzaubernden Musik* beschreibt, in der die Seele des einen sich aussingt, bis daß sie widerklingt und widerschwingt im Herzen eines anderen. Noch hat der Königssohn Rapunzel nicht gesehen, da dringt doch der Gesang ihrer Sehnsucht an sein Ohr und zieht ihn wie mit Zauberhänden in den Bann. Nur die Worte der Liebe besitzen dem Märchen von *«Rapunzel»* zufolge eine solche Poesie des Herzens, daß sie die ganze Existenz des Geliebten in eine derart magische Resonanz des Einklangs und der Harmonie versetzen, und umgekehrt ist es einzig die beseligende Macht der Liebe, die den Wohlklang der Seele hervorlockt. Inmitten einer Welt

der Einsamkeit und der Entfremdung erscheint allein die Liebe wie ein Weg zurück in ein verlorenes Paradies, und es ist offensichtlich die Musik, die die Erinnerung an diese Harmonie der Seele im Wesensursprung aller Dinge weckt und wachhält.

Sehr zutreffend hat der persische Mystiker DSCHELAL AD-DIN AR-RUMI diesen Zusammenhang zwischen der Poesie der Liebe und dem Ursprung aller Religiösität einmal in die unvergeßlichen Worte gefaßt: «Wir haben alle diese hohen Melodien (den ‹Gesang der wandelnden Welten›, d. V.) im Paradies vernommen, das wir verloren, und obwohl uns (als wir geschaffen wurden, d. V.) die Erde und das Wasser niedergedrückt haben, behalten wir die himmlischen Gesänge in unserem Gedächtnis. Wer liebt, der nährt seine Liebe, indem er der Musik lauscht, denn die Musik erinnert ihn an die Freuden seiner ersten Vereinigung mit Gott… Höre die Stimme der Flöte, die aus Schilfrohr geschnitten wurde, höre, was sie erzählt und worüber sie klagt. Seitdem man mich im Schilf am Moor geschnitten, so sagt sie, beklagen sich Mann und Frau bei meiner Musik. Mein Herz ist von der Verlassenheit zerrissen; dem ist so, damit ich den Schmerz ausdrücken kann, den die Sehnsucht bringt. Jeder, der weit von seinem Ursprung entfernt lebt, sehnt sich nach dem Tag der wiederkehrenden Vereinigung.»[28] Wo irgend die Worte eines Menschen so in unser Herz dringen, daß sie etwas Urvertrautes und Urverwandtes daraus hervorlocken, so als würde unser ganzes Wesen in all seinen Träumen und Möglichkeiten in die Wirklichkeit gerufen, da beginnt der Zauber der Liebe das Innere eines Menschen zu verwandeln und mit sich selbst und dem Partner seiner Liebe vollkommen zu verschmelzen. Alle Musik entstammt einer solchen Magie und Poesie der Liebe, und umgekehrt gibt es nichts Liebevolleres und Zärtlicheres als die Worte eines poetischen Zaubers, der im Herzen eines anderen Menschen sich zum Gesang erhebt.

Um indessen Rapunzels wehmütigen und sehnsüchtigen Klang in seiner ganzen Schönheit zu verstehen und aufzunehmen, bedarf es offenbar bereits einer eigenen Sehnsucht und eines eigenen Suchens nach Liebe. Eine wirklich große Zuneigung, die alle Hindernisse überwindet, ist niemals das Ergebnis nur von guten Vorsätzen und planvollen Bemühungen; sie beruht stets auf einer Art von Seelenverwandtschaft zwischen zwei Menschen, so als fügten sich die Seiten einer Partitur zu einer Symphonie des Einklangs aller Stimmungen und Regungen des Herzens zusammen. Den «Königssohn», der eine «Rapunzel» erlösen wird, muß man sich daher unzweifelhaft als einen Menschen vorstellen, der mit den Gefühlen der Einsamkeit und den Eingebungen der Poesie auch von sich her zutiefst vertraut ist. Leichthin sollte man, von außen gesehen, denken, ein Königssohn besäße wahrlich andere Möglichkeiten, als irgendwo im Walde um ein einsames Mädchen im Turm anzuhalten; aber der rechte Prinzgemahl einer «Rapunzel» kann unmöglich ein Mann des lauten Lebens und der geräuschvollen Kulisse sein; er *muß* ein Mensch sein, der die «Wälder» liebt und der hellhörig genug ist, den Gesang der Sehnsucht und der Einsamkeit zu vernehmen.

Noch einmal scheint es lohnend, ein solches Lebensgefühl sich von R. M. RILKE erklären zu lassen, der in gewissem Sinne sich selber aussprach, als er in einem seiner Jugendgedichte schrieb: «Du meine heilige Einsamkeit, / du bist so reich und rein und weit / wie ein erwachender Garten. / Meine heilige Einsamkeit du – / halte die goldenen Türen zu, / vor denen die Wünsche warten. // Ich liebe vergessene Flurmadonnen, / die ratlos warten auf irgendwen, / und Mädchen, die an einsame Bronnen, / Blumen im Blondhaar, träumen gehn. / Und Kinder, die in die Sonne singen / und staunend groß zu den Sternen sehn, / und die Tage, wenn sie mir Lieder bringen, / und die Nächte, wenn sie in Blüten stehn. // Warst du ein Kind in froher Schar, / dann kannst du's freilich nicht erfassen, / wie es mir kam, den Tag zu hassen / als ewig feindliche Gefahr. / Ich war so fremd und so verlassen, / daß ich nur tief in blütenblassen / Mainächten heimlich selig war. // Am Tag trug ich den engen Ring / der feigen Pflicht in frommer Weise. / Doch abends schlich ich aus dem Kreise, / mein kleines Fenster klirrte – kling – / sie wußtens nicht. Ein Schmetterling, / nahm meine Sehnsucht ihre Reise, / weil sie die weiten Sterne leise / nach ihrer Heimat fragen ging.»[29]

Als einen solchen Liebenden der Nächte und der Einsamkeiten, als einen solchen Freund verträumter Elegien, als einen solchen Mann der sanften Zwischentöne wird man sich diesen «Königssohn» vorstellen müssen; und seine Seele wird wie eine Harfe sein, durch deren Saiten sich der Liebe Weisen spielen.

Frau Gothels Rückkehr

Unzweifelhaft braucht es eine außerordentliche Sensibilität und Zartheit, um einem Mädchen von solcher Scheu und solchem Stolz wie einer «Rapunzel» sich zu nahen. Eigentlich ist es in Rapunzels Leben überhaupt nicht vorgesehen, die Annäherung eines anderen Menschen zu dulden; vielmehr obliegt ihr die Pflicht, zugunsten ihrer Mutter jeden Zugang eines möglichen Kontaktes abzuriegeln und sich selber als turmhoch erhaben über die Niederungen der Liebe zu dünken. Man darf somit durchaus nicht auf ihre Worte, man muß schon auf den Gesang ihrer verschwiegenen Sehnsucht lauschen, um zu verstehen, daß Rapunzel in all ihrer narzißtischen Unberührtheit im Grunde nur darauf wartet, endlich aus dem Kerker der Einsamkeit entführt zu werden. Aber wie soll man die Mauern der Kontaktangst durchbrechen, um Rapunzels angstvoller Flucht in die Pose der Scheinüberlegenheit Einhalt zu gebieten? Es ist genial zu nennen, wenn das Märchen von *«Rapunzel»* meint, die Kontaktangst und Gehemmtheit einer solchen Frau ließen sich nur überwinden, indem man das Bild ihrer Entstehung auf das getreulichste nachahmt.

Der junge Königssohn besäße in der Tat nicht die geringste Chance, sich der geliebten Rapunzel zu nahen, stünde ihm nicht das Vorbild von Rapunzels (Stief-)Mutter vor Augen. Nur indem er ihre Worte, den Klang ihrer Stimme und die Art ihrer Annäherung bis zur Verwechslung imitiert, gelingt es ihm, sich zu Rapunzel «hochzuarbeiten». Wie die (Stief-)Mutter, muß auch der Königssohn sich förmlich demütigen und abhängig machen, um von Rapunzel ohne Angst eingelassen zu werden; wie sie muß auch er Rapunzel bitten, sich (bzw. ihre Haare) aus ihrer turmhohen «Überlegenheit» «herabzulassen»; und wie sie betritt auch er Rapunzels Gemach in der Erwartung und mit dem Anspruch einer absoluten Exklusivität – er ist Repräsentant und Inbegriff der ganzen Welt, die freilich in dem sehnsuchtsvollen Blick aus dem Fenster nur erst wie ein fernes, unerreichbares Desiderat erscheinen muß. Ein anderer Zugangsweg in den «Turm» der Mutterbindung Rapunzels

erschließt sich jedenfalls gar nicht als dieser zögernde, behutsame Versuch des Königssohns, von sich aus an die Stelle der Mutter zu treten und ihre Rolle so genau wie möglich zu übernehmen. Und doch: so unerläßlich und so unvermeidbar diese einfühlende Nachahmung der (Stief-)Mutter auch sein mag, – sie birgt doch als Methode bereits den Keim drohender Gefahr in sich: die Rückkehr von Frau Gothel (= Patin) selbst.

Es gibt, um diesen entscheidenden Punkt in Rapunzels Leben noch einmal am Beispiel einer anderen Märchenerzählung zu beleuchten, in Gestalt der Erzählung von *«Brüderchen und Schwesterchen»* ein sehr ausdrucksstarkes, poetisches Pendant zu dieser Stelle des *«Rapunzel»*-Märchens. Auch in der Erzählung von *«Brüderchen und Schwesterchen»* geht es darum, daß eine hexenartige Stiefmutter ihre Tochter (das «Schwesterchen«) und deren Sehnsucht nach Liebe (das «Brüderchen») in die Einsamkeit verbannt und sogar alle «Quellen» (des Lebens) so sehr vergiftet, daß das «Brüderchen» (der Bereich des *animus*) in ein (ebenso scheues wie wagemutiges) «Reh» verwandelt wird[30]; als eines Tages der «König» jenes Landes auf die «Jagd» geht, bringen seine Jäger in Erfahrung, wo das «Rehlein» allabendlich seine Zuflucht nimmt, und als es am dritten Tage der Jagd, schon verwundet (vom «Pfeil der Liebe»), zum «Schwesterchen» heimkehren will, tritt der «König» an seine Stelle und bittet mit den nämlichen Worten, die das «Rehlein» zu sprechen pflegte, um Ein-

laß: «Lieb Schwesterchen, laß mich herein.» Offenbar besteht die ganze Kunst seelischer Verbundenheit und Zärtlichkeit darin, die Sprache der Geliebten so genau wie möglich zu erlernen und nachzubilden[31]. Alle Worte, ob «Mutter», «Vater», «Haus» und «Heimat», «Kirche», «Hügel», «Baum» und «Stern», tragen in ihrem Munde einen anderen Klang und eine andere Bedeutung als im Umfeld der eigenen Lebenserfahrung, und man muß sie sich nach und nach in ihrem fremdartigen Reichtum allererst vertraut machen, ehe man die «geschwisterliche» Nähe und Wesensverwandtschaft des anderen in allen Unterschieden wirklich versteht und begreift. Und dennoch, trotz solchen Einfühlungsvermögens, tritt auch im Märchen von *«Brüderchen und Schwesterchen»*, allerdings erst nach der Geburt des Kindes, erneut die «Stiefmutter» mit Macht auf den Plan und verdrängt das «Schwesterchen» durch ihre «rechte» Tochter[32]. Einzig in der Nacht, in der Sprache der Träume also, erscheint das «Schwesterchen» zu wiederholten Malen dem geliebten König – und es wäre unrettbar verloren, würde es diesem Späterwachten im letzten Augenblick nicht endlich doch gelingen, den «Betrug» der Stiefmutter zu entdecken; nunmehr zu allem entschlossen, befreit er das «Schwesterchen» aus seiner Schattenexistenz, verbrennt die «Hexe» und gibt dem «Rehlein» seine menschliche Gestalt zurück. Alle schuldbedingte Angst vor der Liebe vermag er mithin aus dem Herzen seiner geliebten «Königin» zu verbannen, indem er die Hypothek der Muttergestalt in dem «Schwesterchen» endlich «dingfest» macht und im Namen des Rechts auf Menschlichkeit aburteilt und beseitigt.

Die Geschichte von «Rapunzel» hingegen mutet, an solchen Heldentaten gemessen, ohne Zweifel zunächst minder großartig an; doch dafür ist sie in gewissem Sinne menschlich «näher» gerückt – sie ist «alltäglicher». Auf eine fast rührende Weise schildert das Märchen z. B. die Überraschung Rapunzels, als diese feststellt, daß gar nicht die Mutter, sondern ein schöner, junger Mann zu ihr hereintritt. Zum erstenmal in ihrem Leben offenbar beginnt eine Ahnung von dem Glück erwachsener Liebe sich in Rapunzel zu regen und die kindliche Abhängigkeit von der Mutter ein Stück weit aufzulösen. Es ist ein Augenblick, in dem Rapunzel und der Königssohn ganz deutlich zu spüren glauben und einander sogar ganz sicher versprechen, daß ihre Liebe fortan das ganze weitere Leben bestimmen soll. Und doch handelt es sich dabei um ein Gelöbnis der Treue, das beide in diesem Moment durchaus noch nicht einhalten können – eine Tatsache, über deren Tragik nachzudenken ein Märchen wie «Rapunzel» geradezu zwingt. Immer wieder, vor allem im Raum der katholischen Kirche, hört man die Meinung vertreten, das Eheversprechen zweier Brautleute sei etwas für alle Zeiten unwiderruflich Gültiges; ohne weiteres setzt man dabei voraus, daß ein solches Versprechen der Liebe und der Treue «frei und ungezwungen» zustande komme, und man vergißt dabei anscheinend vollkommen,

daß es ganze Teile der eigenen Psyche gibt, die dem Bewußtsein weitgehend entzogen sind[33]. Gerade die Wege der Liebe sind in jungen Jahren niemals frei von unbewußten Übertragungen, die, je nachdem, eine ebenso starke Bindungsenergie wie Zerstörungskraft zwischen zwei Menschen entfalten können. Die Bibel jedenfalls hat vollkommen recht, wenn sie an entscheidender Stelle meint, die Liebe bestehe *wesentlich* darin, «Vater und Mutter» zu «*verlassen*» und der Person des anderen «*anzuhangen*»[34] (Gen 2,24), – ein Wechsel also von Abhängigkeit zu Anhänglichkeit, von Gebundenheit zu Verbundenheit, von Bewahrung zu Bewährung, der die vollständige Reifung eines Menschen zu sich selbst voraussetzt. Ehe ein solcher Wandel der gesamten Lebenseinstellung zugunsten einer reifen Entscheidungsfähigkeit und Freiheit *nicht* vollzogen ist, bleibt die Liebe, so sehr sie auch von zwei Menschen einander gelobt werden mag, vorerst nur mehr ein Versuch; sie bedeutet ein Versprechen, eine Verheißung, ist aber nicht schon selbst gelebte Wirklichkeit.

Auch für Erkenntnisse dieser Art sind mithin die Märchen hilfreich: sie zeigen, wie hintergründig und vieldeutig menschliche Worte sein können und daß es niemals genügt, die Sprache der Worte zu hören, um der Wahrheit des Herzens nahe zu sein. Wohl wissen etwa Rapunzel und der Königssohn eigentlich recht genau, daß sie mit dem Gelöbnis wechselseitiger Liebe und Verbundenheit gewiß erst am Anfang ihres Lebensweges stehen und daß es zunächst

unter allen Umständen darauf ankommt, der Gefangenschaft von Rapunzels (Stief-)Mutter zu entkommen; was sie aber nicht wissen, ist der Umstand, daß sie, fürs erste jedenfalls, komplett in der Falle sitzen, ja, daß sie mit dem guten Willen ihres Liebesversprechens eben gerade dabei sind, die tödliche Mechanik auszulösen, durch welche der Schlagbügel dieser Falle alsbald erbarmungslos zuschnappen wird.

Im ersten Anlauf zwar scheint es Rapunzel noch ganz gut gelungen zu sein, ihre Mutter gegen den jungen Königssohn auszutauschen; ja, wenn wir hören, daß sie später, als Vertriebene, in der Einsamkeit, zwei Kinder gebären wird, muß man wohl schließen, daß sie auch im «Turm» bereits die Angst vor der Zärtlichkeit und Nähe eines Mannes tapfer in sich bekämpft hat. Und doch lebt sie nach wie vor im Schatten ihrer (Stief-)Mutter. Wohl stellt es einen unerhörten Fortschritt dar, daß sie sich über alle Einschränkungen und Verbote hinweg getraut, ihren Geliebten bei sich einzulassen; aber auf der anderen Seite droht dieser erste, durchaus noch «halbherzige» Schritt ihre Psyche jetzt auf gefährliche Weise auseinanderzureißen. Tatsächlich ist ja der «Königssohn» nicht einfach nur an die Stelle der «Zauberin» getreten, er hat vielmehr durch den Zauber seiner Liebe das Herz Rapunzels buchstäblich wie über Nacht erobert, und Rapunzel steht nun vor dem Problem, wie sie die Wirklichkeit ihrer Liebe leben und zugleich vor den Augen ihrer (Stief-)Mutter verbergen kann. Allem Anschein nach empfindet

Rapunzel für ihre Zuneigung zu dem Prinzen durchaus keine Schuldgefühle; sie hat lediglich Angst davor, daß Frau Gothel ihre Liebe entdecken könnte.

Auch dieser Eindruck bestätigt aus anderer Sicht, was wir bisher über das Verhältnis zwischen Rapunzel und ihrer (Stief-)Mutter gesagt haben: um Schuldgefühle im eigentlichen Sinne zu empfinden, müßte Rapunzel weit selbständiger sein, als wir sie uns aufgrund der totalen Abhängigkeit von ihrer Mutter vorstellen. Zwar wird Rapunzel gewissermaßen aufgrund der Umstände in die Rolle einer Liebenden und Geliebten gedrängt, und sie folgt diesen «Umständen», die der Königssohn macht, nur allzu gern, bis daß sie selber «in Umstände» kommt; aber sie lebt innerlich durchaus noch immer in der Turmgefangenschaft ihrer (Stief-)Mutter. Rapunzel entscheidet nicht selber, sie läßt an sich geschehen; sie setzt sich nicht durch, sie sitzt nach wie vor fest; sie löst den jederzeit drohenden und absehbaren Konflikt mit Frau Gothel nicht durch Klarstellung und Auseinandersetzung, sondern durch *Aufspaltung:* Während die (Stief-)Mutter *am Tage* zu Rapunzel kommt, findet der Königssohn *des Nachts* bei Rapunzel Einlaß, und während diese die Außenseite ihres Lebens – die Welt der Gebote und der Pflichten – beherrscht, gehören jenem die Wünsche und Träume Rapunzels. Am schlimmsten aber ist, daß es zwischen beiden Welten keine Vermittlung gibt! Es ist für Rapunzel durchaus nicht vorstellbar, daß Frau Gothel über die Liebe mit sich sollte reden lassen. Die

gesamte Gefangenschaft in der Einsamkeit des «Turmes» macht ja nur den Sinn, daß es der (Stief-)Mutter unter allen Umständen gelingen soll, jedweden Außenkontakt ihrer Tochter im Keim zu ersticken. Was also wird man einer solchen Frau zutrauen können, wenn ihr Rapunzels Liebschaft ruchbar würde! Es ist sehr wichtig zu verstehen, daß Rapunzel gerade durch die Liebe zu dem Königssohn in einer ständigen Strafangst gegenüber ihrer (Stief-)Mutter lebt, und da sie es nicht wagen darf, Frau Gothel offen zur Rede zu stellen, versucht sie, die unvermeidliche Auseinandersetzung durch eine *Zweiteilung ihres Lebens* zwischen der pflichtweisen Abhängigkeit von der (Stief-)Mutter und der sehnsüchtigen Liebe zu dem «Königssohn» zu umgehen. Zwischen Wunsch und Pflicht, zwischen Es und Überich spaltet sich Rapunzels Persönlichkeit somit in einer Weise auf, die wohl vorübergehend eine gewisse Erleichterung bietet, in ihrer Unfähigkeit zur Durchsetzung des eigenen Ichstandpunktes aber äußerst gefährlich werden muß, sobald von außen her eine (verfrühte) Entscheidung erzwungen wird. Gleichwohl – das ist sehr wichtig zu verstehen – läßt sich diese latent schizophrene Situation grundsätzlich nicht vermeiden, wenn überhaupt Rapunzel dem Gefängnis ihrer (Stief-)Mutter entrinnen soll. Natürlich wäre es höchst wünschenswert und an sich unerläßlich, wenn Rapunzel, mit Hilfe des geliebten Königssohnes womöglich, die (Stief-)Mutter zu einer offenen Aussprache veranlassen könnte. Aber ein solcher

Weg scheitert an Rapunzels nur allzu berechtigter Angst vor der starren Unversöhnlichkeit und prinzipiellen Kompromißunfähigkeit ihrer (Stief-)Mutter: nie wird Frau Gothel imstande sein, ihr vermeintliches Recht auf die Liebe ihrer Tochter zu teilen oder gar an den Königssohn abzugeben; Rapunzel selbst aber vermag sich aus eigener Unsicherheit und Ichschwäche von der (Stief-)Mutter nicht zu lösen. So bleibt sie zwischen Mutter und Königssohn hin- und hergerissen wie zwischen Vergangenheit und Zukunft, wie zwischen Fremdbestimmung und Selbstbestimmung, wie zwischen der Einheit eines Kindes mit seiner Mutter und der Freiheit einer erwachsenen Frau in der Liebe. Insbesondere aber sieht sich auch der Königssohn unter diesen Umständen völlig außerstande, von sich aus gegen Frau Gothel vorzugehen: jeder Angriff auf Rapunzels (Stief-)Mutter müßte bei dem hohen Grad der Identifikation zwischen Tochter und (Stief-)Mutter zugleich auch als Angriff gegen Rapunzel selbst empfunden werden; beide sind voneinander nicht zu trennen, und man begreift wohl erst an dieser Stelle des Märchens die Bemerkung am Anfang, Frau Gothel sei eine «Zauberin..., die große Macht hatte und von aller Welt gefürchtet ward».

Es ist das Wesen dieser unaufgelösten Dualunion zwischen (Stief-)Mutter und Tochter, daß sie als ein autarkes System immer weiter funktioniert und sich auf das heftigste gegen jede Störung von außen zur Wehr setzt. So sehr auch Rapunzel und der Königssohn einander lieben, so dürfte der junge Prinz im «Turm» der (Stief-)Mutter doch niemals mit Rapunzels Unterstützung rechnen, wenn er den Einfluß von Frau Gothel durch frontale Attacken zudrückdrängen wollte. Auf unabsehbar lange Zeit obliegt ihm deshalb förmlich die Pflicht, seine Liebe zu Rapunzel wie einen nächtlichen Diebstahl, wie eine Art Einbruch, wie ein an sich unerlaubtes Provisorium zu behandeln, immer in Angst vor einer möglichen Entdeckung und stets nur als ein «Halbgeliebter» seiner geliebten Demivierge. – Wie viele Eheversprechen, gleich ob im Winkel oder vor dem Traualtar, mögen zwischen zwei Menschen abgelegt werden, in denen unbewußte Ängste und Gefühle der Abhängigkeit von der Mutter (oder dem Vater) jede stärkere Regung der Liebe als etwas sozusagen Ungehöriges und Ungehorsames verbieten! Immer wird dabei eine innere Zwiespältigkeit sowohl als Schutz wie als Sympton eine «Rapunzel» dazu zwingen, die Liebe eines anderen Menschen außerhalb der Mutterbindung gleichermaßen zu ersehnen wie zu fliehen, und es ist dabei nicht abzusehen, wie lange ein solcher Zwischenzustand währen kann und wie er seine Auflösung finden sollte.

Zunächst scheint freilich bereits viel damit gewonnen, daß Rapunzel und der Königssohn überhaupt schon ernsthaft daran denken, gemeinsam dem mütterlichen Kerker zu entlaufen. In jeder Nacht, wenn der Prinz seine schöne Gefangene besucht, bringt er, bildhaft gesprochen, einen «Faden» mit, aus dem sich ein Seil der Freiheit flechten läßt.

Nach Lage der Dinge verspricht dieses Vorgehen tatsächlich den einzig verbliebenen Ausweg. Denn natürlich könnte der Königssohn an sich auch sogleich eine fertige Leiter oder ein Seil mitbringen, um Rapunzel zu befreien; aber zu einer solchen *«Entführung aus dem Serail»* wäre Rapunzel durchaus (noch) nicht imstande[35]; es kommt vielmehr darauf an, zunächst nicht nur die Bande der Liebe immer fester und inniger zu knüpfen, sondern zugleich die Fesseln der Abhängigkeit von der Mutter zu lösen, und dieser Prozeß der Bindung und der Ablösung ist langwierig und braucht viel Zeit, Geduld und Sensibilität. Auch eine andere Möglichkeit, die theoretisch existiert, kommt für die zwei Verliebten nicht wirklich in Betracht: Rapunzel könnte sich selbst die wunderschönen goldenen, 20 Ellen langen Haare abschneiden und an ihnen wie an einem Seil ins Freie klettern; aber ein solcher Versuch würde voraussetzen, daß Rapunzel, um sich von ihrer Mutter zu lösen, das kostbarste Attribut ihrer Schönheit und Weiblichkeit opfern müßte; wohl würde sie dann dem Königssohn folgen, aber sie erhielte gemäß dem Sinn eines solchen Symbols doch niemals die Erlaubnis, an seiner Seite wirklich eine Frau zu sein; sie käme auf diesem Wege mithin zwar äußerlich von ihrer Mutter frei, aber sie bliebe trotzdem in der Tiefe ihres Empfindens nach wie vor beziehungslos und bindungsarm, ja, sogar unfähig zu jedem intensiveren Gefühl. – Vielleicht kann man deshalb wohl sagen, daß es für ein Mädchen von Rapunzels Art kein größeres

Unglück gibt, als wenn man es zwingen wollte, sich zu rasch aus der Gefangenschaft seiner Mutter zu lösen. Wie vielen Studentinnen etwa begegnet man, die, entsprechend dem Trend der Zeit, auf der Stelle, sozusagen mit Semesteranfang, «freie», «emanzipierte», «unabhängige», «selbständige», «erwachsene», «liebesfähige», «aufgeklärte», «offene», «moderne» Frauen zu sein haben – Frauen, die ihre Ängste, statt sie zu lösen, tapfer verdrängen, aber zugleich von ihrer natürlichen Anmut und Schönheit so gut wie alles opfern müssen!

Andererseits muß man zugeben, daß es einen «richtigen» Weg in die Freiheit für Rapunzel im Grunde überhaupt nicht gibt. Man muß es tragisch nennen, wenn das Märchen von *«Rapunzel»* erzählt, daß selbst der vorsichtige, schrittweise Versuch einer Loslösung von Rapunzels (Stief-)Mutter von Anfang an zum Scheitern verurteilt ist. Der Grund dafür liegt in der erzwungenen Zweiteilung Rapunzels selbst, die nach wie vor besteht und die von dem Königssohn nicht wirklich überwunden werden kann. Ohne Zweifel liebt Rapunzel den jungen «Prinzen» sehr, weit mehr jedenfalls als Frau Gothel, aber sie verfügt über keinerlei Möglichkeiten, dieser Liebe von sich her auch in der äußeren Wirklichkeit Ausdruck zu verleihen. Solange ihre «Gefangenschaft» anhält, bleibt alle Aktivität und Initiative folglich dem «Königssohn» überlassen: er ist es, der Abend für Abend um Aufnahme bittet, während Rapunzel keinen Weg findet, buchstäblich aus sich «herauszugehen». In der Realität muß man sich die Beziehung zwischen Rapunzel und dem «Königssohn» gemäß den bisherigen Symbolen wohl in der Weise vorstellen, daß der «Prinz» seiner Geliebten immer wieder versichert, wie sehr er sich durch sie «erhöht» und «erhoben» fühlt, wie sehr er Rapunzel dankbar ist, bei ihr Einlaß zu finden, und wie sehr er von der Reinheit und dem Wohlklang ihres «Gesangs» bezaubert ist. Umgekehrt aber wird Rapunzel ihre Liebe eher zögernd und gewissermaßen nur hypothetisch äußern; denn alles, was sie sagt und fühlt, gilt stets nur bis zu dem Punkt, daß Frau Gothel noch nicht erfahren hat, was sich Nacht für Nacht in ihrem Turm begibt. Wohl wird Rapunzel «Faden» um «Faden» mutiger und selbstbewußter werden, aber die entscheidende Auseinandersetzung mit ihrer (Stief-)Mutter wagt sie nach wie vor nicht einzugehen, und so enthält selbst die Hoffnung auf eine baldige gemeinsame Flucht ein noch unaufgeklärtes Maß an Angst, das die gesamte Zukunft zu vereiteln droht; ja, paradoxerweise wird es Rapunzel schließlich selber sein, die durch ihr eigenes Verhalten die schlimmsten Befürchtungen wahrmacht.

In der Tat gleicht die Liebe zwischen Rapunzel und dem «Königssohn» unter den gegebenen Verhältnissen einem Schneefeld am Steilhang, das mit der Erwärmung des Untergrundes sich zunehmend in eine Lawine verwandelt. Je mehr Rapunzel sich an die Nähe des Geliebten ihrer Nächte gewöhnt, desto unerträglicher muß ihr die Abhängigkeit von ihrer (Stief-)Mutter am Tage vorkommen, und der Augenblick der Entscheidung rückt somit unaufhaltsam näher. Andererseits bekommt es Rapunzel auch nicht fertig, ihre (Stief-)Mutter, wie beabsichtigt, einfach stehenzulassen. Sie hätte nicht ihr ganzes bisheriges Leben lang Frau Gothel gegenüber die Rolle der gehorsamen Tochter spielen dürfen, wenn sie sich jetzt, in dem entscheidenden Augenblick ihres Lebens, dem immer wieder anerkannten Kontrollrecht der (Stief-)Mutter gewissermaßen mit dem Mut der Verzweiflung entziehen könnte. Um ein wichtiges Geheimnis konsequent verbergen zu können, bedürfte es eines hohen Maßes an innerer Souveränität und Unabhängigkeit; Rapunzel aber war und ist ihrer (Stief-)Mutter derartig ausgeliefert, daß sie vor ihr vielleicht eine Zeitlang etwas verstecken, sicher aber nicht wirklich etwas verheimlichen kann. Von Tag zu Tag oder, besser, von Nacht zu Nacht wächst somit in ihr der Zwang zum Selbstverrat, und je mehr sie den «Königssohn» in ihr Herz schließt, desto mehr muß sie unbewußt Frau Gothels Strafe herbeirufen.

Gewiß lebt in ihr wohl auch so etwas wie eine Hoffnung auf das Unmögliche: ihre (Stief-)Mutter könnte den (narzißtischen) Anspruch auf ihre Tochter zumindest einschränken und Rapunzel ein gewisses Recht auf Selbstentfaltung und Freiheit, auf Glück und Liebe, auf Eigenständigkeit und Weite zugestehen; aber vermöchte sie Frau Gothel wirklich eine solche Bereitschaft zuzutrauen, so könnte sie ihr das brennende Geheimnis ihrer Liebe offen mitteilen[36], und es bedürfte nicht eines solchen Geständnisses wider Willen, wie es Rapunzel unterläuft. Wohl verbirgt sich in einem solchen (nur scheinbar unbeabsichtigten) Selbstverrat aus Schuldgefühl immer auch ein starker Wunsch nach Verständnis, ja, sogar nach Erlaubnis, Duldung und Gewährung des bisher Verbotenen, und doch wird es im Leben immer wieder geschehen, daß infolge der eigenen Aufrichtigkeit gerade das eintritt, was man nur allzusehr – und sehr zu Recht! – befürchtete: Strafe statt Beistand, Strenge statt Verständnis, Zerstörung statt Unterstützung. Es ist wie eine furchtbare Bestätigung aller Ängste und Befürchtungen, die Rapunzel jemals gegenüber ihrer (Stief-)Mutter empfunden hat, wenn Frau Gothel auf das indirekte Geständnis ihrer Tochter hin wie eine Furie auf Rapunzel losgeht: sie nennt sie ein «gottloses Kind», so als sei die geplante Flucht aus ihrem Turmgefängnis zugleich ein Verstoß gegen die Majestät des Allerhöchsten; sie klagt Rapunzel des Betruges an, so als sei es nicht eben die Angst, die sie selbst verbreitet hat, die Rapunzel jede vertrauensvolle Mitteilung ihrer Gefühle all die Zeit über verwehren mußte; sie ist empört, weil sie ihr ganzes Lebenskonzept der Abschnürung und der fürsorglichen Gefangenschaft ihrer Tochter als gescheitert erkennen muß, doch sie verweigert sich jeder inneren Einsicht und inszeniert statt dessen ein absurdes Tribunal. Wie kann ein Mädchen sich von einer solchen «Hexe» lösen?

Immerhin begreift Frau Gothel ganz

richtig, daß ihre Tochter nunmehr end-gültig den Punkt überschritten hat, an dem man sie noch mit Aufsicht und Arrest von der Außenwelt abschnüren könnte. Nicht nur für Rapunzel hat das ganze Leben seit dem Erscheinen des Königssohnes sich geändert – auch für Frau Gothel stellt sich jetzt heraus, daß alles zu Ende ist, was sie im Leben für sich selbst und ihre Tochter hat errei-chen wollen. Ihr einziger Lebensinhalt, ihr ganzes Lebensglück war allein ihre Tochter; alle Sorge und Aufmerksam-keit galt einzig diesem Kinde; ja, sie war, wie wir gesehen haben, schließlich sogar bereit, sich selber vor ihrer Tochter zu demütigen und von ihr abhängig zu machen, nur um sie weiterhin in Abhän-gigkeit zu halten. Wahrlich kann man verstehen, daß diese Frau sich aus ihrer Sicht jetzt auf hinterhältige Weise betro-gen und hintergangen fühlt, und so ab-solut rabiat ihre Strafe auch erscheinen mag – für Frau Gothel handelt es sich dabei doch um ein echtes *jus talionis,* um eine bloße Bestätigung des inzwischen eingetretenen Zustandes auch von ihrer Seite aus: innerlich hat sie ihre Tochter längst verloren – also wird sie selbst jetzt ihre Tochter eigenhändig verstoßen; nie mehr wird sie den überlangen Zopf Ra-punzels dazu benützen können, um sich daran festzuhalten oder sich buchstäb-lich daran hochzuziehen – also wird sie selber ihrer Tochter jetzt den Zopf ab-schneiden; schmerzlich merkt sie, wie leer ihr Leben in alle Zukunft ohne Rapunzel sein wird – also wird sie selber ihre Tochter jetzt in alle Zukunft in eine Wüstenei verbannen.

Die Primitivität dieses *« Wie Du mir, so ich Dir »* muß zutiefst erschrecken, aber sie kann denjenigen an dieser Stelle doch nicht mehr überraschen, der die archa-ische Struktur der gesamten auf wech-selseitigen Identifikationen beruhenden Beziehung zwischen Frau Gothel und ihrer Tochter bislang sich wirklich klar-gemacht hat; ihn kann es jetzt nicht wundernehmen, daß eine bis dahin scheinbar so überaus fürsorgliche, liebe-volle und aufopfernde Frau sich nun-mehr in eine sadistische Vettel verwan-delt – für ihn wird vielmehr nur endlich auch nach außen hin sichtbar, wie angst-besetzt, tyrannisch und oral-verschlin-gend diese (Stief-)Mutter für ihre Toch-ter all die Jahre über war, indem jede Abweichung von ihrer eigenen Person und Wesensart als totale Zerstörung des so innig gewünschten Verhältnisses zwi-schen Mutter und Kind empfunden und dementsprechend mit einem totalen Entzug ihrer Liebe bestraft wird. « Wenn Du nicht mein Kind bleiben willst, lehne ich es ab, Deine Mutter zu sein», – nach dieser bedingungslosen Alternative kann Frau Gothel jetzt end-gültig nur Rapunzels «Zopf» (bzw. die mütterliche Nabelschnur) mit der Sche-re abschneiden[37]. Was Rapunzel im Grunde von Kindheitstagen an wußte, zeigt sich jetzt in unverhüllter Deutlich-keit: daß mit ihrer (Stief-)Mutter kein Gespräch zustande kommen kann und daß es bei dieser Frau durchaus keinen Kompromiß zwischen totaler Identi-fikation und totaler Verstoßung gibt. Trotz dieser Einsicht aber (bzw. gerade wegen dieser Einsicht) durfte Rapunzel

es niemals wagen, sich von ihrer Mutter auch nur ein Stück weit abzusetzen, und so hat sie von sich her niemals ein eige-nes Leben aufzubauen vermocht. Infol-gedessen mußte ihr der Verlust der müt-terlichen Liebe in der Tat als eine schier vernichtende Drohung erscheinen, der es mit allen Mitteln, zunächst der An-passung, dann der Täuschung, zuvorzu-kommen galt. Was aber geschieht nun, wo die stets gefürchtete und gemiedene Strafe wirklich über Rapunzels Haupt hereinbricht?

Immer noch verfügt Frau Gothel offen-sichtlich über eine ungeheure Macht. Sie war bislang – den Königssohn ausge-nommen – die einzige Person in Rapun-zels Leben; wenn sie sich jetzt von Ra-punzel lossagt, so schickt sie ihre Toch-ter mithin wirklich «in die Wüste», in ein menschliches Niemandsland[38]. Oh-ne die (Stief-)Mutter verliert Rapunzel nicht nur den gewohnten Schutz und Halt, sie hat auch bis zu diesem Zeit-punkt niemals lernen können, ihrem Le-ben selber Ziele und Inhalte zu geben; niemals hat sie von sich aus eigene Kon-takte suchen oder gar eingehen dürfen; niemals hat sie gelernt, sich gegen eine als feindselig und gefährlich vorgestellte Umwelt durchzusetzen und zu behaup-ten. Überaus tüchtig als gehorsame Ge-hilfin ihrer (Stief-)Mutter, ist Rapunzel gewiß eine vollkommene Versagerin, wenn sie in eigenem Interesse und in eigener Regie tätig werden soll. – Oft kann man dieses merkwürdige Phäno-men (etwa bei Sekretärinnen, Ordens-frauen, Lehrerinnen, Krankenschwe-stern u. a.) beobachten, daß manche

Frauen (bzw. Männer) solange von überragender Kreativität, Einsatzbereitschaft und Tüchtigkeit sind, als sie auf (mütterliche) Anweisung hin handeln müssen, während die gleichen Personen sich völlig unfähig, verwirrt und verängstigt zeigen, sobald ihnen eine eigene Aufgabenstellung und Entscheidung zugemutet wird. Diese außerordentlichen Leistungsschwankungen einer «Rapunzel» zwischen Perfektion und Versagen stellen mit großer Regelmäßigkeit das genaue Pendant zu der enormen Gegensätzlichkeit von Identifikation und Isolation im Verhalten der Mutter dar, und es dürfte die schwierigste Frage im Leben einer «Rapunzel» sein, wie sie mit ihrem Leben zurechtkommen soll, wenn sie fortan buchstäblich «mutterseelenallein» dasteht.

Zu den Gefühlen der inneren «Wüstenei» Rapunzels zählt indessen gewiß nicht nur die Traurigkeit und die Niedergeschlagenheit, von der (Stief-)Mutter verstoßen worden zu sein; auch nicht nur die Angst vor dem Alleinsein und die Hilflosigkeit gegenüber der Ungewißheit einer völlig neuen Lebenssituation; am schwersten wird das Gefühl wiegen, im Grunde ganz *zu Recht* bestraft worden zu sein. Man kann sich nur schwer vorstellen, in welch einem Umfang im Erleben einer «Rapunzel» das Gefühl für Recht und Unrecht aus lauter Angst mit dem Erleben von schützender oder aggressiver Gewalt seitens der Mutter (bzw. des Vaters) gekoppelt ist. Wenn s. FREUD meinte, alle Moralität beruhe im Grunde auf verinnerlichter Aggression, so mag er damit das Wesen

des Sittlichen in philosophischem Sinne nur unzureichend erfaßt haben; aber das Wesen einer «Rapunzel», ihre verzweifelte Neigung, sich gegen jede eigene Überzeugung dem lautesten und wütendsten Schreier bedingungslos zu unterwerfen, ihre ohnmächtige Kapitulation vor jedem fremden Aggressor hat FREUD anhand so vieler klinischer Beobachtungen vollkommen zutreffend wiedergegeben[39]. Es ist ein schrecklicher Anblick, mitansehen zu müssen, wie Rapunzel ohne jede Gegenwehr, ohne jede Widerrede, ohne jedes Aufbegehren wie willenlos und wehrlos die furchtbare Strafe endgültiger Verstoßung über sich ergehen läßt, so als ob sie selber schweigend den ergangenen Schuldspruch nur quittieren könnte. Kein Wort der Verteidigung, mit dem sie der (Stief-)Mutter die auf beiden Seiten verfahrene Lage erklären würde; kein Versuch, ihr die eigenen Motive begreifbar zu machen; noch weniger eine wenn auch noch so vorsichtige oder gar aggressive Infragestellung der mütterlichen Kompetenz. Offenbar ist Rapunzel in diesem zentralen Augenblick ihres Lebens völlig außerstande, ihre Situation zu durchschauen oder womöglich ihrer (Stief-)Mutter durchschaubar zu machen. Vor allem aber ist ihre verinnerlichte Strafangst, ihr resignatives Schuldgefühl gegenüber fremden Vorwürfen so stark, daß sie allem Anschein nach die mütterliche Verurteilung nicht nur durch ihren Selbstverrat förmlich herbeiführen mußte, sondern dessen Konsequenzen in gewissem Sinne jetzt auch innerlich gutheißt.

Manches Mädchen und so manche erwachsene Frau gibt es, die sich plötzlich, wie in einem Akt zorniger Selbstbestrafung, die Haare auffallend kurz schneidet, und fast immer handelt es sich dabei um eine Art Bußritus aus Angst vor der Liebe. Wie die buddhistischen Mönche beim Ordenseintritt oder wie die Kleriker der katholischen Kirche beim Empfang der niederen Weihen[40] sich die Haare scheren lassen, um durch das sichtbare Opfer eines der sekundären Geschlechtsmerkmale ihren Verzicht auf den Wunsch nach menschlicher Zärtlichkeit und Nähe zu geloben und zu bekunden, so gilt das Abschneiden der Haare wohl auch an dieser Stelle dem Versuch, das Erscheinungsbild Rapunzels als Frau wie etwas Sündhaftes auszumerzen. Von den schönen, langen Haaren einer Frau wie Rapunzel geht eine eigentümliche Faszination aus, und gerade sie muß offenbar zerstört werden, wenn ein bestimmtes (mütterliches) Ideal von Sittlichkeit und Reinheit in Geltung bleiben soll. Indessen: wenn es in jedem Falle schon grausam und unmenschlich ist, eine Frau zur Verleugnung ihrer weiblichen Identität zu zwingen, so wirkt Rapunzels Fall doch ungleich trauriger und tragischer, weil sinnloser und endgültiger als gewöhnlich. Denn anders als sonst zumeist kann Rapunzel noch nicht einmal durch das Opfer ihrer Haare sich ein ruhigeres Gewissen verschaffen, um ihre drakonischen Schuldgefühle zu besänftigen; im Gegenteil nimmt sie ihr geschorenes Haupthaar fortan wie ein Zeichen ihrer Erniedrigung und Schande mit hinaus in eine fremde, feindselige Welt – eine Entehrte, die subjektiv sogar noch meint, ihre Entehrung geradewegs zu verdienen, eine als Frau Vernichtete, die selbst davon überzeugt ist, als Frau nicht leben zu dürfen, eine nach dem Maß ihrer Mutter «Zurecht-Gestutzte», die auch in der Einsamkeit zunächst durchaus nichts anderes sein kann als das Kind ihrer Mutter, freilich ohne jede Aussicht auf Vergebung und Versöhnung. – Es können Menschen in den Ansprüchen ihrer Moral sich schlimmer gebärden als die Dämonen der sogenannten «Primitiven».

Tränen der Trauer und Tränen des Glücks

Bei all dem ist jedoch ein entscheidendes Moment noch gänzlich außer acht geblieben: was tut in all der Zeit der Königssohn? Sein Auftreten hat den dramatischen Eklat zwischen Rapunzel und ihrer (Stief-)Mutter heraufbeschworen, seine Liebe müßte nun wie selbstverständlich als rettender Ausweg für Rapunzel offen stehen. Ginge es in der Erzählung gemäß der «normalen» Logik auch nur einigermaßen mit rechten Dingen zu, so müßte Rapunzel selber längst schon zu ihrer Verteidigung, erklärend und drohend, Frau Gothel darauf hingewiesen haben, *wen* sie eigentlich liebt und über welch eine Machtfülle ihr Geliebter verfügt: er ist ein Königssohn! Soll man zudem denken, daß der künftige Herrscher eines machtvollen Reiches sich von einer alten, zänkischen und lieblosen Hexe derart den Schneid abkaufen läßt? Man kann mit einiger Mühe verstehen, daß er bisher, um Rapunzel zu schonen, die Flucht aus dem Kerker der «Stiefmutter» nur zögernd und langsam, Faden für Faden, in die Hand zu nehmen wagte. Aber jetzt, wo scheinbar alles verloren ist, sollten doch die letzten Bedenken dahinfallen. Unbedingt stünde schließlich zu erwarten, daß Rapunzel sich auf irgendeine Weise zu dem Schloß ihres geliebten Königssohnes durchschlüge und daß umgekehrt dieser mit allen zu Gebote stehenden Mitteln des Rechtes und der Macht gegen jene tyrannische Alte vorginge. Aber es zeigt sich hier wie allerorten in den Märchen, daß von «Königen» oder «Königssöhnen» stets nur in psychologischem, niemals in politischem oder sozialem Sinn die Rede ist – viele Fehlinterpretationen der Märchen gerade in den letzten Jahrzehnten hätten vermieden werden können, trüge man dieser einfachen Tatsache Rechnung: niemals sprechen die Märchen, wenn sie von Königen (Adeligen), Soldaten (Rittern) und Bauern (Handwerkern) reden, von den drei Ständen feudaler Gesellschaften, vielmehr dient ihnen die soziale Gliederung lediglich als Symbol seelischer Wirklichkeiten. Ein «Königssohn» ist demgemäß im Märchen derjenige Mensch, dessen Person die größte Macht über das eigene Herz besitzt; eines solchen Königs Reich ist nie von «dieser Welt», und sein «Schloß» ist kein Ort im Raum, sondern ein Bereich der Seele, ein Ort der Verwandlung, eine Wohnstätte der Liebe.

In diesem Sinne versteht man das Märchen von *«Rapunzel»* sehr gut, wenn es von einem «Königssohn» erzählt, dessen «Macht» offenbar in nichts anderem besteht als in seiner ehrlichen Zuneigung zu einem im Schuldturm der Mutter gefangenen und in den Ängsten der Kindheit befangenen Mädchen; eine solche «Macht» der Liebe dürfte eigentlich darauf zählen, daß Rapunzel selber sich aus der «Abhängigkeit» ihrer Mutterbindung befreien und zur Liebe heranreifen möchte; aber der «Königssohn» hat bisher nur erreichen können, daß Rapunzel sich wie in zwei Hälften gespalten fühlen muß, die sich so sehr voneinander unterscheiden wie Tag und Nacht, wie Traum und Wahrheit, wie Wahn und Wirklichkeit. Der Augenblick läßt daher nicht auf sich warten, an dem, wie auf einer Drehbühne[41], Rapunzels (Stief-)Mutter auch gegenüber dem «Königssohn» zum Vorschein kommen und die Stelle der Geliebten einnehmen wird. Für den «Königssohn» dürfte dieses Erlebnis vermutlich zu dem furchtbarsten Augenblick seines

Lebens geraten, zu einem Augenblick der Wandlung scheinbar in Rapunzels ganzem Wesen, zu einem Moment, in dem alles widerrufen und für ungültig erklärt wird, was eben noch dem «Königssohn» Glück und Freiheit zu verheißen schien. Am schlimmsten aber wird es sein, daß es dem «Königssohn» nicht mehr ersichtlich sein kann, mit wem und womit er es jetzt eigentlich zu tun hat. Man versteht die tragische Wirklichkeitsnähe des Märchens von *Rapunzel* an dieser Stelle erst, wenn man begreift, daß der Auftritt von Frau Gothel sich in Wahrheit nicht (nur) *zwischen* Rapunzel und ihrer (Stief-)Mutter ereignet, sondern vielmehr *in* Rapunzel selber stattfindet. Mit wem reden wir eigentlich, wenn wir mit jemandem reden? Könnten wir die psychische Wirklichkeit äußerlich sichtbar machen, so müßten wir eine Szenerie ersinnen, wie ARTHUR MILLER sie in dem Drama *Der Tod eines Handlungsreisenden»*[42] entworfen hat: eine Welt, in der jemand scheinbar mit seinem Gegenüber im Gespräch ist, während die Worte, die er sagt, in Wahrheit seinen Eltern, seinen Nachbarn, seinen Kindern, kurz: allen möglichen unsichtbaren Begleitern innerhalb des seelischen Erlebens, gelten. Ja, das Märchen von *Rapunzel* geht noch einen Schritt weiter, indem es überhaupt die Person der Geliebten vollkommen hinter der Person der (Stief-)Mutter verschwinden läßt. «Die Katze hat ihn geholt» – den schönen «Vogel» der Liebe, dieses hämisch-bitterböse Wort von Frau Gothel trifft den wahren Sachverhalt genau, wenn man

sich den Wechsel von Rapunzel zu Frau Gothel rein innerlich vorstellt, wie man wohl muß. Denn es geht gewiß nicht einfach darum, daß Frau Gothel die Liebe des Königssohnes entdeckt hätte und nun zornschnaubend Rechenschaft und Genugtuung fordern würde – mit einem solchen Fall müßte der Königssohn an sich erfolgreich umgehen können; wer ist schon diese Frau Gothel, daß ein Prinzgemahl ihr gegenüber sich nicht seiner Wesensart und Würde erinnern und sich bei ihr nicht mit Nachdruck in achtungsvollen Respekt zu bringen wüßte? Mit einer Frau Gothel, wie sie *äußerlich* existiert, ließe sich allemal fertig werden; wirklich zum Verzweifeln aber ist es, wenn wir annehmen, daß Rapunzel selber unter furchtbaren Schuldgefühlen sich aus einer zärtlichen Geliebten in Frau Gothel verwandelt und die Rolle einer rasenden Furie annimmt, die ihre Liebe zerstört, ihre Schönheit verwüstet und dem Königssohn buchstäblich die Augen auszukratzen droht.

Einen solchen ungeheuerlichen Wechsel in *Rapunzels Wesen* kann der Königssohn von sich aus wirklich nicht durchschauen. Wie denn sollte er verstehen, daß es ein und dieselbe Frau ist, die sich als seine Geliebte nach ihm sehnt und die zugleich – oder besser: im «Wechsel» mit Frau Gothel – ihn gerade wegen seiner Liebe wie einen verführerischen Strauchdieb und einen gemeinen Mädchenschänder anschreit und anklagt? Daß es ein und dieselbe Frau ist, die ihn darum bittet, die Stunde ihrer Freiheit vorzubereiten, und die ihn im nächsten

Augenblick voller Wut und moralischer Entrüstung von sich weist? Daß es in Rapunzel nicht nur ein Ich gibt, das mit allen Gefühlsregungen der Liebe auf den «Königssohn» antworten möchte, sondern auch ein Überich, das voller Eifersucht, Rachgier und Haß jede Regung der Liebe verfolgt und ahndet, wenn sie nicht ausschließlich der (Stief-)Mutter gilt? Gegenüber einer Frau Gothel, wohlgetrennt von seiner Rapunzel, könnte ein «Königssohn» sich durchsetzen. Wie aber, wenn Frau Gothel in Rapunzel selber wohnt und in ihr Gestalt gewinnt? Wie, wenn Rapunzel plötzlich und unerwartet, unter der Maske einer freien, selbständigen Frau von sich aus all die Worte ihrer Selbsterniedrigung und Selbstunterdrückung aus Frau Gothels Munde nachzureden beginnt, als wenn sie nie etwas anderes gewollt hätte als ihre Sklaverei und Entfremdung? Und wie, wenn der «Königssohn» mithin ebenso erschrocken wie hilflos feststellen muß, daß «Frau Gothel» gar nicht nur eine fremde Person ist, sondern vor allem eine seelische Macht in Rapunzel selber darstellt?

Alle psychiatrischen Begriffe, die eine schizophrene Psychose beschreiben, werden nicht entfernt den Schrecken wiedergeben können, der für alle Betroffenen, für Rapunzel ebenso wie für den «Königssohn», mit einer derartigen Umkehrung der Persönlichkeit verbunden ist. Es gibt keine Angst, die schlimmer sein könnte als das Gefühl, die eigene Identität zu verlieren; aber eine Frau wie Rapunzel hat in der Identifikation mit ihrer Mutter bislang nie eine eigene Identität besessen, und ihre Liebe zu dem «Königssohn», die zum erstenmal ihr eigenes Ich entfalten half, hat ihre Persönlichkeit zugleich von Grund auf zerspalten müssen. Was soll ein Mensch anfangen, der feststellen muß, daß er nicht etwa durch Treulosigkeit, Hinterhältigkeit oder Verrat, sondern gerade umgekehrt: durch die Zuverlässigkeit und Geduld seiner Liebe eben den Menschen, der ihm mehr wert ist als alles auf der Welt, in die schlimmste Krise seines Lebens geführt hat? Man berichtet, daß im 19. Jahrhundert ganze Eskimostämme durch den Kontakt mit europäischen Forschern umgekommen seien – ein einziger freundschaftlicher Händedruck genügte, und die Bewohner des ewigen Eises starben dahin, sie besaßen kein Immunsystem gegen das Grippevirus[43]. Ist es in analoger Weise möglich, daß auf Menschen, die ihr ganzes Leben in seelischer Kälte verbringen mußten, schon ganz normale Formen von Zuneigung und Liebe wirken wie eine geistige Krankheit? Die Psychoanalyse kennt den Begriff der Übertragungsneurose in dem Sinne, daß Menschen in einer neuen Beziehung sehr darunter leiden, starke Gefühle, die eigentlich bestimmten Personen oder Situationen der Vergangenheit gelten, so heftig zu empfinden, als wenn sie in der Gegenwart begründet und sinnvoll wären. Was aber geschieht in einem Fall wie dem «Verschwinden» Rapunzels, wenn jemand während seiner ganzen Kindheit in einer derart entfremdeten Weise leben mußte, daß die bloße Berührung mit Zärtlichkeit und Liebe in

ihm zunächst keineswegs eine Ahnung von Weite und Freiheit, sondern eher eine bis zum Wahnsinn reichende Zerrissenheit und Widersprüchlichkeit erzeugen muß? Es scheint, als wenn Rapunzel in diesem Moment ihr inneres Gleichgewicht (d. h. ihre falsche Identität!) nur wiederherstellen könnte, indem sie ihr Glück, ihre Liebe, ihre gesamte neu erstandene Persönlichkeit dem verinnerlichten Diktat ihrer (Stief-)Mutter opfern würde. Rapunzel «überträgt» im Grunde nichts auf den «Königssohn», sie findet nur keinen Weg, sich in eigener Zuständigkeit eine Liebe zu erlauben, die ihr seit eh und je auf das strengste verboten war.

Erst wenn man das Märchen von *Rapunzel* in dieser ungeheuerlichen Zuspitzung auf sich wirken läßt, begreift man, warum nicht allein Rapunzel, sondern auch der «Königssohn» über keinerlei Mittel verfügen, sich gegenüber der rabiaten Art einer Frau Gothel durchzusetzen. Wohl gibt es in der Sammlung der Grimmschen Märchen ein berühmtes Vorbild, wie man Probleme dieser Art an sich lösen könnte: in der Geschichte vom *Rotkäppchen* wird gleichermaßen erzählt, wie ein Mädchen, das zur Liebe erwacht, von seiner (Groß-)Mutter «gefressen» wird[44]; im «Rotkäppchen»-Märchen ist es in Gestalt des «Wolfes» der Triebwunsch selbst, der das Mädchen dazu verführt, vom Wege abzugehen und, wie zur Versöhnung, der (Groß-)Mutter einen Strauß «Blumen» zu «pflücken»; andererseits repräsentiert der «Wolf», der die bis dahin so liebevolle, scheinbar

todkranke (Groß-)Mutter auffrißt und sich damit selbst an ihre Stelle setzt, aber auch zugleich ein mörderisches Über-ich; denn indem der «Wolf» sich die Kleider der (Groß-)Mutter überstreift, verwandelt diese, symbolisch gesehen, sich selber in ein reißendes Ungeheuer, welches das «Rotkäppchen» «verschlingt» und wie «lebendig tot» in seinem Leib gefangenhält. Das Problem des «Rotkäppchens» findet seine Auflösung, indem ein «Jäger» (eine väterliche Gestalt also) dem schlafenden Großmutter-«Wolf» den Bauch aufschneidet und das «Rotkäppchen» nebst der (Groß-)Mutter aus dem Leibe des Untiers herausoperiert – ein Bild, das treffend bezeichnet, was jede gelungene Psychoanalyse im Kampf gegen die Allmacht derartiger raubtierhafter Gewissens-«bisse» tun und leisten kann. Im *Rapunzel*-Märchen hingegen geht es wohl auch um einen solchen Vorgang des «Verschlungenwerdens», aber es gibt weit und breit niemanden, der, gleich dem «Jäger» des «Rotkäppchens», wie neutral von außen die notwendige «Analyse» vornehmen könnte. Während «Rotkäppchen» zudem in gewissem Sinne «nur» an den eigenen Triebregungen scheitert und «nur» wegen dieser Triebregungen von ihren Schuldgefühlen (in Gestalt des «Großmutter-Wolfes») «gefressen» wird, ist Rapunzel ihr Leben lang die Gefangene ihrer (Stief-)Mutter, – insofern könnte das Bild des «Wolfsbauchs» für ihr ganzes Dasein stehen, und es ist überhaupt erst die Ankunft des «Königssohnes», die die volle Wahrheit ihrer lebenslänglichen Kerkerhaft ans Tageslicht zu bringen vermag.

Es gäbe von daher theoretisch nur eine einzige Methode, um Rapunzel aus dem Getto ihrer (Stief-)Mutter zu erlösen: man müßte gegenüber Frau Gothel einen Weg beschreiten, wie er in gewissem Sinne W. SHAKESPEARE'S Petruccio in *Der Widerspenstigen Zähmung* vorschwebte, als er die grimmig keifende Katharina beharrlich als sein «sanftes Kätchen» betrachten wollte und behandelte[45]: es wäre unbedingt notwendig, «Frau Gothel» (bzw. Rapunzel in der Rolle der Stiefmutter) ihren schnaubenden Zorn *nicht* zu glauben und gerade aus der Heftigkeit ihres *übertriebenen* Hasses die verborgenen Töne einer Liebe herauszuhören, die unter Todesangst sich nur nicht selber mehr zu leben wagt; man dürfte die so endgültig herausgeschleuderten Worte bitterer Verletzung von Rapunzels (Stief-)Mutter *nicht* als Ausdruck ihrer wirklichen Gefühle verstehen, sondern man müßte sie durchaus als die äußersten Notrufe einer Verzweifelten betrachten; und vor allem Frau Gothels drohendes Geschrei: «... die Katze ... wird dir ... die Augen auskratzen», müßte man als eine besonders notvolle Bitte gegenüber dem «Königssohn» verstehen, nur ja noch viel genauer hinzusehen.

Das eigentliche Problem aber liegt darin, daß solch ein Weg des Verstehens angesichts so vieler Irritationen nahezu utopisch anmuten muß. Welch ein wirklich Liebender verfügt in der Schutzlosigkeit seines Vertrauens über eine seelische Robustheit, wie ein Shakespearescher

Held sie allenfalls aufbringen mag? Selbst wenn der «Königssohn» Rapunzels «Verschwinden» wirklich «nur» als eine furchtbare «Überlagerung» durch die Gestalt ihrer (Stief-)Mutter erkennen könnte, verfügte er dann auch schon über den Mut oder die Fähigkeit oder überhaupt auch nur über das Recht, seine Geliebte, allem Anschein nach sogar gegen ihren Willen, in eine bedingungslose Auseinandersetzung mit ihrer (Stief-)Mutter hineinzutreiben?

Hinzu kommt, daß wir die kurze Szene von Frau Gothels Auftritt, wie das Märchen sie erzählt, uns in der Wirklichkeit keinesfalls nur als einen einmaligen Vorgang denken dürfen. Was sich in dem Märchen von *«Rapunzel»* in einem einzigen Augenblick verdichtet, wird sich im wirklichen Leben immer wieder, jäh und abrupt, unbegreifbar und unheimlich, verstörend und zerstörend zwischen Rapunzel und dem «Königssohn» ereignen[46] – ein allmählich fortschreitender Abnutzungskrieg der Angst, der schließlich alle Spontaneität und Freude aus der Beziehung zu nehmen droht. Es ist, wie wenn ein ständiger Gegenwille gerade in den Augenblicken, da ein vollendetes Glück der Liebe greifbar nahe wäre, mit unfehlbarer Konsequenz den strikten Befehl zur Verneinung geben würde: es hat eine Liebe außerhalb der Mutterbindung für eine «Rapunzel» nicht zu geben, und wenn es sie schon geben sollte, so hat sie zumindest quälerisch und unglücklich zu sein[47]. Die Tricks, die Finten, die Vorwände und Ausreden der Angst sind dabei im Umkreis von «Frau Gothel» schier uner-

schöpflich, – eine riesige Pulverkammer, die (unter günstigen Umständen!) zwar von außen nicht mehr nachgefüllt wird, deren Vorrat aber erst in Jahren endgültig sich entladen und verbrauchen kann. Wessen Augen sollten nicht *erblinden* im «Gestrüpp» solcher «Dornen» und schließlich in Nacht und Dunkel tauchen vor Trauer und Schmerz «angesichts» eines solch verletzenden Verwirrspiels der erklärten Pflicht zum moralischen Unglück? Gerade zu dem Zeitpunkt, als Rapunzels Fluchtplan beinahe zu gelingen scheint, ganz dicht schon am Ziel aller Mühen, findet der «Königssohn» seine Geliebte nicht mehr! Was also kann er nach allem noch tun? Voller Verzweiflung flüchtet er sich in einen «Absprung», der anmutet wie ein Sturz in den Tod, wie ein unfreiwilliges Opfer der Angst, wie ein Akt gehorsamer Kapitulation, wie ein grausames «Wieder-auf-die-Erde-Kommen». Nur zu gut kann man diese Reaktion verstehen. Denn woran soll der «Königssohn» jetzt sich noch halten und woran noch glauben? Es war Rapunzel, die seinem Leben buchstäblich so etwas wie eine dritte Dimension zu schenken vermochte und ihn mit dem Liebreiz ihrer goldenen Haare bis zu den Höhen des Himmels erhob; es war Rapunzel, die ihm das Dunkel der Nächte mit Freude erhellte und seine Tage mit Träumen erfüllte; und es war die Liebe zu Rapunzel, die ihm die Augen öffnete. Wenn es denn wahr sein sollte, daß immer wieder die Angst sich als stärker erwiese denn die Liebe, so müßte diese Welt unweigerlich sich schließen wie ein Grab, und die Erde wäre nur noch schweigend, schwarz und schwer. Aber eben so geartet ist das Lebensgefühl des «Königssohns» in diesem Augenblick, und wir hören, daß er auf Jahre hin im Zustand dieser «Blindheit», im Dunkel dieser Aussichtslosigkeit und Düsternis gefangen bleiben wird. Kann es, das ist die wichtigste Frage jetzt, trotz allem noch so etwas geben wie eine neue Zukunft und ein gemeinsames Glück?

Man würde es nicht mit einem Märchen zu tun haben, wenn die Geschichte von «Rapunzel» nicht in allem scheinbar ausweglosen Elend doch auch gewisse Spuren von Hoffnung aufzuzeigen vermöchte, und glücklicherweise sind diese Spuren durchaus glaubhaft. In der Tat nämlich kann gerade das Leid und der Schmerz am Rande der Verzweiflung eine Entwicklung einleiten und beschleunigen, die schließlich das Leben im ganzen bereichert und vollendet. So vernichtet Rapunzel sich zur Zeit auch fühlen mag, so ist es doch bereits als ein außerordentlicher Schritt nach vorn zu betrachten, daß sie endlich und ein für allemal von ihrer (Stief-)Mutter getrennt ist. Trotz allen Zorns und aller Verwünschungen hat Frau Gothel doch nicht verhindern können, daß Rapunzel nunmehr ein von ihr deutlich unterschiedenes und abgetrenntes Leben führt, – sie hat ihre Tochter eben *nicht* – wie der Wolf das «Rotkäppchen» – zu «fressen» vermocht; und bei all ihrer verzweifelten Aggressivität kann sie doch nur die Trennung manifest machen, die Rapunzel mit ihrer Liebe zu dem «Königssohn» unwiderruflich eingeleitet hat.

Wohl ist sie imstande, auf lange Zeit hin ihre Tochter zum Unglück zu zwingen, indem sie die geplante Flucht Rapunzels mit dem «Königssohn» in eine erzwungene Ausweisung deformiert und an die Stelle des ersehnten Glücks zu zweit das Unglück isolierter Einsamkeit über das Mädchen verhängt. Doch wie immer man es auch wendet: es gelingt Frau Gothel nicht mehr, Rapunzels Freiheit rückgängig zu machen; es gelingt ihr einzig, Rapunzels zornig verfügte «Selbständigkeit» so traurig wie möglich zu gestalten. Aber Rapunzel *ist* jetzt eine selbständige Frau, und sie besitzt auch gewisse Fähigkeiten zum Glück, vorausgesetzt es gelingt ihr, nachgerade auch diese verordnete Pflicht zum Unglück noch zu durchbrechen. Alle Chance und alle Gefahr liegt für Rapunzel in diesem Zwischenzustand: die *Gefahr* liegt darin, daß Frau Gothels Erbe sich unbewußt zu einem echten Wiederholungszwang für ihre Tochter auswächst, die *Chance* besteht darin, daß Rapunzel *erkennt*, wie gleichartig ihr eigenes Leben gerade in ihrer erzwungenen Einsamkeit dem mütterlichen Vorbild zu werden droht.

Vermutlich weiß Frau Gothel selber nicht, und jedenfalls beabsichtigt sie nicht, daß ihre Tochter das gleiche Los erdulden muß wie sie selbst seit Kindertagen. Für den aufmerksamen Leser eines Märchens wie der Erzählung der «Rapunzel» indessen kann es nicht verborgen bleiben, wie oft das Schicksal der Eltern, wenn man die meist symbolisch erzählte Vorgeschichte genügend analysiert, sich in dem Schicksal ihres Kindes

wiederholt. Wie ein unabsehbares Verhängnis scheint die Person mindestens *eines* Elternteils die gesamte Zukunft des Kindes mit immer länger werdenden Schatten zu verstellen, und es ist ein unheimlicher Tatbestand, daß Menschen gerade in der besten Absicht und mit einem oft rührenden Bemühen ihren Kindern am Ende nichts anderes weiterzugeben vermögen als die Strukturen des eigenen Unglücks. An keinem Problem dürfte Rapunzels Mutter seit Kindertagen mehr gelitten haben als an der Unfähigkeit, die Liebe eines Mannes als einen wesentlichen Teil ihres Lebens zu akzeptieren; statt dessen muß sie in der Rolle der Frau Gothel, wie zum Ersatz für die vermißte Liebe ihres Gemahls, ihre Tochter geradezu abgöttisch geliebt haben, und eben diese einseitige Fixierung auf ihre Tochter muß für Rapunzel nun in unerbittlicher Logik das gleiche tragische Schicksal heraufführen, das bereits ihrer Mutter von Anfang an, sogleich nach Rapunzels Geburt, nahezu dämonische Züge verlieh. Auch in der Ferne wirkt dieser mächtige Zauber Frau Gothels offensichtlich noch fort; denn wohl hat die Identifikation zwischen Mutter und Tochter endlich ihr Ende gefunden, aber die Identität ihres Schicksals hört damit noch keineswegs auf. Wie ihre Mutter sieht auch Rapunzel sich gezwungen, den Mann ihrer Liebe fortzujagen und sich in innerer wie äußerer Einsamkeit, inmitten eines ansonsten inhaltslosen, leeren Lebens, der Pflege und Erziehung ihrer beiden Zwillingskinder zu widmen, in deren Doppelnatur wohl zugleich auch schon die Zwiespältigkeit von Rapunzels eigenem Wesen sich aussprechen dürfte[48]. Selbst im Unglück also wird eine «Rapunzel» das gehorsame Kind ihrer (Stief-)Mutter bleiben: genauso isoliert wie diese, genauso ambivalent wie diese, genauso fürsorglich wie diese, genauso unfähig zur Partnerschaft und Wechselseitigkeit wie diese: Frau Gothels Turm hat nunmehr unsichtbare Wände. Und doch... der Tiefpunkt des Unglücks kann im Leben eines Menschen auch zum Wendepunkt zum Glück werden.

Wohl wird im sogenannten wirklichen Leben die Geschichte von Rapunzel oft genug an dieser Stelle zu Ende sein. Das Leben ist voll von zerbrochenen Träumen, gescheiterten Beziehungen, verfehlten Erwartungen und Formen sich ständig erneuernden Unglücks. Aber auch aus diesem Grunde bedürfen gerade wir Erwachsene unbedingt der Märchen, damit wir es lernen, diese Grenze der Aussichtslosigkeit niemals, in keinem Einzelfall, als endgültig hinzunehmen, sondern im Gegenteil, solange es irgend geht, der Macht der Liebe die Kraft zum Glück einzuräumen; ja, womöglich sind die Märchen in ihrer unzerstörbaren Hoffnung weit wahrer als jener zynisch desillusionierte Realitätssinn, der auf nichts mehr wartet und an nichts mehr festzumachen sich getraut. Offenbar liegen in der Seele eines jeden Menschen gewisse Gefühle, Bilder und Vorstellungen verborgen, die entgegen allen Widerständen nur darauf warten, geweckt zu werden[49]. Was an Verlangen nach Freiheit, Glück und Liebe einem jeden Menschen wesenhaft mit auf den Lebensweg gegeben wird, läßt sich vielleicht recht weitgehend unterdrücken, ganz sicher aber niemals völlig ausrotten. Man mag den Drang nach Freiheit anarchisch, die Erwartung nach Glück egoistisch, die Sehnsucht nach Liebe amoralisch nennen – man kann es verbieten, aber man kann es nicht verhindern, daß Menschen sehr wohl wissen, daß sie überhaupt nur dafür leben, sich frei zu entfalten, glücklich zu blühen und in Liebe zu reifen. Wenn man nicht glauben könnte, daß die Liebe stärker ist als die Angst, die Freiheit mächtiger als der Zwang, das Glück menschlicher als das Opfer, wozu lohnte es dann noch zu leben? Das wohl größte Geheimnis des Menschen besteht darin, daß er selbst inmitten der Verzweiflung, wenn er im Dunkel seiner Seelenumdüsterung oft nicht einmal mehr seine eigene Hand vor Augen sehen kann, gleichwohl ein bestimmtes Wissen um die beseligende Kraft der Liebe besitzt und auf eine gewisse visionäre Vorstellung von der Form seines Glücks niemals gänzlich verzichten kann.

Freilich kann Rapunzels «Erlösung» jetzt kaum noch durch sie selbst aus eigenen Kräften zustande kommen. Es bedarf, um sie aus der «Wüste», in die sie verbannt ist, nach Hause zu führen, unbedingt der langen Suchwanderung des «Königssohnes». Doch wonach eigentlich sucht ein Mann, den die Liebe gelehrt hat, dem Himmel nahe zu sein, und der so grausam auf die Erde geworfen wurde? Er mag in das Antlitz eines jeden Menschen schauen, und doch werden seine Augen niemals das Bild der Geliebten wiedererkennen; der einzige Mensch, den er liebt, ist ihm unerreichbar, fremd und wie entrückt, an einem «Ort» und Lebens-«standpunkt», den er nicht begreifen kann – *das* muß es heißen, seine Augen seien «blind» geworden. Wenn ein solcher Mann nach etwas sucht, so ist es das Bild einer unauslöschlichen Erinnerung an ein Glück, das unwiederbringlich vergangen scheint und auf das er dennoch endlos und unbeirrbar immer weiter zugehen möchte.

Es ist eine erschütternde, aber vollkommen wahre Szene, wenn wir den «Königssohn» im Märchen von *Rapunzel*, wie im Kontrast zu SHAKESPEARE'S *König Lear*, blind vor Kummer und Traurigkeit «im Walde» «herumirren» sehen[50], mehr aus Sehnsucht getrieben als auf der Suche nach dem, was «Rapunzel» jetzt ist. «Einige Jahre» lang, meint das Märchen, dauert dieser ziellos-zielbewußte Irrweg des «Königssohnes», so als stünde die Zeit für ihn still. Auch dieses Zeitgefühl einer endlos leeren Dauer läßt sich gut mitvollziehen. Jeder Augenblick in der Ödnis des Lebens dehnt sich ins Ungemessene, und das Ungemessene dieser hohl gewordenen Zeit zerrinnt zu einem Nichts auf Grund seiner Gleichgültigkeit und Bedeutungslosigkeit. Während in der Liebe das Pendel der Zeit hin- und herschwingt zwischen Kommen und Warten, Erfüllung und Sehnsucht und jeder Augenblick, je nach der Nähe oder Entfernung der Geliebten, sich unterschiedlich dehnt oder verdichtet, löscht die Traurigkeit alle Unterschiede aus, und die Tage und Jahre zerfließen in ihr wie Sand. Es ist ein Leben jenseits dessen, was Menschen planen und «machen» können; und doch vermag sich gerade während einer solchen Zeit scheinbar aller enttäuschten Erwartungen und zerstörten Hoffnungen etwas Entscheidendes zu begeben, das man, entgegen dem Fluch des Wiederholungszwanges, den Segen der Wiedererinnerung bzw. das Geschenk des Wiedererkennens nennen mag.

Es geht dabei um das Wunder einer Wiederauferstehung der Liebe, in der alles, was war, wieder gegenwärtig wird und doch in erneuerter Gestalt zu leben beginnt. Die Art dieser Erneuerung aber wird man im Falle Rapunzels als ein *Ende der Autarkie* beschreiben müssen, indem der sublime Stolz ihrer turmhohen Entrücktheit endgültig dahingeschmolzen ist und sie fortan gewissermaßen «en parterre» zu leben gezwungen ist wie alle anderen Sterblichen auch. Wenn Frau Gothels Auftritt einen späten Sinn erfahren soll, so muß er darin liegen, daß Rapunzel es nunmehr lernt, mit einer Haltung zu brechen, die in der Nähe von Frau Gothel unerläßlich war, doch in der Menschenwüstenei, in die sie jetzt verstoßen ist, nur sinnlos quälend und vereinsamend wirken muß. Allerdings hat das Märchen von «*Rapunzel*» nur zu recht, wenn es meint, daß ein solcher Verzicht auf die Haltung autarker Weltüberlegenheit Jahre in Anspruch nehmen wird, denn nichts dürfte einem Menschen schwerer fallen, als diejenigen Eigenschaften abzulegen, die er erwerben mußte, um in höchster

Angst und Not zu überleben, und Rapunzel hat ihre Einsamkeit an der Seite von Frau Gothel gewiß nicht nur gehaßt, sondern paradoxerweise sicher auch geliebt. Sie galt ihrer (Stief-)Mutter als liebenswert, solange sie niemanden brauchte als Frau Gothel selbst; jetzt, nach dem furchtbaren Zerstörungswerk der «Zauberin», wird es Rapunzels ganzer Stolz sein, überhaupt niemanden mehr zu brauchen; und gerade die Haltung, in die Rapunzel bisher ihre ganze Selbstachtung hat setzen müssen, kann die Liebe jetzt erneut wie eine zusätzliche «Erniedrigung» für sie erscheinen lassen.

Auf der einen Seite ist es gewiß ein gutes Zeichen und an sich höchst erstaunlich, daß Rapunzel das Leben in der Fremde, allein auf sich gestellt, überhaupt in solcher Weise meistert. Sollte es nicht insgeheim Frau Gothels letzte Hoffnung gewesen sein, ihre Tochter werde in der Bitternis der Trennung schon bald wieder resigniert und entmutigt zu ihr zurückkehren, dann aber bedingungslos und endgültig? Daß Rapunzel ihr Dasein weiterhin allein in der Wüste fristet und gerade nicht gebrochen und demütig nach Hause zurückkriecht, zeugt an sich von einem enormen Mut und Lebenswillen dieser Frau. Völlig überraschend ist diese Fähigkeit Rapunzels freilich nicht. Denn indem Rapunzel stets für ihre Mutter dazusein hatte, war es gewissermaßen ihre ständige Pflicht gewesen, bedürfnislos, überverantwortlich und auf niemandes Hilfe «angewiesen» zu sein. Zudem darf man nicht übersehen, daß Rapunzels Abhängigkeit

von Frau Gothel im wesentlichen auf der Macht grausamer Schuldgefühle und Strafängste basierte; – objektiv war es Frau Gothel selbst, die von ihrer Tochter im wörtlichen Sinne «abhängig» war. Nachdem dieses Band aus Pflicht und Verantwortung nun endlich durchschnitten ist, steht Rapunzel jetzt eine geradezu extreme Fähigkeit zur Verfügung, keinen Menschen in Anspruch nehmen zu müssen, um existieren zu können, und was ehemals durch schwere Ängste bedingt war, kann objektiv jetzt eine hervorragende Befähigung bedeuten. Andererseits ergibt sich gerade daraus nun ein alles entscheidendes Problem: die Frage nämlich, ob es Rapunzel möglich ist, den *Zwang* zur Autarkie aufzugeben. Ihr Leben lang war Rapunzel es gewohnt, alle anderen von sich abhängig zu machen, selber aber niemals abhängig zu werden, und in dieser Kunst bestand bislang sogar die einzige Kontaktform, die sie unter der Anleitung ihrer (Stief-)Mutter kennenlernen konnte. Wie soll Rapunzel es sich gestatten können, einen anderen Menschen zu *brauchen*, und wie soll sie es lernen, daß ein solcher «Egoismus» der Verwiesenheit und der Angewiesenheit auf einen anderen Menschen unabdingbar zur Liebe gehört? «Ich habe niemals jemanden bitten dürfen, mir zu helfen», erklärte eine Frau von der Art einer «Rapunzel» einmal, «wenn ich das getan hätte, wäre meine Mutter tödlich beleidigt gewesen. ‹Die nützen Dich nur aus oder legen Dich herein›, sagte sie immer.» Würde eine «Rapunzel» bei dieser Einstellung bleiben, so müßte sie ihr ganzes Leben lang vor allen Menschen ebenso auf der Flucht bleiben, wie sie schon vor Frau Gothel fliehen mußte. Und doch, wenn die Begegnung mit dem «Königssohn» tief genug war, hat sie wenigstens einmal in ihrem Leben bereits die Erfahrung machen können, daß Angst und Mißtrauen zutiefst zerstörerisch, schädlich und überflüssig sind, und alles hängt jetzt davon ab, wie stark diese eine Erfahrung weiterwirkt. Neben dem Wunder eines an sich unzerstörbaren Glaubens an die Liebe, wie wir sie bei dem «Königssohn» beobachten konnten, ist dem menschlichen Herzen eine andere nicht minder wunderbare Kraft geschenkt: *die Kraft der Erinnerung.* Wenn es schon in der Geschichte der Menschheit gilt, daß im Reiche des Geistes nichts verloren gehen kann, so gilt diese Wahrheit im Leben des Einzelnen noch weit mehr, und nirgendwo leuchtet sie klarer hervor als in der Erinnerungskraft, die die Liebe besitzt. Jahre mögen übers Land ziehen, in denen die ehemals Liebenden einander nicht sehen; und doch bedarf es oft nur eines winzigen Anlasses, um wie an einer langen Schnur die Wasser der Vergangenheit aus dem Brunnen der Erinnerung emporzuholen. Gerade eine Liebe, die von außen gewaltsam zerstört wurde, erschafft im Herzen der Liebenden nicht selten stehende Bilder, schmerzhaft versteinerte Figuren, die wie im Märchen vom *«Dornröschen»* geradezu darauf warten, zu neuem Leben erweckt zu werden[51]. Irgendwo in der Tiefe arbeitet die Erinnerung weiter, und selbst unter dem äußersten Zwang von Pflicht,

Angst, Schuldgefühl und Autarkie wird Rapunzel doch mehr und mehr spüren, wie wohltuend und sanft, wie stark und zart zugleich die Zuneigung des «Königssohnes» zu ihr war. Soll es für immer bei dem Zwiespalt ihres Wesens bleiben, stets das verneinen zu müssen, wonach sie im Grunde am meisten Verlangen trägt? RABINDRANATH TAGORE hat in dem Gedichtband *«Der Gärtner»* (Nr. 35) diesen ständigen Konflikt aus Verlockung und Tarnung in dem Wesen seiner Geliebten einmal mit den trostlos traurigen Worten geschildert: «Damit ich dich zu leicht nicht kennenlerne, spielst du mit mir. Du blendest mich mit Blitzen deines Lachens, nur um deine Tränen zu verbergen. / Ich kenne deine Kunst, ich kenne sie. / Niemals sprichst du das Wort aus, das du sprechen möchtest. // Damit ich dich nicht rühme, entweichst du mir in tausend Weisen. / Damit ich dich mit andern nicht verwechsle, stehst du beiseite. // Ich kenne deine Kunst, ich kenne sie. / Niemals gehst du den Pfad, auf dem du gehen möchtest. // Du forderst mehr, als andre fordern, und deshalb bist du schweigsam. / Mit spielerischer Leichtigkeit vermeidest du, von mir beschenkt zu werden. / Ich kenne deine Kunst, / ich kenne sie. / Niemals wirst du nehmen, was du nehmen möchtest.»[52] Aber stimmt dieses «niemals» für Rapunzel? Stimmt es jemals für einen Menschen, der mindestens ahnungsweise den Zauber der Liebe gespürt hat?
Einmal erfahren, wirkt die Erinnerung der Liebe weiter; sie verändert nach und nach das innere Erleben, schmilzt die

Schutzhülle vereister Gefühle ab und macht alle Empfindungen merklich milder und wahrhaftiger. Wie in der Kühle des Hochgebirges, noch unter einer Schneedecke von mehr als 3,60 Meter, der Schnee-Hahnenfuß auf die ersten Anzeichen der Frühlingssonne hin seine zarten gelben Knospen zu öffnen beginnt[53], so vermag inmitten einer Wüstenei der Kälte, der Einsamkeit und der Traurigkeit, verborgen im Untergrund, die Liebe von neuem ihre herrlichen Blüten zu treiben. Es gibt dieses *Wunder des Wiedererkennens.* Endlich (nach Jahren vielleicht) beginnt ein uralter, vertrauter «Ton» sich wiederzumelden, und alles in dem «Königssohn» schwingt ein in diesen wohlvertrauten Klang der Liebe; uralte Worte mit einem ganzen Feld von zärtlichen Erinnerungen, verdichteten Verweisungen und immer noch nicht eingelösten, traumhaft wartenden Verheißungen kehren mit einem Male wieder und tauschen sich, erst noch verhalten zögernd, dann immer rascher, wie ein Weberschiffchen wechselnd, zwischen den Verliebten aus und schaffen all die alten Muster neu. Sie war kein Irrtum und sie wird kein Intermezzo bleiben – diese Zeit der Liebe damals im «Es war einmal» der Märchen; sie war ein absoluter, nie mehr zu verleugnender, in alle Zukunft nicht mehr zu verdrängender Entscheidungspunkt im Leben beider Liebender, des «Königssohnes» ganz genauso wie Rapunzels. Denn selbst die Tränen der Trennung und des Unglücks der Einsamkeit beweisen doch, je länger desto stärker, daß beide, Rapunzel wie der

Königssohn, niemals aufhören werden noch können, einander zu lieben, und daß es für sie lediglich die Wahl gibt, ob ihre Liebe zueinander ihr gemeinsames Verhängnis oder ihr gemeinsames Glück sein wird. Entscheidet sich Rapunzel jetzt endgültig und auf immer für die Liebe, so wird es niemals mehr eine Macht auf Erden geben, die sie noch zwingen könnte zu unterdrücken, was ihr Entzücken, zu verfluchen, was ihr Suchen, und zu vermeiden, was ihr Wesensauftrag, Wunsch und Wille ist: den «Königssohn» zu lieben und sich seiner Liebe zu getrauen.

Es handelt sich um eine «Einsicht», welche die Tränen der Trauer für immer verwandelt in Tränen des Glücks und die den erblindeten Augen des Königssohnes den Lichtglanz des Himmels und das Strahlen der Sterne zurückschenkt. Nie sind die Augen von Menschen schöner, als wenn sie einander anschauen in dem schimmernden Glück zärtlicher Liebe, ist doch die Schönheit nach einem Wort von KH. GIBRAN «das vollkommene Einverständnis zwischen Mann und Frau, das sich in einem Augenblick ereignet; in einer einzigen Sekunde kann dieses Gefühl entstehen, das alle Gefühle überragt. Und dieses geistige Gefühl ist es, das wir Liebe nennen.»[54] Immer aber ist diese Liebe eine Art Wiedererinnerung im Sinne PLATONS, eine Wiederbegegnung mit dem eigenen Wesensursprung[55], eine Wiedergewinnung dessen, was in der eigenen Seele als Bild und Verheißung seit Ewigkeit lebt. Liebe, so meinen die Märchen, das ist eine solche Rückkehr in das verborgene Königreich der Seele, das ist eine solche gemeinsame Heimkehr an den Ort der wesenhaften Bestimmung, das ist das Ende des Suchens, die Erfüllung der Sehnsucht, der Anfang des Himmels. Und es ist die Liebe ein Leben in wechselseitiger Ergänzung, völliger Gleichberechtigung und innerer Verbundenheit – das gerade Gegenteil des alten Systems autarker Abhängigkeiten im Schatten von Frau Gothel. Denn eben darin besteht das Wesen und Geheimnis der Liebe: einander zu brauchen, ohne voneinander abhängig zu sein oder einander abhängig zu machen.

«Dein Freund», erklärte KH. GIBRAN einmal in gleichem Sinne, um das Geheimnis der Liebe zu erläutern, «ist die Antwort auf deine Not. Er ist das Feld, das du besäst mit Liebe und worauf du erntest mit Dankgebeten. Und er ist dein Tisch und dein Herd. Denn du kommst zu ihm mit deinem Hunger und du suchst bei ihm deinen Frieden. Äußert dein Freund frei seine Meinung, so fürchte nicht das ‹Nein› in deiner Meinung, noch halte mit dem ‹Ja› zurück. Und schweigt er, so lasse dein Herz nicht ab, auf das seine zu lauschen. Denn in der Freundschaft werden alle Gedan-

ken, alle Wünsche und Erwartungen geboren und geteilt, ohne Worte, und mit einer Freude, die keines Beifalles bedarf... Und deine Freundschaft verfolge kein weiteres Ziel als ein Vertiefen des Geistes. Denn Liebe, die etwas sucht außer der Offenbarung ihres eigenen Mysteriums, ist nicht Liebe, sondern ein ausgeworfenes Netz: und nur das Wertlose wird darin gefangen. Das beste, was du hast, sei für deinen Freund. Wenn er um die Ebbe deiner Flutzeiten wissen muß, so laß ihn auch um deren Hochwasser wissen. Denn was wäre dein Freund, so du ihn nur aufsuchtest, um Stunden totzuschlagen? Suche ihn stets nur, um Stunden mit ihm zu erleben. Denn er ist da, um das Fehlende in dir zu füllen, nicht deine Leere.»[56] «Und so du liebst und noch Wünsche haben mußt, so seien dies deine Wünsche: Zu schmelzen und zu werden wie ein fließender Bach, der sein Lied der Nacht singt. Zu kennen die Pein allzu vieler Zärtlichkeit. Wund zu sein von deinem eigenen Verstehen der Liebe... Zu erwachen beim Morgenrot mit beschwingter Seele und Dank zu bringen für einen neuen Tag der Liebe. Zu rasten um die Mittagsstund' und nachzusinnen über der Liebe Verzückung. Heimzukehren in Dankbarkeit, wenn der Abend graut. Und dann einzuschlafen, mit einem Gebet für dein Lieb im Herzen und einem Lobgesang auf den Lippen.»[57]

Anmerkungen

[1] Zum methodischen Wechselspiel von objektaler und subjektaler Deutung vgl. E. DREWERMANN: Tiefenpsychologie und Exegese, 2 Bde., Olten 1984–85, 1. Bd.: Traum, Mythos, Märchen, Sage und Legende, S. 154 ff.

[2] Zum Begriff der *Deckerinnerung* vgl. S. FREUD: Über Deckerinnerungen (1899), Ges. Werke I, London 1952, 529–554; E. DREWERMANN: Tiefenpsychologie und Exegese (s. Anm. 1), I 350–374.

[3] Zum Begriff des *«Familienromans»* vgl. S. FREUD: Der Familienroman der Neurotiker (1909), Ges. Werke VII, London 1941, 225–231; E. DREWERMANN: Strukturen des Bösen. Die jahwistische Urgeschichte in exegetischer, psychoanalytischer und philosophischer Sicht, 3 Bde., Paderborn³ (erw.) 1981, 2. Bd., 339–341.

[4] Ein erhebliches Problem der psychoanalytischen Literatur, das selten bedacht wird, liegt in dem Umstand, daß die tiefenpsychologische Terminologie den Eindruck erwecken muß, als wenn sich Lebensprobleme durch kalte «Bewußtmachung» und rationale Durchdringung lösen ließen. Vor allem für Patienten, die ohnehin bereits zur Intellektualisierung von Gefühlen neigen, bedeutet die Mehrzahl der psychoanalytischen Schriften geradezu eine Verführung in Richtung dieses Irrglaubens. In Wahrheit stellt die psychoanalytische Theoriebildung nur das Konzentrat von Erfahrungen dar, die allein in einem Feld affektiver Wärme und Zuwendung zustande kommen können. In der Praxis ist die Psychoanalyse gerade keine einseitige Gedankenarbeit, sondern eher das, als was S. FREUD sie in einer recht frühen Schrift bereits konzipiert hat: Erinnern, Wiederholen und Durcharbeiten (1914), Ges. Werke X, London 1946, 125–136.

[5] Vor allem in der Bibel kommt der *Namengebung* immer wieder der Wert einer Bedeutungsverleihung zu; so z. B., wenn Adam (der «Mensch») seine Frau im Paradies der Liebe als Ischscha («Männin») bezeichnet (Gen 2, 23), und sie nach dem Sündenfall als Chawwa («Leben») bezeichnet (Gen 3, 20); vgl. E. DREWERMANN: Strukturen des Bösen (s. o. Anm. 3) I 97–99; 399–400. – «Der Name Rapunzel ist übrigens erst durch jenen Übersetzer des 18. Jahrhunderts in die Geschichte gekommen; in der französischen Feengeschichte des Fräuleins de la Force hieß die Heldin noch Persinette... Sie (sc. die Brüder Grimm, d. V.) haben die Feengeschichte des 17. Jahrhunderts zurückübersetzt in den Stil des Volksmärchens.» M. LÜTHI: Es war einmal... Vom Wesen des Volksmärchens, Göttingen 1962, 89. In einer Fassung aus Malta heißt «Rapunzel» «Petersilchen» (a. a. O., 83).

[6] KH. GIBRAN: Al Agniha al-mŭtakassira (1912); dt.: Gebrochene Flügel, übers. v. U. Assaf-Nowack u. S. Yussuf Assaf, Olten 1985, 39.

[7] Vor allem zu der tragischen Unvermeidbarkeit von Schuldgefühlen aufgrund der oralen Ambivalenz vgl. E. DREWERMANN: Strukturen des Bösen (s. o. Anm. 3), II 56–69; 178–202; 594–615.

[8] Zu den möglichen Bedeutungen dieses Mythems vgl. E. DREWERMANN: A. a. O., II 108–115.

[9] Zur *Kloakentheorie* vgl. S. FREUD: Drei Abhandlungen zur Sexualtheorie (1905), Ges. Werke V, London 1942, 27–145, S. 87; 96.

[10] Vgl. L. SZONDI: Lehrbuch der experimentellen Triebdiagnostik, Bd. 1: Textband, Bern-Stuttgart² (völlig umgearb.) 1960, 182, der den Begriff der *«Oralität»* bei S. FREUD mit guten Gründen als «Anklammerungstrieb» deutet. Es ist ein «Drang, mit Mund und Hand an Brust und Leib der Mutter fest und fast unabtrennbar – wie an einem Lebensbaum – zu hängen und sich dort *anzuklammern*, die Mutter und all ihre späteren Ersatzobjekte nur für sich selbst allein für die Ewigkeit zu *sichern*, der Drang, im Schoß der Mutter sich zu verkriechen und diese Schoßgeborgenheit zu verewigen, *der Drang, von der Mutter bedingungslos im Urvertrauen so angenommen zu werden, wie man eben ist*, von ihr in allen Eigenschaften – ob gut oder bös – restlos völlig bestätigt zu werden, der Drang der Liebenden, mit Händen und Mund nach einander zu greifen... all diese gewaltigen Ansprüche im Menschen werden von der Strebung des Sich-Anklammerns... begründet.»

[11] Vgl. P. RIETSCHEL: Ordnung Fangschrecken, in: Grzimeks Tierleben. Enzyklopädie des Tierreichs in 13 Bden., hrsg. v. B. Grzimek, Bd. 2, Zürich 1970; Neudruck: München (dtv) 1979, 122–124, der von dem «Kannibalismus» der Fangschrecken meint, er habe zur Folge, «daß mancher männliche Bewerber nicht ans Ziel, sondern in die Fangarme und schließlich in den Magen seiner Auserkorenen gelangt. Selbst während der Paarung beginnt die Gottesanbeterin oft, den Mann vom Kopf her zu verzehren, während dessen Hinterende die Begattung unentwegt fortsetzt. Diese uns widersinnig erscheinende Sitte des Gattenmordes ist im Dienste der Arterhaltung gar nicht so abwegig.» Die Mordgier des Weibchens scheint mit einem erhöhten Eiweißbedarf des Weibchens für die Eiproduktion zusammenzuhängen, bestätigt freilich auch die bittere Erkenntnis, wie gleichgültig im Haushalt der Natur das individuelle Leben gegenüber dem «Egoismus der Gene» ist. Vgl. W. WICKLER –

u. seibt: Das Prinzip Eigennutz. Ursachen und Konsequenzen sozialen Verhaltens, Hamburg 1977, 114, die gerade das Töten von Artgenossen als Argument dafür werten, daß die Individuen «die Erhaltung und Ausbreitung ihres eigenen Erbgutes, aber nicht primär die Erhaltung der Art» fördern.

[12] Zur thematischen Verwandtschaft der Mythen, Märchen, Sagen und Legenden vgl. E. DREWERMANN: Tiefenpsychologie und Exegese (s. o. Anm. 1), 1. Bd., 393–413.

[13] Vgl. E. DREWERMANN: Strukturen des Bösen (s. o. Anm. 3), II 134–135; 346; Abb. 7.

[14] Vgl. S. FREUD: Einige psychische Folgen des anatomischen Geschlechtsunterschieds (1925), Ges. Werke XIV, London 1948, 17–30, DERS.: Über die weibliche Sexualität (1931), Ges. Werke XIV, London 1948, 515–537.

[15] So obsolet in vielen Einzelheiten, dürfte E. SIECKE: Über die Bedeutung der Grimmschen Märchen für unser Volksthum, Rede am 15. 3. 1895, Hamburg 1896, 14; 20 im ganzen nicht unrecht haben, wenn er das goldene Haar, das von «unglaublicher Länge», «vom Himmel bis zur Erde» reicht, mit der Gestalt der Mondgöttin in Verbindung brachte. DERS.: Die Liebesgeschichte des Himmels. Untersuchungen zur indogermanischen Sagenkunde, Strassburg 1892, 13; 101 (Anm. 109); 105–106 (Anm. 128) erinnert vor allem daran, daß auch das Motiv von dem Kind, das nach der Vertreibung der Mutter stets in der Einsamkeit zur Welt kommt, zum klassischen Bestand der Mondmythologie (die Geburt des zunehmenden Mondes am westlichen Abendhimmel) zählt.

[16] Vgl. D. H. KLEIN (Hrsg.): Das große Hausbuch der Heiligen. Namenspatrone, die uns begleiten – Berichte und Legenden, Aschaffenburg 1984, 607–608.

[17] E. SIECKE: Über die Bedeutung der Grimmschen Märchen s. o. Anm. 15), 19 bemerkte richtig, «daß die Mondjungfrau in einen Thurm oder in ein verzaubertes Schloß eingesperrt wird, welches der Drache bewachte, bis der Sonnenheld die Jungfrau erlöst, den Thurm sprengt, den Drachen tödtet. Außerdem hebe ich noch folgende Bilder hervor: Die Mondverfinsterung wird als Einpacken in einen Kasten, einen Sarg, eine Nuß, als

Einhüllen in ein schwarzes Gewand bezeichnet; die Monderneuerung als ein Hervorholen aus dem Behältniß, oder Abziehen des schwarzen Gewandes, unter dem das goldene oder silberne Kleid hervorkommt. Auch als Abziehen einer glänzenden Haut wird die Mondverfinsterung nicht selten bezeichnet.» Desgl. S. 28: «Die zur Zeit des Neumondes verhüllte Mondgöttin wird regelrecht als in einen Kasten oder Sarg oder in eine Nuß, in eine Burg oder einen Thurm eingeschlossen bezeichnet (vgl. Danae).» Danae, die Tochter des Akrisios, des Königs von Argos, wurde von diesem aus Angst vor einem Unheil verkündenden Orakel, es werde ein Sohn seiner Tochter ihm zum Verhängnis werden, in einem unterirdischen Gemach im Palasthof gefangengehalten, zusammen mit ihrer Amme. «Vom himmlischen Licht mußte Danae Abschied nehmen. In Dunkelheit war sie für immer begraben, damit sie keinen Sohn gebäre. Es war indessen der Götterkönig selbst, den es nach dem Danaermädchen verlangte. In goldenen Regen verwandelt, floß Zeus durch das Dach des unterirdischen Gemachs. Die Jungfrau fing ihn auf in ihrem Gewand. Aus dem Regen trat der Herr des Himmels. Das Grab wurde zur Hochzeitskammer. Ein Sohn des Zeus wurde geboren.» K. KERÉNYI: Die Mythologie der Griechen, 2. Bd.: Die Heroengeschichten, München (dtv 1346) 1966, 44–45. Doch als Danae ihren Sohn, den Perseus, zur Welt bringt, verstößt sie Akrisios, läßt sie und das Kind in eine Truhe sperren und auf dem Meer aussetzen, bis sie auf Seríphos landet.

[18] Zu den *goldenen Haaren* s. o. Anm. 15. Zum Symbol der *Himmelsleiter* vgl. E. DREWERMANN: Strukturen des Bösen (s. o. Anm. 3), II 511; 517.

[19] Vgl. E. SIECKE: Die Liebesgeschichte des Himmels (s. o. Anm. 15), 9–14, die verschiedenen Bilder für die Zerstörung der Schönheit der Mondgöttin durch die Intrigen eifersüchtiger Mächte des Dunkels.

[20] Vgl. E. SIECKE: Drachenkämpfe. Untersuchungen zur indogermanischen Sagenkunde, Leipzig 1907, 48, Anm. 4: «Die Blendung oder Blindheit von Mondgottheiten ist ein bekannter Zug, z. B. bei Rijraçva (Rv 1, 116, 16; 117, 17), Isaak, Jacob, Simson, Ödipus, Phineus und dessen Kindern, Teiresias, Erymanthus u. a. Der

Mond, der ja ein Auge des Himmels ist, ist als schwarzer Neumond blind; der Sonnengott kann höchstens bei einer Sonnenfinsternis als blind oder geblendet bezeichnet werden.» – Dieses Zitat zeigt sowohl die ansatzweise Berechtigung der alten mondmythologischen Schule in der Märchendeutung auf, als es zugleich die maßlose Überdehnung dieses Deutungsschemas auf unterschiedslos alle möglichen Gestalten antiker Überlieferung unter Beweis stellt. *Simson* z. B. ist schon dem Namen nach gewiß ein Sonnenheld, und zur «Blindheit» der Sonne paßt jeder abendliche Sonnenuntergang; vgl. L. FROBENIUS: Das Zeitalter des Sonnengottes, Berlin 1904, 202; 277; 394.

[21] Vgl. E. SIECKE: Die Liebesgeschichte des Himmels (s. o. Anm. 15), 3.

[22] Zu der *«Ganzheitsregel»* der Auslegung vgl. E. DREWERMANN: Tiefenpsychologie und Exegese (s. o. Anm. 1), I 201–204; 379.

[23] Richtig sagt R. GEIGER: Märchenkunde. Mensch und Schicksal im Spiegel der Grimmschen Märchen, Stuttgart 1982, 216–217; «Ihre (sc. der Zauberin, d. V.) Liebe übersteigt menschliche Pflege und Sorge, die freilassend dem Kinde zugute kommt. Ihre Liebe ist magisch einseitig. Sie erzieht nicht, sie hüllt ein, sie schafft Ergebenheit. Sie bildet ein Traumverharren.» «Sie braucht nicht von vornherein als heimtückisch und böse zu gelten. Gerade daß sie niemals als Hexe, sondern immer nur die Zauberin oder ‹die Alte› und von Rapunzel ‹Frau Gothel› benannt wird, was mundartlich Patin bedeutet, läßt uns denken an jene im Dämmer der Geschichte liegenden Zeiten, wo die *Muttergottheit* für die Menschen einen überragenden Einfluß hatte.» «So sie will, gehört ihr Rapunzel, sie erhält und erfrischt sich an dem jungen Ding; das ist der Zauberin Freude. Rapunzel wird im Turm zu einem Organ der großen alten Mutter.» – Andererseits übergeht GEIGER mit diesen richtigen Feststellungen doch vornehm das zentral sexuelle Thema des Konfliktes zwischen Frau Gothel und Rapunzel. Wenn er bereits das Verhältnis von Rapunzels Eltern zueinander sehr treffend als «eine Verführungsgeschichte», als «ein Miniaturbild eines Sündenfalles» bezeichnet (a. a. O., 215), so müßte er unbedingt auf die «Sünde» der Liebe in dem Märchen

von «*Rapunzel*» zu sprechen kommen und dürfte sich nicht hinter allgemeinen Wendungen wie «die individualisierende Macht» (a.a.O., 217) oder das «menschlich Beseelte» (a.a.O., 217) verstecken. Die wahre Tragödie einer «*Rapunzel*» entzündet sich, wie beim «Marienkind» (KHM 3), an der Unterdrückung der sexuellen Triebstrebungen durch eine eifersüchtig gehütete Mutterbindung mitsamt den entsprechenden Idealbildungen. Vgl. E. DREWERMANN – I. NEUHAUS: Marienkind. Grimms Märchen tiefenpsychologisch gedeutet, Olten 1984, 29–38.

24 R. M. RILKE: Das Stundenbuch (1905), in: Sämtliche Werke, hrsg. v. Rilke, Archiv, in Verbindung mit R. Sieber-Rilke besorgt durch E. Zinn, 6 Bde., Frankfurt 1955–1966; 1. Bd.: Gedichte. 1. Teil, 1955, 249–366, enthaltend die drei Bücher: Vom mönchischen Leben (1899); Von der Pilgerschaft (1901); Von der Armut und vom Tod (1903), S. 345.

25 Auch das Märchen von «*Schneewittchen*» (KHM 53) diente der alten Mondmythologie natürlich als ein Bild für den abenteuerlichen Lebensweg des schönen Nachtgestirns. Vgl. E. SIECKE: Über die Bedeutung der Grimmschen Märchen (s. o. Anm. 15), 22–25, wobei vor allem das Schlafen in dem gläsernen Sarg eine große Rolle spielte. Wie schwierig es sein kann, selbst bei einem einfachen Märchen die einfachen psychologischen Tatbestände richtig zu erfassen, zeigt E. STORCK: Alte und neue Schöpfung in den Märchen der Brüder Grimm, Bietigheim 1977, 364–369, der in der Stiefmutter «die vom Sündenfall beschattete Welt» und in dem *Schneewittchen* «die Seinswirklichkeit der himmlischen Welt» erblickt. *Rapunzels* Gefangenschaft erscheint ihm dementsprechend als das Wirken einer «Geisteshaltung, die den Gesetzen der Menschheits-Entwicklung widerspricht.» (A.a.O., 99) R. MEYER: Die Weisheit der deutschen Volksmärchen, Stuttgart 1969, 218 erkennt in *Schneewittchens* «Tod» den «inneren Kalender der Seelen», der «Adventsstimmung der Seele». Die zwischenmenschliche Problematik und der daraus resultierende innerpsychische Konflikt wird auf diese Weise in einem Netz von mystischen Bedeutsamkeiten von der Erde in den Himmel aufgehoben, aber nicht wirklich durch-

gearbeitet und gelöst. Eine psychoanalytisch überzeugende Deutung des Märchens bietet J. F. GRANT-DUFF: Schneewittchen. Eine psychoanalytische Deutung (1934), in: W. Loublin (Hrsg.): Märchenforschung und Tiefenpsychologie (Wege der Forschung, Bd. 102), Darmstadt 1975, 88–99, der zu Recht die «Zwerge» als Schneewittchens Brüder deutet bzw. darin den väterlichen Penis (aus Angst verkleinert) wiedererkennt (a.a.O., 97), aber das spezifische Moment der mütterlichen Verführung übergeht.

26 Zur Symbolik des Sündenfalls in tiefenpsychologischer Sicht vgl. E. DREWERMANN: Strukturen des Bösen (s. o. Anm. 3), II 52–69; 69–152.

27 Zu dem genetischen Hintergrund des Gefühls der «Ausnahme» vgl. S. FREUD: Einige Charaktertypen aus der psychoanalytischen Arbeit (1915), Ges. Werke X, London 1946, 364–391, S. 365–370.

28 DSCHELAL AD-DIN AR-RUMI, zitiert nach É. DERMENGHEM: Mohammed in Selbstzeugnissen und Bilddokumenten, übers. aus dem Franz. v. M. Gillod, Hamburg (rm 47), 1960, 152–153.

29 R. M. RILKE: Advent (1897), in: Sämtliche Werke, Bd. 1 (s. o. Anm. 24), 99–141, S. 103; 104.

30 Auch das «Reh» bzw. Ziege und Widder galten in der alten Mondmythologie selbstredend als Symbole des Mondes, vgl. E. SIECKE: Drachenkämpfe. Untersuchungen zur indogermanischen Sagenkunde, Leipzig 1907, 30. Zum Motiv der beiden *widersprüchlichen Geschwister* vgl. B. BETTELHEIM: The Uses of Enchantment, New York 1975; dt.: Kinder brauchen Märchen, übers. v. L. Mickel u. B. Weitbrecht, Stuttgart 1977, 88–93, S. 89, der in «*Brüderchen und Schwesterchen*» zu Recht die «Wahl» verkörpert findet, «ob wir den Impulsen unserer animalischen Natur folgen oder um unseres Menschseins willen unser körperliches Verlangen bezähmen. Die Gestalten sind also konkrete Verkörperungen eines inneren Dialogs, den wir führen, wenn wir uns überlegen, welche Richtung wir einschlagen sollen.» (S. 89).

31 Es geht um das, was A. DE SAINT-EXUPÉRY in seiner Märchendichtung vom «Kleinen Prinzen» als die Kunst des «*Zähmens*» in der Freundschaft beschrieb. E. DREWERMANN – I. NEUHAUS: Das Eigentliche ist unsichtbar. Der Kleine Prinz tie-

fenpsychologisch gedeutet, Freiburg, Basel, Wien 1984, 42–49.

32 Es handelt sich um die Rückkehr der eigenen (Stief-)Mutter bzw. um die Aktivierung der von der Mutter übernommenen Überich-Dressate, wie es sich besonders deutlich in dem Grimmschen Märchen vom *Marienkind* (KHM 3) beobachten läßt. Vgl. E. DREWERMANN - I. NEUHAUS: Marienkind (s. o. Anm. 23), 48–54. – Die enge Verwandtschaft zwischen dem Märchen von «*Rapunzel*» und dem «Marienkind» (s. u. Anm. 35) ergibt sich auch «überlieferungsgeschichtlich»: FR. SCHULZ erzählte dieses Märchen in seinen kleinen Romanen (Leipzig 1790) 5, 269–88 aus mündlicher Überlieferung, und zwar so, daß eine Hexe einem jungen Mädchen, das sie bei sich hatte, alle Schlüssel anvertraut, ihm *eine* Stube aber verbietet. Als es diese aus Neugier dennoch öffnet, sitzt dahinter die Hexe mit zwei großen Hörnern und wirft zur Strafe das Mädchen in einen hohen Turm, der keine Türe hat. Nach: H. RÖLLEKE (Hrsg.): Brüder Grimm: Kinder und Hausmärchen. Ausgabe letzter Hand mit den Originalanmerkungen der Brüder Grimm, mit einem Anhang sämtlicher, nicht in allen Auflagen veröffentlichten Märchen und Herkunftsnachweisen, 3 Bde., Stuttgart (reclam 3191–93) 1980, III 22.

33 Vgl. E. DREWERMANN: Ehe – tiefenpsychologische Erkenntnisse für Dogmatik und Moraltheologie, in: Psychoanalyse und Moraltheologie, 3 Bde., Mainz 1982–84, 2. Bd.: Wege und Umwege der Liebe, 38–76, S. 61–76.

34 Zur Interpretation der biblischen Schlüsselstelle von Gen 2, 24 vgl. E. DREWERMANN: Strukturen des Bösen (s. o. Anm. 3), I 400–402.

35 W. A. MOZART: Die Entführung aus dem Serail, Wien 1782. – Es ist insgesamt die Frage, wie man den *Turmaufenthalt* Rapunzels versteht, denn nur von daher lassen sich die Möglichkeiten des Entkommens kalkulieren. M. LÜTHI: Es war einmal. Vom Wesen des Volksmärchens, Göttingen 1962, 83 sieht in der Turmgefangenschaft einen Entwicklungsvorgang und erinnert an die *Rites de passage* mancher Eingeborenenstämme. «Der Mensch», meint er, «trennt sich nur schwer von seiner ihm gewohnten und vertrauten Daseinsform, er neigt zu krampfhaftem Festhalten

dessen, was er hat. Er spürt, daß jedem Fortschreiten ein Streben innewohnt. Jeder Entwicklungsvorgang, jeder Reifungsvorgang verlangt Herzenstapferkeit; loslassen, Abschied zu nehmen braucht Mut», usw. In der Tat gibt es keine Phase der menschlichen Entwicklung, die mit so vielen Tabus und Schutzriten umkleidet ist wie die Zeit der Sexualreife, und es läßt sich nicht leugnen, daß Vorstellungen dieser Art auch nach Wegfall der entsprechenden soziologischen Vorschriften psychologisch im Gefälle neurotischer Ängste spontan immer wieder erzeugt werden. Insofern handelt es sich in den vergleichbaren Motiven der Märchenerzählungen wohl nicht um historische Erinnerungen an archaische Praktiken der Vergangenheit, sondern die archaische Natur der Märchen entsteht aus ihrem traumnahen Bezug zu den Tiefenschichten der menschlichen Psyche immer wieder von neuem. Alle Vergleiche mit bestimmten Eingeborenenriten können deshalb nicht den Wert soziologischer oder kulturhistorischer Erklärungen für sich beanspruchen, wohl aber liefern sie brauchbare psychologische Modelle zum Verständnis innerseelischer Ängste und deren Verarbeitungsweisen. A. WINTERSTEIN: Pubertätsriten der Mädchen (1928), in: W. Laiblin (Hrsg.): Märchenforschung und Tiefenpsychologie (Wege der Forschung, Bd. 102), Darmstadt 1975, 56–70, S. 64–67 erinnert insofern zu Recht an die Sitte zahlreicher Eingeborenenstämme, zur Zeit der Pubertät die Mädchen (und die Jungen) von der Familie zu trennen. «Die Tochter soll vom Vater ferngehalten werden; zu diesem Behufe wird sie wieder in den Mutterleib versetzt, als dessen symbolische Darstellungen wohl die Isolierhütten, Käfige, Behälter aus Baumrinde, Hängematten, Erdlöcher zu betrachten sind.» (S. 64) Wenn auch das heranwachsende Mädchen oft zugleich von seiner Mutter getrennt wird (indem es in seiner Gefangenschaft z. B. weder die väterliche Sonne sehen noch die mütterliche Erde berühren darf), so scheint doch die «Absonderung vom Vater das Wesentliche zu sein; denn das Exil selber erinnert an den Aufenthalt im Uterus der Mutter und die alte Frau, sozusagen die Beschließerin des Gefängnisses . . ., die für die Ernährung und Erziehung (auch Züchtigung) der Novize

sorgt, ist eine Mutterfigur.» (S. 65) – So richtig diese Feststellungen an sich sind, so wenig wollen sie – gegen M. LÜTHI – zu dem Märchen der *Rapunzel* passen. Denn bei dem «Mädchenexil» der *Rapunzel* handelt es sich nicht darum, den Vater von der Tochter abzulenken – wie wir gesehen haben, geht es vielmehr darum, daß die lebenslängliche Bindung des Kindes an seine Mutter nunmehr in ihrer ganzen Härte offenbar wird und damit in ein neues Stadium tritt. Zutreffend ist indessen der Hinweis von A. WINTERSTEIN (a. a. O., 67–70) auf die Verwandtschaft des Märchens von «Rapunzel» mit dem *Marienkind* (KHM 3), indem der Aufenthalt des Kindes dort im «Himmel» der «Madonna» zusammen mit dem Verbot der 13. Tür ohne Zweifel auf gewisse sexuelle, dort jedoch stärker onanistische Phantasien hinweist; vgl. E. DREWERMANN – I. NEUHAUS: Marienkind (s. o. Anm. 23), 31–38. H. SILBERER: Phantasie und Mythos. Jahrbuch für psychoanalytische und psychopathologische Forschungen, II, 2 (Leipzig und Wien 1910), 585 f. sah dementsprechend in der «Dreifaltigkeit» hinter der verbotenen Tür des «Marienkindes» eine Berührung des Genitaldreiecks und in den Feuerflammen, die von dem himmlischen Regen gelöscht werden, eine erotische Glut, die durch das väterliche («himmlische») Sperma zum Erliegen komme. – Ein verwandtes Problem zwischen *Rapunzel* und dem *Marienkind* besteht vor allem in dem Motiv der *Sündenbeichte*, die A. WINTERSTEIN (a. a. O., 70) gleichermaßen mit gewissen Pubertätsriten in Verbindung bringt. Es zeigt sich hier aber zugleich auch der Unterschied, der grundsätzlich zwischen einem religiösen Ritual und analogen Symbolbildungen in den Märchen besteht. Das Ritual der Eingeborenen mag von einer gewissen Weisheit zeugen und zur Lösung eines Problems beitragen, das entwicklungspsychologisch in den Zeiten des *Übergangs* notwendig angelegt ist; das Verhalten von *Frau Gothel* aber in dem Märchen von «Rapunzel» löst kein einziges Problem, sondern ist eher dazu angetan, das gesamte Leben des heranwachsenden Mädchens in ein unablässiges, weil prinzipiell unlösbares Problem zu verwandeln. Der *neurotische* Aspekt der Symbolik *kann* natürlich auch in religiösen Riten vorherrschen, er ist es aber

sicherlich dort, wo Märchen nicht sowohl die Weisheit der Seele, als die angstgetriebene Grausamkeit von Menschen schildern wollen.

[36] In diesem Sinne bleibt die *Lüge* stets die Waffe der Wehrlosen; vgl. E. DREWERMANN: Ein Plädoyer für die Lüge oder: Vom Unvermögen zur Wahrheit, in: Psychoanalyse und Moraltheologie (s. o. Anm. 33), 3. Bd.: An den Grenzen des Lebens, 199–236, S. 204–215. Noch einmal ist hier der Vergleich zu dem *Marienkind* lehrreich; denn während das Problem des «Marienkindes» darin besteht, daß sich sein Leben nach der Entdeckung der «Schuld» in eine ständige Lüge verwandelt, muß umgekehrt *Rapunzel* ständig lügen, um nicht entdeckt zu werden.

[37] Das Bild entspricht dabei jedoch nicht nur der Redewendung: «Der Zopf (bzw. der «Bart») ist ab», wie z. B. in dem Märchen von *Schneeweißchen und Rosenrot* (KHM 161); vgl. E. DREWERMANN – I. NEUHAUS: Schneeweißchen und Rosenrot. Grimms Märchen tiefenpsychologisch gedeutet, Olten 1983, 38–39. Vor allem liegt darin ein totaler Akt der Strafe im Sinne von Ächtung und Ausstoßung. Demgemäß wurde und wird das Haarescheren mit Vorliebe als Akt öffentlicher Demütigung gegenüber den «Schändlingen» und «Schädlingen» «des» «Volkes» geübt: Homosexuelle, Verräter, Dirnen, Überläufer – alles «Gemeine» konnte noch «gemeiner» gemacht werden durch das Abschneiden des natürlichen Schmuckes der Haare. Die französische Schriftstellerin M. DURAS: Hiroshima mon amour, Paris 1960; dt.: Hiroshima mon amour, übers. v. W. M. Guggenheimer, Frankfurt (st 112) 1973, 13; 58–71 hat in ergreifender Weise das Erleben einer Frau in Nevers geschildert, die gegen Kriegsende – sie war damals 20 Jahre alt – das Verbrechen beging, als Französin einen deutschen Soldaten zu lieben, und die man dafür tagelang in einen Keller einsperrte, damit sie «vernünftig» werde; am «Tag der Befreiung» war es, daß man ihr als einer Hexe die Haare abschnitt. «Ich», sagt sie erschöpft, «habe die Ehre, entehrt worden zu sein. Mit dem Rasiermesser überm Kopf hat man von der Begriffsstutzigkeit einen ganz außergewöhnlichen Begriff.» (S. 69).

[38] Es handelt sich exakt um das, was A. DE SAINT-

EXUPÉRY in seinem Märchen «Der kleine Prinz» als *«Menschenwüste»* beschrieben hat - ein «Land» ohne Gefühl und Wärme, ohne Menschlichkeit und Inhalt, ein «Land» ohne die Magie der Liebe. Vgl. E. DREWERMANN – I. NEUHAUS: Das Eigentliche ist unsichtbar (s. o. Anm. 31), 42–47.

[39] Zur Entstehung des Schuldgefühls als einer Form von verinnerlichter Gewalt vgl. die Darstellung der Theorie S. FREUDS bei E. DREWERMANN: Strukturen des Bösen (s. o. Anm. 3), II 178–202.

[40] Die Praxis der *Tonsur* als einer Auszeichnung der Kleriker begann im 4.–5. Jh. in Anlehnung an das Nasiräergelübde (Apg 18,18; 21,24), indem in der morgenländischen Kirche der ganze Kopf kahl geschoren wurde, während in der abendländischen Kirche ein Haarkranz stehen blieb. Später richtete sich die Größe der Tonsur nach dem Rang, wobei auf merkwürdige Weise der äußere Akt der Demut mit der Erlangung «geistlicher Würden» verschmolzen wurde. Das «Privileg» der Tonsur war natürlich identisch mit dem Verbot der Liebe, die, entsprechend den Gebeten des *Pontificale Romanum*, fortan einzig Christus zu gelten hatte – der leere Haarkranz als Abbild der Dornenkrone Christi. Infolgedessen bestimmte das Konzil von Trient, es müsse der Tonsurant zu der Hoffnung berechtigen, daß er dem geistlichen Stand treu bleibe, d. h.: daß er den Willen habe, Priester zu werden. Psychoanalytisch und verhaltenspsychologisch wird man an das *Haareausreißen* in Augenblicken leidenschaftlicher Erregung von Trauer, Schmerz und Zorn denken müssen. Als *neurotisches Symptom* ist das Haareausreißen meist ein Hinweis auf «eine auffällige Koppelung von verdrängten Wutimpulsen oder Aggressionsbereitschaften einerseits und sehr intensiven Zärtlichkeits- und Anlehnungsbedürfnissen andererseits.» Vergleiche A. DÜHRSSEN: Psychogene Erkrankungen bei Kindern und Jugendlichen. Eine Einführung in die allgemeine und spezielle Neurosenlehre, Göttingen 1954, 183.

[41] Zum Begriff der *«Drehbühne»* zwischen «Vorder-» und «Hintergänger» vgl. L. SZONDI: Lehrbuch der experimentellen Triebdiagnostik, Bd. 1: Textband, Bern-Stuttgart[2] (völlig umgearb.)

1960, 103 ff., am Beispiel des epileptiformen Triebfaktors (Kain und Abel).

[42] A. MILLER: Death of a Salesman. Certain Private Conversations in Two Acts and a Requiem, New York 1949; dt.: Der Tod eines Handlungsreisenden, übers. v. K. Janecke; in: Hexenjagd. Der Tod eines Handlungsreisenden, Frankfurt (Fischer Tb. 7008), S. 99 f. hat in seinem berühmten Theaterstück die Obsessionen eines derart entfremdeten Lebens in der Person von *Willy Loman* geschildert, der sich und seine Söhne nur mit vorgefertigten Phrasen über das vermeintliche Glück eines materiell erfolgreichen Lebens vollzustopfen weiß, während er selbst in Wahrheit ein völlig gescheiterter, innerlich hohler Mensch geworden ist, der nur noch den Tod vor Augen sieht.

[43] F. MOWAT: Die Völker der Arktis, in: E. Evans-Pritchard (Hrsg.): Peoples of the World; vol. 5: Islands of the Atlantic including the Caribbean; vol. 16: The Arctic; dt.: Bild der Völker. Die Brockhaus Völkerkunde in 10 Bden., Bd. 3: Westindien, Atlantische Inseln und Arktis, übers. v. M. Auer und V. Matyssek, Wiesbaden 1974, Teil 2, 144–149, S. 146–147 schildert, wie vor allem die Inland-Eskimos von Pocken, Grippe, Diphterie, Kinderlähmung und Tuberkulose ausgelöscht wurden, ganz abgesehen von der Ausrottung der lebenswichtigen Karibus sowie dem katastrophalen Wechsel der Lebensweise vom bloßen Wildbeutertum auf die Pelztierjagd mit der Konsequenz, daß nach dem Sturz der Handelspreise für Felle in Europa die Eskimos vor dem Ruin standen. 1958 hatte jeder achte der überlebenden kanadischen Eskimos die Tuberkulose gehabt. «Die Lebenserwartung betrug damals etwas mehr als 24 Jahre. Die Säuglingssterblichkeit lag bei über 260 auf 1000 Geburten.» (A. a. O., 149)

[44] Zur Interpretation des *«Rotkäppchens»* (KHM 26) vgl. E. FROMM: The Forgotten Language. An Introduction to the Understanding of Dreams, Fairy Tales and Myths, 1951; dt.: Märchen, Mythen, Träume. Eine Einführung in das Verständnis einer vergessenen Sprache, übers. v. L. u. E. Mickel, in: E. Fromm: Gesamtausgabe in 10 Bden., hrsg. v. R. Funk, Bd. IX: Sozialistischer Humanismus und Humanistische Ethik, Stutt-

gart 1981, 169–309, S. 295–297, der in dem *«Rotkäppchen»* «ein Symbol der Menstruation» sieht, durch welches das Mädchen zum ersten Mal mit seiner Sexualität konfrontiert wird. Der *Wolf* verkörpert für FROMM den Mann als ein «rücksichtsloses, listiges Tier», während «der Geschlechtsakt als kannibalistische Handlung geschildert» werde. Andererseits werde der Mann lächerlich gemacht, indem der «Wolf» wie eine Frau versuche, «die Rolle einer schwangeren Frau zu spielen, die lebendige Wesen in ihrem Leib hat.» In Wahrheit gehe der «Wolf» indessen an seiner eigenen Unfruchtbarkeit (den «Wackersteinen») zugrunde. FROMM sieht in dem Märchen daher eine «Geschichte vom Triumph Männer hassender Frauen... das genaue Gegenteil des Ödipusmythos». (S. 297) Gänzlich unberücksichtigt bleibt bei FROMM die wichtige Notiz des Märchens, daß der «Wolf» die Kleider der Großmutter anzieht, ehe er das «Rotkäppchen» verschlingt. Der «Wolf» ist bei näherer Betrachtung nicht einfach der «Mann», sondern er verkörpert eher die innere Ambivalenz gegenüber der Sexualität, die einmal als versucherisches Raubtier erscheint, das, entgegen dem mütterlichen Verbot, das Mädchen zu seinem «Abweg» in den «Wald» verführt, und die andererseits das Überich (die «Großmutter») in ein verschlingendes Ungeheuer verwandelt. Nicht der «Mann», auch nicht die Sexualität, sondern erst die «Gewissensbisse» für das «Blumenpflücken» haben eine verschlingende Qualität für das *«Rotkäppchen»*.

[45] W. SHAKESPEARE: The Taming of the Shrew (ca. 1591–94); dt.: Der Widerspenstigen Zähmung, übers. v. W. Graf Baudissin, in: W. Shakespeare: Sämtliche Werke in einem Band, Wiesbaden (Löwit) o. J., 235–255, S. 243 (II. Akt, 1. Szene).

[46] Texte dieser Art sind entsprechend der *«Zeitrafferregel»* auszulegen; vgl. E. DREWERMANN: Tiefenpsychologie und Exegese (s. o. Anm. 1), I 218–230.

[47] Das führt dazu, die Liebe stets wie etwas Gefährliches zu fliehen. – In seinem berühmten Trivialroman hat J. KNITTEL: Via Mala (1934), Stuttgart 1985, 528 ff. (3. Buch, XI. Kap.) ein monumentales Drama von Vatermord und Mut-

terbindung in der Gestalt der schönen *Silvelie Lauretz* geschildert, die vor der Liebe des Untersuchungsrichters *Andy von Richenau*, so sehr sie sich auch nach ihm sehnt, eine Zeitlang förmlich auf der Hut sein muß, damit ihre Familie nicht der Tötung an dem tyrannischen *Jonas Lauretz* überführt wird, dessen Gestalt auch nach seinem Tod wie ein dämonischer Schatten über allen Beteiligten liegt. Es ist, als wenn die Flucht vor der Liebe immer wieder dem Gefühl einer tödlichen (ödipalen) Schuld entspringen würde. Der Regisseur T. TOELLE hat 1985 nach dem Drehbuch von J. GRASER aus dem Stoff der Buchvorlage einen meisterhaften dreiteiligen Film gedreht (mit *M. Adorf* u. *M. Detmers* in den Hauptrollen), der, im Unterschied zu J. KNITTELS Happy End, eine vollendete Tragödie beschreibt, indem die Aufklärung der Schuld selbst in die Katastrophe führt und die Liebe unter der Last fremder (unbewußter) Vergehen zugrunde geht.

[48] Die *«Kinder»* symbolisieren in Träumen, Mythen, Märchen und Sagen oft Teile der eigenen Persönlichkeit. Vgl. C. G. JUNG – K. KERÉNYI: Das göttliche Kind in mythologischer und psychologischer Beleuchtung, Amsterdam-Leipzig (Albae Vigiliae, VI–VII) 1940. *Zwillingskinder* sind oft ein Hinweis auf die Zwiespältigkeit des eigenen Wesens.

[49] Vgl. am Beispiel der apokalyptischen Visionen E. DREWERMANN: Tiefenpsychologie und Exegese (s. o. Anm. 1), II 477–485.

[50] W. SHAKESPEARE: The Tragedy of King Lear, 1606; dt.: König Lear, übers. v. W. Graf Baudissin, in: W. Shakespeare: Sämtliche Werke in einem Band, Wiesbaden (Löwit) o. J., 731–756, S. 743–44, (Akt III, Szene II; Szene IV).

[51] Zur Interpretation von «Dornröschen» (KHM 50) vgl. L. J. FRIEDMAN: Dornröschens Erweckung (1963), in: W. Laiblin (Hrsg.): Märchenforschung und Tiefenpsychologie (Wege der Forschung, Bd. 102), Darmstadt 1975, 408–409; M. LÜTHI: Es war einmal... Vom Wesen des Volksmärchens, Göttingen 1962, 5–18.

[52] R. TAGORE: The Gardener (ca. 1910), aus dem Engl. übers. v. G. M. Muncker u. A. Haas, Freiburg 1969, Nr. 35, S. 45.

[53] Vgl. L. J. MILNE – M. MILNE: The Mountains, New York 1962; dt.: Die Berge. Eingef. v. G. Niethammer; übers. v. M. Auer, Hamburg (rororo life 45) 1975, 93.

[54] KH. GIBRAN: Gebrochene Flügel (s. o. Anm. 6), 24.

[55] Zu PLATONS Lehre von der «Erinnerung» vgl. N. HARTMANN: Das Problem des Apriorismus in der platonischen Philosophie, Sitzungsberichte der Berliner Akademie 1935. Vgl. PLATON: Menon (ca. 380 v. Chr.), übers. v. F. Schleiermacher, in: Platon: Sämtliche Werke in 7 Bden., hrsg. v. W. F. Otto, E. Grassi, G. Plamböck, Bd. 2, Hamburg (rk 14) 1957, 7–42, S. 21–28 (Stephanus-Numerierung 80 e–86 c).

[56] KH. GIBRAN: The Prophet, New York 1972; dt.: Der Prophet. Wegweiser zu einem sinnvollen Leben, übers. v. C. Malignon, Olten[14] 1982, 44.

[57] A. a. O., 14–15.

Weitere Bände der Reihe:

Das Mädchen ohne Hände

48 Seiten mit 11 Farbtafeln

Der goldene Vogel

64 Seiten mit 13 Farbtafeln

Frau Holle

52 Seiten mit 8 Farbtafeln

Schneeweißchen und Rosenrot

55 Seiten mit 6 Farbtafeln

Marienkind

64 Seiten mit 8 Farbtafeln

Die Kristallkugel

64 Seiten mit 7 Farbtafeln

Der Trommler

84 Seiten mit 4 Farbtafeln

Brüderchen und Schwesterchen

96 Seiten mit 4 Farbtafeln

Der Herr Gevatter / Der Gevatter Tod / Fundevogel

85 Seiten mit 4 Farbtafeln

Eugen Drewermann
Tiefenpsychologie und Exegese

Band I:

Die Wahrheit der Formen
Traum, Mythos, Märchen, Sage und Legende

Band II:

Die Wahrheit der Werke und der Worte
Wunder, Vision, Weissagung, Apokalypse,
Geschichte, Gleichnis

576 und 851 Seiten, Leinen 1984/1985

Haben Sie schon einmal 1426 Seiten in einem Rutsch gelesen? Ich nicht. Und doch hätte ich
es bei Drewermann fast geschafft. Beide Bände sind ungemein faszinierend. Eine Art der
Bibelauslegung wurde hier, ausgehend von einer geharnischten Kritik an der historisch-
kritischen Methode, entwickelt, die für Theologen und psychologisch Interessierte gleichermaßen packend ist. Drewermann arbeitet die überzeitliche Bedeutung biblischer Texte
heraus, indem er sie von ihrem wahren Zentrum her, dem Traum und seiner Symbolsprache,
konsequent neu auslegt. Das Zeitlich-Einmalige wird in archetypischen Bildern ausgedrückt
und gewinnt so den Charakter ständiger Gegenwart. Traumdeutung und psychotherapeu-
tische Verfahren binden die Texte an die Tiefenschichten der menschlichen Seele (zurück), so
daß ein Brückenschlag zwischen Bibelwissenschaft und Psychologie/Religionswissenschaft/
Kulturanthropologie entsteht.
Obwohl damit eine grundlegende Geschichtshermeneutik theoretisch entfaltet wird, bringen beide Bände durchgehend praktische Beispiele (zu Bibeltexten). Einerseits ist das Werk
theologisches Lehrbuch auf anspruchsvollem Niveau, andererseits enthält es eine Fund-
grube gut verstehbarer Einsichten.
Beratung – Therapie – Seelsorge 4/1985, Prof. Dr. H. Gudjons

Walter-Verlag

Eugen Drewermann

Das Markusevangelium

Bilder von Erlösung

1. Teil 656 Seiten mit 4 Farbtafeln, Leinen
2. Teil 796 Seiten mit 4 Farbtafeln, Leinen

«Der Mensch zwischen Angst und Vertrauen.
Für Eugen Drewermann ist die biblische Botschaft eine Erlösung des Menschen von der Angst. Er will sie mit Hilfe der Tiefenpsychologie einsichtig machen. Er will die ‹ewigen Träume Gottes im Herzen der Menschen› erfahrbar werden lassen. ‹Bis in den Schlaf, bis in die Träume hinein formt oder verformt sich die innere Wahrnehmungsfähigkeit des Menschen, je nachdem, ob seine Seele von Angst oder Vertauen beseelt ist›, stellt er fest.
In genau diesem Sinne nehmen die Wunder-Erzählungen, speziell Heilungen durch Jesus, einen wichtigen Platz ein. Diese Erzählungen sind für Drewermann im wahrsten Sinne des Wortes Erlösungsgeschichten, indem sie beispielhaft die rettende Macht des Vertrauens gegen die furchtbare zerstörende Macht der Angst beschreiben.»

Deutsche Presse Agentur, Hamburg

Walter-Verlag